노인상담

김수진 김혜경 성기옥 공저

신정

본 도서는 2025년도 나사렛대학교 교내연구비 지원을 받아 수행됨

머리말

노인 인구가 전체 인구의 20%를 넘어선 상황에서, 노인의 삶은 길고 고단한 노인은 많습니다. 노인들은 삶의 마지막 단계에서 다양한 도전과 변화를 겪으며, 그 과정에서 신체적, 정서적, 사회적으로 어려움을 겪고 있습니다. 노인상담은 이러한 도전을 극복하고 삶의 의미와 평화를 찾는 데 중요한 역할을 합니다. 노인상담은 단순히 문제해결을 넘어, 노인들이 자신의 경험과 삶의 이야기를 통해 의미와 목적을 발견할 수 있도록 돕는 과정입니다.

그러나 사회복지현장에서 노인을 응대하는 사회복지사는 상담자의 역할을 어려워하고, 많은 부담을 갖고 있습니다. 이 책은 노인을 위한 사회복지상담을 어떻게 할지에 대해 함께 고민하기 위해 저술되었습니다. 기존의 노인상담 교재는 심리상담을 중심으로 저술되어 있어, 사회복지관이나 노인복지를 위한 사회복지현장에서 다양한 배경을 가진 노인을 상담하는 사회복지사들이 참고하기에는 다소 아쉬움이 있었습니다. 이에 기존 교재의 장점을 수용하면서 사회복지현장에서 적용하기에 조금 더 용이한 내용을 담는다면 노인복지에 관심 있는 학생과 노인상담을 업무로 담당해야 하는 사회복지사들에게 도움이 될 수 있겠다고 판단하였습니다.

이에 이 책은 노인을 위한 상담에 필요한 이론적 배경과 실제 사례를 통해 노인들이 직면하는 다양한 문제와 그 해결방안을 탐구합니다. 또한, 노인상담가로서의 역량을 키우고, 노인들과의 관계를 깊이 있게 이해하는 데 필요한 지식을 제공하고자 합니다. 1장에서는 현대사회와 노인이라는 제목으로 현재의 노인의 상황을 살펴보고자 하였고, 2장에서는 사회복지현장에서의 노인상담이 어떻게 이루어지는지를 살펴보았습니다. 3장에서는 노인상담모델에 대한 기본적인 이해를 돕는 내용을 담고, 4장에서는 사회복지현장에서 노인상담 시 사용되는 상담기술과 기법을 실제로 사용되는 내용 중심으로 살펴보았습니다. 5장부터 13장까지는 노인상담에서 중요하게 다루어지는 영역인 여가와 사회참여, 은퇴와 노후준비, 노인부부와 가족관계, 성과 범죄, 만성질환, 우울과 자살, 치매와 노인돌봄, 노인학대, 죽음과 호스피스를 주제로 다루었습니다. 각 장에서 노인문제와 욕구의 특성, 상담 시 주의사항, 사례를 추가하여 노인상담 시 도움이 될 수 있는 내용을 포함하였습니다.

이 책을 통해 사회복지사들이 노인들이 더 나은 삶을 살 수 있도록 함께하는 데 기여할 수 있기를 바랍니다.

2025년 봄

저자 일동

차례

Chapter 01

현대사회와 노인

Counseling Older Adults

CHAPTER

01 현대사회와 노인

1. 인구 고령화와 초고령사회

현대사회의 인구 고령화는 산업화, 도시화, 의료기술의 발달 등에 의해 더욱 촉진되었다. 사회가 발전함에 따라 영양, 위생, 안전 등이 개선되었고, 과학과 보건의료기술의 발전은 건강 관련 서비스의 확대, 기대수명의 증가와 사망률 감소 등을 가져왔다. 기계와 고도의 기술이 노동력을 대체하면서 다산(多産)보다 소자녀 가치관이 더 확산되었다. 이러한 배경 속에서 20세기 중반부터 가속된 인구 고령화는 먼저 선진국에서 두드러졌고, 이후 전 세계적 현상으로 나타났다.

특히 한국은 유래 없이 빠른 고령화로 노인인구 비율이 2000년 7.2%(고령화사회)에서 2018년 14.3%(고령사회)로 급등하였다. 그리고 2024년 12월에는 노인인구가 주민등록인구의 20.0%에 도달하는 초고령사회에 진입하였다. 2025년에 들어서야 초고령사회로 진입할 것이라 예상했던 것에 비해 다소 빠른 고령화가 진행된 셈이다. 이러한 추세는 앞으로도 계속되어 2050년에는 노인인구가 총 인구의 40.1%에 달하는 1,891만 명에 이를 것으로 전망된다.

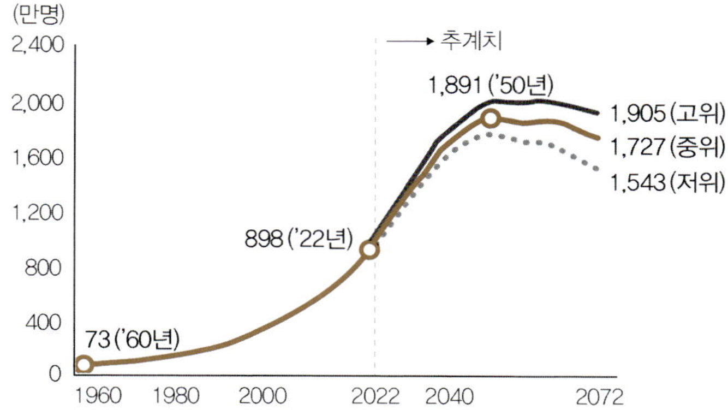

[그림 1-1] 한국의 고령인구(1960~2072년)

출처: 통계청 (2023).

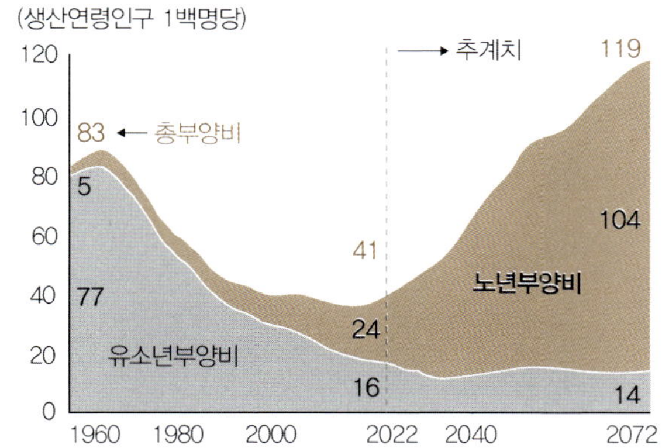

[그림 1-2] 노년부양비(1960~2072년)

출처: 통계청 (2023).

생산연령인구 1백 명당 부양할 인구는 2022년 40.6명(노년 24명, 유소년 16명)에서 계속 높아져 2072년에는 118.5명(노년 104명, 유소년 14명)까지 증가할 것으로 예상된다.

인구 고령화는 단순한 인구학적 변화만을 의미하는 것이 아니라 경제, 사회, 문화 전반에 영향을 미치는 주요 현상으로 이해해야 한다. 고령인구 비중이 커지는 것에 그치지 않고 사회구조 자체의 변화를 불러와 개인 및 사회가 마주할 새로운 상황에 대한 대응이 다각도로 요구되기 때문이다.

예를 들어 경제적으로는 생산가능인구가 감소되어 노동시장 축소, 생산성 저하를 초래한다. 정부는 노인복지, 보건의료에 더 많은 예산을 필요로 하고 이는 국가재정 부담으로 이어진다. 건강 · 의료와 관련해서는 고령노인이 증가하면서 노인요양시설, 돌봄서비스의 수요가 급증한다. 노인성 질환, 만성질환도 증가해 기존의 의료 시스템에 대한 개선 필요성 및 부담이 커진다.

심리사회적 측면에서는 은퇴 이후 기간이 길어져 사회적 역할 상실이 가져오는 심리적 공허함과 우울증을 경험할 수 있다. 특히 가족 구성의 변화와 도시화로 인해 노인들이 고립될 가능성이 이전보다 더 커진다.

이와 같이 이미 우리 사회가 직면했거나 앞으로 예상되는 변화에 대응하기 위해서는 노인 및 노년기의 삶에 대해 이해하는 노력이 필요하다. 효과적인 노인상담을 위해서도 마찬가지이다. 따라서 이 장에서는 노인의 개념, 노화와 노년기의 변화, 현대사회 노인의 삶에 대하여 살펴보기로 한다.

2. 노인과 노화

1) 노인의 이해

(1) 노인의 개념

노인(老人, older person, the aged)이란 말 그대로 '나이가 든 사람, 늙은 사람'을 의미한다. 최근 우리나라에서는 노인이라는 용어가 주는 부정적 이미지를 줄이기 위해 노년, 어르신 등의 용어를 사용하기도 한다. 영어권 국가에서는 연장자(elderly), 선배시민(senior citizen) 등을, 프랑스에서는 제3세대라는 용어를, 중국에서는 장년(長年), 존년(尊年) 등을, 일본에서는 고령자(高齢者)라는 용어를 사용한다(김성순, 1994).

이런 내용으로 보면 어떤 사회에서든 긍정-중립-부정의 의미를 지닌 다양한 용어로 노인을 칭하고 있다는 것을 알 수 있다. 긍정적인 의미로는 노인을 사회의 어른으로 존중하거나 높은 사회적 지위를 인정할 때 사용되고, 부정적인 의미로는 노인의 기능저하, 사회적 지위 상실이나 하락에 초점을 두고 비하하거나 차별하는 경우에 주로 사용된다. 그리고 객관적인 표현이나 중립성을 요하는 연구, 학문분야에서는 중립적인 의미를 담는 단어로 노인이 사용되는 것이 일반적이다(권중돈, 2019).

이처럼 노인이라는 용어가 의도에 따라 다양하게 사용되는 것만 보더라도 노인을 한마디로 정의하기는 쉽지 않다. 그러나 우리는 일상생활, 사회정책, 학문적 차원 등에서 노인이라는 용어를 자주 사용하고 있고, 노인복지, 노인상담의 대상인 노인을 이해하기 위해 노인의 개념을 보다 명확하게 이해할 필요가 있다.

브린(Breen, 1960)은 생물학적 노화, 심리적 노화, 사회적 노화를 고려해서 노인을 ① 생리적 · 생물학적인 면에서 퇴화기에 있는 사람, ② 심리적인 면에서 정신기능과 성격이 변화되고 있는 사람, ③ 사회적인 면에서 지위와 역할이 상실된 사람이라고 설명한다.

국제노년학회(1951)는 노인이란 ① 환경변화에 적절히 적응할 수 있는 조직기능이 감퇴되고 있는 사람, ② 인체의 자체 통합능력이 감퇴되고 있는 사람, ③ 인체의 기관, 조직, 기능에 쇠퇴현상이 일어나는 시기에 있는 사람, ④ 인체의 적응능력이 점차 결여되고 있는 사람, ⑤ 조직의 예비능력이 감퇴하여 적응이 제대로 되지 않는 사람으로 정의하였다.

이러한 개념을 종합하여 최성재 · 장인협(2010)은 노인을 '생리적 · 신체적 기능의 퇴화와 더불어 심리적인 변화가 일어나서 개인의 자기유지기능과 사회적 역할기능이 약화되고 있는 사람'이라고 정의하였으며, 권중돈(2019)은 '노화의 과정 또는 그 결과로서 생물적 · 심리적 · 사회적 기능이 약화되어 자립적 생활능력과 환경에 대한 적응능력이 약화되고 있는 사람'이라고 정의하였다.

(2) 노인의 구분

노인이라는 용어는 앞서 살펴본 대로 추상적인 개념으로 설명할 수 있지만, 이는 노인을 위한 정책을 수립하거나 직접적인 실천에 적용하기에는 효용성이 높다고 할 수 없다. 따라서 실제로 관찰하여 노인을 규정하기에 편리하게 더욱 구체화된 조작적 정의가 필요한데, 그 중 대표적인 것이 역연령(chronological age)에 따른 정의이다.

역연령에 따라 노인의 개념을 정의하면, '노인이란 사람이 태어난 후부터 달력상의 시간으로 계산한 나이가 일정 연령에 도달한 사람'이라고 할 수 있다. 많은 나라에서 일반적으로 65세 이상인 사람을 노인으로 규정한다. 그러나 65세 이상이라는 기준은 사회적으로 임의로 정한 것이지 절대적인 기준이 될 수는 없다.[1)]

역연령에 따른 노인의 개념 정의는 누가 노인인지 관찰하고 판단하기 쉽고, 또 각종 노인복지서비스의 이용자격 기준을 정해서 적용하는 등 정책적 · 행정적 측면에서 사용하기에 편리하다. 그러나 평균수명이 크게 연장되고 있는 오늘날의 현실에서는 모든 노인을 '65세 이상인 사람들'이라는 동일한 집단으로 취급하게 되는 한계를 갖는다.

이런 점을 고려해 외국 학계에서는 65~74세를 연소노인(young-old), 75~84세를 고령노인(old-old 또는 middle-old), 85세 이상을 초고령노인(oldest old)으로 구분하는 것이 일반화되어 있다(Achely & Barusch, 2003). 우리나라에서도 이를 반영하여 65~74세를 전기노인, 75~84세를 중기노인, 85세 이상을 후기노인으로 칭하기도 한다. 이러한 구분은 모든 노인을 동일하게 바라보는 데서 오는 문제점을 개선하는 데 유용하다.

2) 노화와 노년기 변화

(1) 생물학적 노화

생물학적 노화는 인간의 생명이 시작되는 태아기부터 사망하기까지 평생 신체적 · 생리적으로 해로운 변화가 쌓여서 나타나는 과정을 가리킨다

1) 현재 대부분의 사회에서 노인을 65세 이상으로 정하고 있는데, 이는 1889년 세계 최초로 제정된 독일의 노령연금법에서 노령연금 수혜자격연령을 65세로 정한 전통에 따른 것이다(최성재 · 장인협, 2010).

(Hampton, 1991). 생물학적 노화는 외부 요인으로 인해 촉진되기도 하지만, 주로 유전, 세포기능 저하, 면역체계 문제, 생체기능에 대한 신경계 기능 저하 등 내적인 요인에 의해 진행된다(Strehler, 1977). 지금까지 생물학적 노화의 원인을 이해하기 위한 많은 연구가 이루어졌으며, 생물학적 노화를 설명하는 대표적인 이론은 세포이론, 유전이론, 생리학적 이론, 면역이론 등이다. 각 이론의 주요 내용은 〈표 1-1〉에서 제시하는 바와 같다.

〈표 1-1〉 생물학적 노화의 주요 이론

이론		주요 내용
세포이론	사용마모이론	오래 사용하여 신체기관이 퇴화(wear-and-tear)하여 노화 진행
	노폐물축적이론	세포 속에 해로운 물질과 제거될 수 없는 폐기물이 생성, 축적되어 세포의 정상적 기능을 방해하여 노화 진행
	교차연결이론	세포 내·외부에서 두 개의 큰 분자가 서로 상대에 부착되어 이 분자들이 서로 움직이지 못하게 함(예: 혈당은 세포 사이의 단백질을 끈적하게 결합)으로써 화학적 반응을 일으키고, 조직은 탄력성을 상실하여 노화 진행
	유전자변이이론	세포가 방사선 등의 원인에 의하여 상해를 입게 되면 변이세포가 생성되고, 이러한 변이세포의 누적으로 노화 진행
	세포분열제한이론 (Hayflick 이론)	세포가 분열할 수 있는 한계 횟수가 정해진 세포시계(cell clock)의 한계를 벗어난 경우 세포분열 제한으로 노화 진행
	유해산소이론	세포는 신진대사과정에서 흡연, 감염, 지나친 운동 등의 외부자극에 대한 반응으로 활성산소를 생산하는데, 이 산소가 세포의 지방질과 단백질을 파괴하고 세포기능을 저하하여 노화 진행
유전이론	유전자조절이론 (예정계획이론)	DNA 속에 노화의 속성이 미리 프로그램되어 있으며, 유기체가 일정 시간이 경과하면 노화의 속성이 나타나면서 노화 진행
	DNA작용과오이론 (오류재해이론)	DNA가 단백질 또는 효소와 결합하는 과정에서 DNA의 유전 정보에 맞지 않는 것을 생산하여 이런 단백질이 축적되어 노화 진행
	DNA과다이론	DNA의 유전적 배열상의 과다로 유전적 오류가 발생하고 이로 인해 노화 진행
	질서·무질서이론	성적 성숙이 이루어진 이후에 유전 프로그램에 따라 사용되던 에너지의 효율성이 감소함으로써 노화 진행
	텔로메라제이론	염색체 끝에 연결된 일련의 핵산으로 구성된 텔로미어가 세포분열과 함께 점점 짧아지면서 세포 손상을 일으킴으로써 노화 진행

생리학적 이론	신진대사이론	신진대사에 필요한 적정 수준의 열량 부족으로 노화 진행
	열량제한이론	영양실조 또는 영양과다로 노화 진행
	사망호르몬이론	산소 소모를 낮추는 호르몬에 의해 신경세포가 소실됨으로써 노화 진행
	신경호르몬이론	뇌의 시상하부의 신호에 의해 분비되는 호르몬 분비가 감소되거나 생화학적 조절기능이 약화되어 노화 진행
	흉선자극이론	면역계를 지배하는 흉선이라는 분비선이 소실되면서 신체의 면역기능이 약화되어 노화 진행
	생명속도이론	타고난 제한된 양의 에너지를 빨리 소모함으로써 노화 진행
	생리적 통제이론	유기체의 신체통합 · 조정기능의 상실로 노화 진행
면역이론	면역반응이론	항체의 이물질에 대한 식별능력이 저하되어, 이물질을 모두 파괴하지 못함으로써 노화 진행
	자동면역이론	체내 면역체계가 항체를 만들 때 정상세포까지 파괴하는 자동면역항체를 만들고, 이것의 증가로 정상세포가 파괴되어 노화 진행
스트레스이론		스트레스가 체내에 부정적 병리현상을 유발하여 노화 진행

출처: 권중돈 (2019). pp.48-49.

생물학적 노화는 눈으로 직접 알아볼 수 있는 신체적인 노화, 내부의 신체기능이 변화되는 생리적 노화로 구분해서 살펴볼 수 있다.

① 신체적 노화

신체를 구성하는 주요 성분인 지방, 조직, 뼈 수분의 양은 노화에 따라 변화한다. 지방은 크게 늘어나고, 조직은 줄어들며, 수분은 상당히 줄어든다. 뼈는 칼슘이 고갈되어 점차 가벼워지고, 골조직이 엉성해지는 골 상실이 나타나 젊은이에 비해 쉽게 골절상을 입는다. 근육의 강도와 수축력도 약해져서 뼈에 부담을 주게 된다. 연령증가와 함께 치아가 하나 둘 빠져 80대에는 6개 정도가 남는다. 키는 나이가 들면서 점차 줄어들고, 60세 이후 체중이 감소하는 경향을 보인다.

피부는 멜라닌 색소 감소로 색이 동일하게 유지되지 않는 동시에 얼룩

반점이 생기고, 탄력이 약해져 주름살이 많아지며 건조하고 거칠어진다. 피부 아래 지방과 수분이 줄고 혈액순환이 약해져 온도조절 기능이 제대로 작동하지 않기 때문에 추위나 더위에 민감해진다. 멜라닌 색소가 감소되면 머리카락이 흰색으로 변하고, 나이가 들면서 모낭이 약해져 머리털이 빠진다.

② 생리적 노화

나이가 들면서 세포는 분열을 정지하거나 죽기 때문에 신체 내 세포 수가 줄어들게 된다. 세포가 줄어들면 장기기능이 약화되어 노화에 영향을 준다. 장기의 중량은 연령증가와 함께 점점 줄어든다. 그러나 심장은 지방증가, 동맥경화로 인한 심장비대 등으로 인해 중량이 늘어나고, 심박출량과 심장박동능력은 감소한다. 치아결손, 소화효소 분비량 감소, 소화 관련 장기 근육 약화 등으로 소화기능은 감퇴되고, 소장 · 대장의 운동성 저하로 변비가 생긴다.

20대가 지나면서 인간의 호흡기능은 약해지기 시작하고, 공기를 최대한 들이마시거나 밖으로 내보내는 능력이 점차 줄어든다. 그 결과 연령이 증가할수록 폐 속에 남은 나쁜 공기의 양, 즉 잔기량이 많아져 기관지질환, 호흡기질환에 걸릴 가능성이 높아진다.

신장(콩팥)은 나이와 함께 크기와 무게 등이 줄어들고 신장 혈관이 굳는 듯한 현상으로 인해 노폐물을 배출하는 기능이 약화된다. 이 때문에 소변을 충분히 배설하지 못하는 잔뇨, 밤에 2~3회씩 소변을 보는 야뇨 등의 현상이 나타난다.

혈관으로 나이를 짐작한다는 말이 있을 정도로 혈관의 변화는 연령증가와 관련이 깊다. 나이가 들면 혈관벽이 두껍고 딱딱해져서 혈액순환을 방해하는 동맥경화가 발생하기 쉽다. 혈액순환 악화는 조직에 영양전달을 방해하고, 심해지면 뇌순환 혈액량을 감소시켜서 치매를 일으키기도 한다.

연령이 증가하면 성기능, 생식기능도 약화된다. 여성은 폐경으로 생식기능이 상실되고, 남성은 생식기능 저하, 음경 크기나 강직도 저하, 발기부전 등으로 성기능이 약화된다. 그러나 이러한 변화가 노후의 성에 대한 관심과 욕구가 사라지는 것을 의미하는 것은 아니다.

지금까지 살펴본 생물학적 노화는 누구에게나 보편적으로 일어나는 일이지만, 개인에 따라 그 속도와 정도에 차이가 있다. 또한 사회적 존재인 인간은 단지 생물로서의 변화만을 경험하는 것이 아니므로 생물학적 노화는 사회적 · 심리적 기능에도 영향을 미친다. 따라서 생물학적 노화가 가져오는 변화를 자연스러운 과정으로 인정하고 적응하면서 노년기의 심리 사회적 기능이 긍정적으로 유지될 수 있도록 하는 것이 중요하다.

(2) 심리적 노화

노화를 생물학적인 관점에서 보면 '인생의 1/4은 성장하며 보내고, 3/4은 늙어가며 보낸다'고 할 수 있다. 그러나 심리사회적인 관점에서 보면 '인생의 1/4은 성장하는 시간이고, 2/4는 일하는 시간이며, 1/4은 늙어가며 보내는 시간'이라고 할 수 있다(최순남, 1999). 인생 후반부 1/4의 시간 동안 발생하는 심리적 노화는 주로 퇴행적인 발달로서의 의미가 크지만, 감각, 인지, 정서, 정신 관련 기능 및 욕구, 성격 등 심리내적 측면과 심리외적 측면의 상호작용에서의 퇴행, 유지 및 성숙을 동시에 내포하는 심리적 조절과정이다. 이러한 심리적 노화를 설명하는 주요 이론은 발달과업이론, 성격발달이론, 인지이론, 행동유전이론, 노년초월이론 등이 있으며, 주요 내용은 〈표 1-2〉와 같다.

〈표 1-2〉 심리적 노화의 주요 이론

이론	주요 내용
Havighurst의 발달과업이론	• 6단계의 인간발달 단계를 제시하면서 노년가의 발달과업을 ① 쇠퇴하는 기력과 건강에 대한 적응, ② 퇴직과 소득감소에 대한 적응, ③ 배우자의 죽음에 대한 적응, ④ 동년배집단과의 유대관계 강화, ⑤ 사회적 역할의 융통성 있는 수행과 적응, ⑥ 노후생활에 적합한 생활환경의 조성으로 규정함
Peck의 발달과업이론	• Erikson의 7~8단계를 통합하여 7단계의 인간발달이론을 제시하면서, 중년 이후의 발달과업을 ① 자아분화 대 직업역할몰두, ② 신체초월 대 신체몰두, ③ 자아초월 대 자아몰두로 규정함
Clark & Anderson의 적응발달 과업이론	• 노년기에 직면하게 되는 적응과업을 ① 노화의 현상과 이로 인한 행동 및 활동에 제약이 오는 것을 자각하는 것, ② 신체적 및 사회적 생활반경을 재정의하는 것, ③ 노화로 인한 제약 때문에 이전처럼 만족시킬 수 없는 욕구를 다른 방법으로 만족시켜야 하는 적응과업, ④ 자아의 평가기준을 새롭게 설정하는 것, ⑤ 노년기의 생활에 맞도록 생활의 목표와 가치를 재정립하는 것으로 규정함
Erikson의 심리사회적 발달이론	• 전 생애에 걸친 점성적 성격발달이론으로, 노년기의 발달 단계를 '자아통합 대 절망'이라 명명함 • 자아통합: 과거 및 현재의 인생을 바라던 대로 살았다고 받아들이고 만족스럽고 의미 있게 생각하며, 다가올 죽음을 수용하고 기다리는 태도 • 절망: 과거 및 현재의 인생을 후회하고 불만스럽게 생각하고, 다시 한 번 기회가 주어진다면 다르게 살겠다고 생각하며, 죽음 앞에 남은 시간이 너무 짧아 어떻게 할 수 없기 때문에 불안, 초조해하는 태도
Thome의 인지이론	• 생물적, 사회적, 심리역동적 이론을 통합한 노년기 성격에 관한 인지이론으로서 지각, 지각된 상황, 그리고 지각된 자아를 강조함 • 객관적 변화보다는 주관적으로 지각한 변화가 행동 변화에 더 중요한 요인이며, 그러한 변화는 개인의 지배적 관심이나 기대치에 의해 평가될 수 있음 • 성공적인 노화를 위해서는 인지체계와 동기체계의 균형을 유지하고 재구조화하는 것이 필수적임
Salthose의 자원감소이론	• 노년기에는 정보를 처리할 수 있는 자원이 축소됨으로써 인지적 수행능력이 감소함 • 인지적 과업을 수행하는 데 필요한 자원이 많을수록 인지적 수행능력이 증가함
McCleam의 행동유전이론	• 유전요인이 노화에 미치는 영향에 관심을 두고 있으며, 시간의 흐름에 따라 유전요인과 환경요인의 영향력이 달라지게 되고, 그로 인해 행동상의 차이를 유발함 • 유전요인은 환경요인보다 행동에 지속적인 영향을 미치지만, 환경요인 역시 행동상의 차이를 유발하는 중요한 요소임

Miller의 정체감위기이론	• 직업적 역할은 개인의 정체감을 지지 · 유지하는 기반이며, 사회적 역할, 생계유지자의 역할 등 부수적 역할을 부여한다고 규정함 • 퇴직자는 직업 및 부수적 역할을 상실하여 역할이 없는 사람이라는 낙인이 찍히게 되고, 이로 인해 자아지지 기반이 와해되고 정체성 위기에 직면함 • 노년기에 정체감을 유지하기 위해서는 ① 다른 활동을 통하여 대체적 만족감을 추구하거나, ② 사회적 인정을 받을 수 있는 완전한 여가활동 개발 및 참여를 하여야 함
Atchley의 정체감유지이론	• 정체감은 여러 가지 원천에서 파생하며 직업적 역할만이 정체감 유지를 위한 활동이 아니므로 퇴직 후에도 여러 가지 역할을 통하여 정체감을 유지할 수 있음
Tomstam의 노년초월이론	• 노년기로의 진입과 함께 물질적이고 현실적인 관점에서 초월적이고 인류적인 관점으로 변화하며, 자연스럽게 삶의 만족도가 증진함 • 노년기가 되면 시간, 장소, 대상에 대한 관점이 변화하고 죽음에 대한 공포가 사라지며, 인류 전체에 관한 관심이 증가함 • 숨겨져 있던 자아의 특질을 발견하고 자아중심성이 줄어들며, 이타성을 회복하고 자아통합 상태에 도달함 • 물질적인 것에 대한 관심이 줄어들고 자아와 역할 사이의 차이를 이해하며, 자신의 삶을 반추하는 시간이 증가함

출처: 권중돈 (2019). pp.55-56.

① 감각기능

감각은 인간 신체 내 · 외부의 변화 및 상태와 관련된 정보를 수집해 뇌에 전달하는 기능으로 시각, 청각, 미각, 후각, 촉각, 통각 등의 기관이 작동함으로써 유지된다.

시각기능은 나이와 함께 약해지고, 70대 이후부터는 교정시력으로도 정상 시력을 유지하기가 어려워진다. 수정체 조절능력이 약해져서 가까이에 있는 물체를 명확히 보기 힘들고, 백내장 발성률이 높아지며, 안 내압이 상승하여 시신경이 약화되거나 실명하는 녹내장 질환도 증가한다.

청각기능은 성년기 시작과 함께 천천히 퇴화되다 50세 이후 자각할 정도로 기능이 손실된다. 또 나이가 많을수록 고음, 약한 음을 잘 듣지 못한다. 젊은이에 비해 잡음이 많은 소리를 듣는 데 어려움을 겪게 된다. 이명도 발생하는데, 이명은 청년층에 비해서 중년층은 3배, 노년층은 4배 이상 증가한다(Hooyman & Kiyak, 2008). 청력장애를 일으킬 만한 특별한 문제가 없어도 노화현상으로 청각기능에 장애가 생기는 것을 '노인성 난청'이라고 하는데 이는 여성보다 남성에게 더 많이 나타나는 것으로 알려져 있다.

미각기능은 맛을 감지하는 혀의 맛봉우리 수가 감소하여 맛을 제대로 느끼지 못하게 되면서 약화된다. 또 노화로 인해 단맛, 신맛, 쓴맛, 짠맛을 느끼지 못하는 정도가 각각 달리 약해진다. 후각도 나이 들면서 약화되는 것으로 알려져 있는데, 후각의 약화는 가스 냄새 감지가 어려워 화재가 발생하는 등 일상생활에서의 안전을 위협받을 수 있다는 점에서 더욱 관심이 필요하다. 한편 촉각은 40대 중반 이후부터 급격이 저하되고, 통각은 젊은이에 비해 덜 민감하지만, 연령보다는 개인차가 더 크다는 의견도 강하다.

② 정신기능

정신기능은 인간이 다른 동물들과 다른 차원의 존재가 될 수 있게 하는 특징적 기능이라고 할 수 있다. 이는 지능, 학습능력, 기억력, 사고능력, 문제해결능력, 창의성 등 다양한 요소들로 구성된다.

지능은 '새로운 것을 학습하는 능력', '환경에 적응할 수 있는 인지능력'이며, 더 나아가 웩슬러(Wechsler)의 정의대로 '개체가 목적을 가지고 행동하고 합리적으로 사고하며 환경을 효율적으로 처리해 나가는 종합적, 총체적 능력'이라고 봐야 할 것이다(최성재 · 장인협, 2010). 일반적으로 연령증가와 함께 지능이 쇠퇴한다고 알려져 있지만, 유동성 지능과 결정성 지능의 변화에는 차이가 있다. 즉, 추상적 추리력, 공간지각력, 언어 유창성 등 타고난 부문인 유동성 지능은 연령증가와 함께 쇠퇴하지만, 언어적 의미, 단어 연상, 사회적 판단, 수리능력 등 경험과 교육 · 훈련을 통해 습득되는 결정성 지능은 그렇지 않다. 따라서 연령증가와 지능이 반드시 부적 관계를 갖는다고 단정지을 수는 없고, 교육 수준, 생활경험, 직업, 동년배집단효과, 지능검사 시의 심신의 건강상태 등의 영향을 받는다고 봐야 할 것이다(최성재 · 장인협, 2010; 권중돈, 2019).

기억은 외부정보를 대뇌에 저장했다가 꺼내는 기능을 말한다. 나이가 들면 단기기억과 최근기억이 약해진다. 예를 들면 노인들이 옛날 일은 생생하게 기억하고 이야기하는 데 비해 최근에 있었던 일을 잘 기억하지 못한다.

학습능력은 경험, 연습 등을 통해 정보와 기술을 습득하는 기능이며, 사고능력은 받아들인 정보를 구별하고 분류해 개념화하는 과정으로서 습득한 지식으로 여러 과제를 해결하거나 대처하는 것을 가리킨다. 문제해결능력은 사고과정을 통해 만들어진 개념을 논리적으로 추리해 결정을 내리는 것을 의미하는데, 학습능력, 사고능력, 문제해결능력은 나이가 들면서 저하된다고 알려져 있다. 그러나 이것은 단순히 연령 증가만이 원인이라고 볼 수는 없고, 지능과 마찬가지로 다양한 요인들이 영향을 미치는 것으로 보아야 할 것이다. 한편 노년기의 사고능력과 기억력 문제가 심각해지는 치매는 개인적 문제의 차원을 넘어 사회적 문제로 부상하고 있어 각별한 관심과 대응이 요구된다.

노인은 오랜 시간 동안 살아온 경험을 바탕으로 한 삶의 지혜를 갖고 있다. 지혜는 지식, 실용적인 능력 등을 결합해서 인생에 대해 더 크게 이해하는 지식의 통합체이다. 연령증가와 함께 나타나는 인지적 · 정신적 기능의 감퇴는 노인의 지혜로 보완해 나갈 수 있다(Vaillant, 2004).

③ 정서와 성격 특성

성격은 한 개인이 타인과 구분되는 고유한 특성이며, 정신적 기능과 행동양식의 복합적 · 상호의존적 체계이다. 성인기에 들어서 급격한 생활환경 변화가 없는 한 성격은 안정성과 계속성을 유지하고, 이전과 같은 방식으로 자극에 반응하면서 그 방식을 유지하기 위하여 환경을 조정하기 때문에 노화로 인한 큰 성격 변화는 없다(Neugarten, 1964; Kogan, 1990). 반면 나이가 들수록 공격성, 투사 등의 미성숙한 방어기제 사용빈도가 줄어들고 승화 등의 성숙한 방어기제는 증가한다는 주장도 있다(Jones & Meredith, 2000).

윤진(1996)의 설명에 따라 노년기의 특징적 성격 변화를 살펴보면 다음 10가지로 제시할 수 있다.

■ 내향성과 수동성의 증가

외부 사물, 행동보다는 자신의 내면에 더 관심을 가지며, 문제를 능동적으로 해결하려 하기보다는 타인에게 도움을 받으려는 수동적인 경향이 증가한다.

■ 조심성의 증가

매사에 정확하게 하려는 경향이 강해지고, 각종 기능이 약화되면서 더 조심스럽게 변화한다.

■ 경직성의 증가

익숙한 습관, 태도, 방법을 고수하려 하고, 이는 학습능력과 문제해결능력을 방해하는 요인이 되기도 한다.

■ 우울 성향의 증가

심신의 질병, 배우자의 사망, 경제사정 악화, 소외와 고립, 일상생활 속에서의 자기통제력 약화, 과거에 대한 회상 등은 우울감을 증가시킨다.

■ 생에 대한 회상 경향

지난 과거를 돌아보며, 해결하지 못한 것을 찾아 새로운 의미로 해결을 시도하려고 한다. 생에 대한 회상을 통해 과거의 갈등, 두려움 등을 잘 해결하면 에릭슨(Erikson)이 말하는 자아통합을 이룰 수 있다.

■ 친근한 사물에 대한 애착 증가

자신이 오래도록 사용해 온 물건에 대한 애착이 커지고, 이를 통해 과거를 회상하면서 안심하고 평온을 유지하려고 한다.

■ 성역할 지각의 변화

남성은 친밀성, 의존성, 관계지향성이 증가하고, 여성은 공격성, 자기주장, 자기중심성, 권위주의 성향이 커지는 측면이 있다.

■ 의존성의 증가

신체적 · 경제적 능력이 저하되면서 의존성이 증가하는 경향을 보인다. 또 신체적 건강이 나빠질수록 심리적 · 정서적 의존성이 커진다.

■ 시간 전망의 변화

40세를 넘어서면서 사람들은 시간 전망에 변화를 보인다. 즉 자신에게 남은 시간을 계산하고 노인이 될수록 남은 생이 짧아지고 있다고 느낀다. 이러한 자각을 피하기 위해 과거 회상에 집중하거나 과도하게 미래지향적으로 되기도 한다.

■ 유산을 남기려는 경향

죽음을 맞이하기 전에 자손, 예술작품, 지식이나 기술, 교훈, 재산 등 무엇인가를 남기려는 경향을 보인다.

(3) 사회적 노화

인간은 사회적 동물로서 자신이 속한 사회 속에서 사람들과 지속적으로 상호작용하면서 사회화된 삶을 살아간다. 그 과정에서 개인과 사회는 서로 영향을 미치게 된다. 따라서 사회적 노화는 개인을 둘러싼 사회 상황의 변화, 사회가 개인의 노화에 미치는 영향, 나이 든 개인들의 집단인 노인인구가 초래하는 사회적 변화를 모두 고려해야 한다. 이것이 생물학적 노화, 심리적 노화에 비해 사회적 노화를 설명하거나 이해하기 어려운 이유이다.

사회적 노화를 설명하고 있는 다양한 이론과 핵심 내용은 〈표 1-3〉과 같다.

〈표 1-3〉 사회적 노화의 주요 이론

이론	주요 내용
활동이론	• 중년기까지의 활동과 역할의 축소를 강요받아 노인이 사회적으로 분리될 경우 문제를 경험할 수 있음 • 노인은 신체 및 환경적 제한이 따르고 중요한 역할의 상실을 경험하지만 중·장년기처럼 지위에 따르는 역할이나 다양한 활동에 적극적으로 참여함으로써 긍정적 자아개념을 유지하고 성공적으로 노화에 적응할 수 있음
분리이론	• 노년기에 노인이 자발적으로 사회에서 분리됨으로써 사회는 유능한 젊은이가 일할 기회를 제공할 여지를 마련하게 되는데, 노인은 편안히 쉬면서 죽음을 준비할 수 있는 기회를 갖게 됨 • 노인은 사회교류와 활동범위를 축소하고 개인이나 사회를 위해 스스로 사회에서 분리되고, 사회 역시 노인을 사회에서 분리하는 것이 타당함
지속이론	• 인간은 성인기 이후 자아상, 성격, 생활습관 등이 거의 동일하게 유지되며, 노년기에도 이전과 같은 방식으로 생활함 • 노년기에 자신의 고유한 생활습관과 성격, 행동 유형을 유지하는 것이 자아존중감과 생활만족도를 증진함

역할이론	• 노인이 노화에 얼마나 잘 적응하는가는 노년기의 역할 변화를 어느 정도 수용하는가에 의해 결정됨 • 노년기에 상실되는 역할은 많은 반면 그것을 대체할 새로운 역할을 얻지 못하거나, 역할이 불확실할 경우 사회적 정체감과 자아존중감의 혼란이 초래됨
스트레스이론	• 노인은 배우자 상실, 퇴직 등으로 인해 스트레스를 경험하게 되지만, 이에 대처할 수 있는 자원이 부족하여 스트레스로 인한 부정적 영향을 받을 가능성이 높아짐 • 동일한 스트레스라고 하더라도 노인의 스트레스에 대한 지각과 대처자원, 사회적 지지수준에 따라 스트레스의 결과는 달라짐
생활과정이론	• 노인의 삶은 그 시대의 문화가 요구하는 연령규범의 영향을 받음 • 노년기의 연령규범과 사회화 기준이 불명확하여, 많은 노인이 성공적인 노화와 만족스러운 노년기 삶에 대한 인식의 혼란을 경험함
현대화이론	• 사회의 현대화(보건의료기술 발전, 생산기술 변화와 발전, 도시화, 교육의 대중화) 수준과 반비례하여 노인의 지위가 하락됨 • 노인 지위 하락에 비례하여 노인문제가 발생함
구조지체이론	• 의학의 발달로 노인의 활동능력은 증가했지만 경제제도는 노인을 은퇴시키며, 사회복지제도는 노인의 욕구에 적합한 서비스를 개발하여 시행하지 못하는 등 사회제도가 노인의 욕구와 현실 변화를 따라가지 못하고 지체됨
낙인이론	• 사회가 노인을 비생산적이고 쓸모없는 존재로 규정하면, 노인은 이러한 사회적 규범과 낙인에 맞추어 행동하려는 경향이 있음
사회와해이론	• 노인은 부적절한 행동에 대해 사회적 ㅂ판을 받게 되면 의존적 존재가 되고, 장점과 능력을 인정받으면 자율적 존재가 되는데, 일반적으로 사회가 노인을 부정적으로 인식함에 따라 노년기 사회관계와 사회참여가 위축됨 • 사회가 노인에게 은퇴를 강요하게 되면 노인은 자신감 상실과 정서적 불안 등으로 부적절한 행동을 하고 의존적 존재가 되어 문제를 경험함
하위문화이론	• 사회의 차별, 노인 간의 신념과 관심사의 유사성 등으로 노인은 집단 특유의 규범과 가치를 창조해 냄으로써 집단정체감과 하위문화를 형성함 • 노인세대의 하위문화가 다른 세대와의 갈등, 분화를 통해 집단 내 결속력을 높이고 더 많은 권력을 얻지 못한 결과, 노인은 문제를 경험함
연령계층화이론	• 사회가 경제계급에 의해 계층화되는 것과 마찬가지로 청년, 중년, 노년으로 연령에 따라 계층화됨 • 서로 다른 연령계층으로 구성된 사회에서 노인은 이전까지 누리던 지위와 권력 등이 약화되면서 배분과정에서 소외됨 • 노화에 따른 권력의 약화, 사회 배분구조에서의 소외로 인하여 노인은 세대 간 차이를 느끼고 낮은 서열로 밀려나게 됨으로써 문제를 경험함

세계체계이론	• 선진국과 개발도상국 사이에 존재하는 정치 불평등에 의해 제3세계 노인의 지위와 삶의 질적 수준이 저하됨 • 중심국가(선진국)의 주변국가(개발도상국)에 대한 경제적 지배나 착취가 개발도상국 노인의 문제를 야기함
정치경제이론	• 사회의 정치경제적 제도 속에서 노인은 기회를 거의 얻지 못하거나 상실한 존재가 됨 • 사회정책과 조직, 집단권익옹호행동에서 노인의 기회를 박탈하고 의존성을 조장함으로써 사회경제적으로 열악한 상태가 됨
교환이론	• 노인은 재산 소유 및 통제권의 약화, 지식의 낙후성, 가족과의 유대관계 약화 등으로 인하여 교환자원이 점차 약화되고 가치가 저하됨에 따라 교환관계에서도 열등한 지위에 처하게 되어 사회적 상호작용에서 소외됨
제3기 인생론	• 중년기와 노년기를 결합한 시기를 제3기 인생으로 보고 새로운 인생과업을 제2의 성장으로 봄 • 나이가 중요한 것이 아니라 제2기 인생을 시작한 이후 어떠한 계기로 인해 지금까지와는 다른 새로운 인생을 시작하게 되는 시기부터가 제3기 인생의 시작임

출처: 권중돈 (2019). pp.65-66; 최성재 · 장인협 (2010). pp.135-136.

여기에서는 사회적 노화를 살펴보기 위해 생애주기가 노년기로 전환되면서 나타나는 사회관계망과 상호작용, 연령규범과 사회화, 지위와 역할변화에 초점을 맞추어 논의하기로 한다.

① 사회관계망과 상호작용

노인이 되면 직장에서의 퇴직, 배우자나 친구 등 중요한 타자의 사망 등으로 인해 사회적인 관계망이 축소된다. 또 사회적인 관계, 사회참여의 기회가 줄어들고, 가족, 친구, 이웃 등 1차 집단과의 관계가 중심이 되는 경향을 갖게 된다.

특히 자녀수 감소, 평균수명 연장 등을 고려하면 노후에 배우자가 중요한 관계망이 되므로 원만한 부부관계는 삶의 만족도와 높은 연관성을 갖는다(이혜자 · 김윤정, 2004; 하상희, 2018). 전통사회와 달리 노년기의 황혼이혼과 재혼에 허용적인 사회적 분위기가 형성되긴 했지만, 노인세대의 보수성, 자녀의 반대, 경제적 자립능력의 부족 등 다양한 이유 때문에 실제로 재혼이 성사되기는 쉽지 않다.

노년기에 들어서면 자녀를 부양하던 위치에서 부양을 받는 위치로 자리바꿈이 이루어진다. 그런데 현대사회에서는 자녀들이 성인기 이후 분가해 생활하는 경우가 많고, 부모가 노인이 되고 나서도 따로 살면서 연락이나 대면접촉이 줄어들기 쉽다. 정서적 유대관계도 소원해지는 등 부모-자녀 관계의 질도 변화하고 있다. 이런 변화로 우울해 하는 노인들도 생겨난다. 물론 자녀로부터 벗어나 자유롭게 자신을 개발하는 기회를 갖는 노인들도 있다.

손자녀와의 관계 측면에서는, 평균수명 연장으로 노년기에 조부모 역할을 수행하는 기간이 길어지기는 했지만 성인자녀와의 별거로 인해 원거리형 조부모 역할 유형이 증가하는 것으로 알려져 있다. 필요에 따라 서로 가정을 방문하여 손자녀와 즐거운 시간을 보내고, 엄격한 훈육보다는 관대하게 대하는 경향이 강해지고 있다.

노인의 친구관계는 노년기 적응에 중요한 요소가 된다. 활발한 사회적 활동이 줄어들면서 직장 동료와의 관계가 축소되고, 지리적으로 가까이에서 생활하는 이웃이 그 자리를 대체하게 된다. 따라서 노년기에 친밀한 친구관계를 유지하려면 한 지역에서 오래 머물며 생활하는 것이 바람직하다. 대다수의 노인들도 자신이 거주하던 집에서 계속 살고 싶어하는 것으로 알려져 있다(Achely & Barusch, 2003).

② 연령규범과 사회화

연령규범이란 동일한 시대를 사는 사람들이 특정 연령대에 적합한 행동을 하도록 개인들에게 요구하는 사회적 기대, 가치를 의미한다(Neugarten,

Moore & Lowe, 1965; Thorson, 2000). 노인도 사회적 연령규범을 기준으로 어떤 행동을 하고, 어떤 행동을 하지 않아야 할 것인지, 그리고 어떻게 해야 할 것인지 결정하게 된다.

그런데 사회가 급격하게 변화하면서 연령규범도 계속 변화하고 있다. 예를 들어 결혼적령기에 대한 사회적 인식이 달라지고 있고, 은퇴를 준비해야 하는 연령에 대해서도 과거와는 다른 의견이 더 강하게 나타나기도 한다. 이러한 변화는 연령규범에 대한 사회적 합의가 간단히 이루어지기 어려운 배경이 되고, 이 때문에 노년기의 사회적 역할과 연령적합행동을 명확히 하는 것도 쉽지 않다.

개인들은 사회적인 상호작용을 통해 규범과 가치, 역할기대 등을 학습한다. 그런데 현대사회의 구조는 청년층의 사회화에 더 집중하는 경향을 보이며, 노년기의 사회적 연령규범에 대해서는 상대적으로 관심이 적은 편이다(박선숙, 2020). 그 결과 노년기 연령규범의 부재가 발생하고, 이는 개인들이 중년기 이후에 노년을 준비하기 위한 새로운 학습을 추진하는 데 곤란을 초래할 수 있다. 이때 노인은 개인적으로도 노화로 인해 학습에 어려움을 겪기 때문에 사회적 고립 위기에 직면할 우려가 있다. 또 노인의 역할이나 지위가 명확히 확립되지 않은 현대사회에서는 노년기를 대비하는 사회화 기회를 갖지 못한 개인들이 노년기 진입 후에 자신의 노후의 삶과 관련된 사회화에 어려움을 겪게 된다(최성재 · 장인협, 2010).

③ 지위와 역할

노년기에 가장 두드러진 변화 중 하나가 바로 사회적인 지위와 역할이다. 지위와 역할의 변화는 평생 이루어지지만, 노인이 되기 전까지는 사회적인 지위와 역할을 획득하는 경우가 많고, 노인이 되면서부터는 반대로 그것을 상실하는 경우가 더 많다. 이 때문에 노년기를 상실의 시기 또는

'역할 없는 역할(roleless role)'의 시기라고 하기도 한다. 그러나 노인이 되고 나서도 역할의 상실만을 경험하는 것이 아니라 새로운 역할을 얻기도 하고, 동일한 역할의 수행방법이 달라지는 등의 방식으로 역할전환이 이루어지기도 한다.

로소우(Rosow, 1985)는 사회적 지위와 역할의 종류와 수, 중요성은 일생에 걸쳐 달라진다고 하면서 이를 다음 4가지 유형으로 제시하였다.

■ 제도적 지위와 역할

회사의 부장이나 가정의 생계유지자 등 지위와 역할이 분명한 경우를 말한다.

■ 희박한 지위와 역할

지위는 있는데 역할이 없거나 역할이 없다 해도 매우 적은 경우를 말한다. 예를 들어 명예총장, 퇴직한 가장 등이다.

■ 비공식적 지위와 역할

공식적인 지위는 없고 역할만 있는 경우이다. 비공식적인 지도자, 사기꾼, 웃기는 사람 등 공식적 지위 없이 어떤 행동을 계속해 그 행동 유형이 인정되는 상태에서의 역할을 가리킨다.

■ 무역할

지위와 역할이 모두 없는 상태를 가리킨다. 예를 들면, 가끔씩 하는 이상한 행동, 유형화된 행동으로 보기 힘든 행동 등이다. 이는 실제로는 사회적 의미가 전혀 없다.

노년기에는 1차 집단 내에서의 지위와 역할에 큰 변화가 없는 반면, 2차 집단에서는 지위와 역할의 종류와 수가 줄어드는 등 변화를 겪게 된다. 로소우(1985)가 이야기한 제도적 지위와 역할은 줄어들고, 희박한 지위와 역할은 늘어난다. 후기 노년기에는 비공식적 지위와 역할도 줄어들게 된다.

3. 현대사회 노인의 삶

1) 웰에이징

(1) 웰에이징의 개념

웰에이징(well-aging)은 직업이나 일에서 은퇴하여 유유자적한 생활을 보낼 시간에 대해 적극적으로 재검토하자는 의도에서 출발한 용어이다. 사회 전반적으로 삶의 질에 대한 관심이 높아지면서 단순히 오래 살기만을 바라는 것이 아니라 보다 인간답게 살기를 원하는 바람을 담은 용어이기도 하다. 그런 점에서 웰에이징은 건강하고 행복한 삶을 위해 필요한 조건을 충실하게 갖추고자 노력하는 것이라고도 할 수 있다. 국내 연구자들이 논의한 웰에이징에 대한 내용에서도 유사점을 발견할 수 있다.

- 웰에이징이란 '자기완성을 위한 존엄한 노년'으로 자신의 존엄성을 유

지하면서 늙어가는 것(김경호, 2012)

- 주관적 웰에이징이란 노화로 겪는 생물학적(외모, 건강변화), 인지적, 정서적, 영적 차원의 변화에 만족감을 갖고 긍정적인 정서를 갖는 것(주해원 · 현명호, 2016)
- 웰에이징이란 늙어가는 것을 부정적으로 생각하는 것이 아닌 그 자체를 수용하면서 아름답게 늙어가기 위해 노년의 시기를 긍정적인 자기 변화의 시간으로 받아들이려는 양식과 삶의 태도(장병주, 2018)
- 웰에이징이란 적극적으로 노화를 받아들이면서 자신이 하고 싶은 것을 찾아 보람된 일을 하여 삶을 열정적으로 사는 것(하나연, 2018)
- 웰에이징은 웰빙을 위한 행동을 통해 몸과 마음을 관리해 건강하고 아름다운 삶을 추구하고 사회 전반적 생활수준을 향상시키는 것(박재영 · 이명선, 2019)
- 웰에이징은 성공적 노화로 신체적, 정신적 기능을 최대로 유지하며 적극적인 사회참여를 강조하는 것(김영희 · 박금숙 · 진은영, 2019)
- 웰에이징은 노인친화적 환경에서 노인이 활기 있고 적극적인 노년을 보내는 것(김명식, 2019)

이와 같은 내용에 기반하여 이 책에서는 웰에이징을 '질병 없는 완전한 상태가 아니라 신체적, 정신적, 사회적으로 안녕한 상태를 유지하면서 노화가 가져오는 변화를 수용하는 동시에 더 나은 자기 변화의 시간, 자신만의 삶을 만들어가는 태도'라고 정의하고자 한다.

(2) 웰에이징의 주요 요소

인간의 삶과 일상생활은 다양하고 복합적인 장면들로 어우러지기 때문에 웰에이징을 위해서는 개인과 사회가 어떤 것을 중요하게 고려해야 하는지 알고, 그것을 갖추기 위해 노력할 필요가 있다. 웰에이징과 관련된 언론보도의 키워드를 분석한 결과 삶과 행복, 질병과 죽음, 영양과 운동, 힐링, 헬스산업, 노화와 안티에이징, 건강, 노인서비스 등 다양한 덩어리로 구분되었다는 연구도 발견할 수 있다(이종형 외, 2021).

여기에서는 웰에이징을 위해서 고려해야 할 주요한 요소를 신체건강과 운동, 노년기 영양, 정서 관리, 경제적인 관리 및 일 관리, 사회적 관계와 참여, 웰빙과 웰다잉, 사회환경적 요인으로 구분하여 살펴보고자 한다.

① 신체건강과 운동

웰에이징을 위해서는 무엇보다 건강이 중요하므로, 노인의 질병예방과 건강증진, 규칙적인 운동과 신체활동에 대해 이해할 필요가 있다. 먼저 질병예방과 건강증진을 위해서는 정기적인 건강검진과 예방접종에 신경 써야 하며, 고혈압, 당뇨, 관절염 등 만성질환이 빠르게 진행되지 않도록 꾸준히 관리해야 한다. 규칙적인 운동과 신체활동은 젊은 시절과 같은 강도를 유지하기 어려우므로 걷기, 자전거 타기 등 유산소운동, 균형유지운동, 근력강화운동 등이 적합하다. 이를 통해 체력을 유지하고, 낙상을 예방하는 것이 중요하다.

이런 점을 고려해 특히 노인을 위한 운동처방은 주로 심혈관 체력, 저항성 트레이닝 및 유연성 요인을 강화하는 내용에 중점을 둔다. 심혈관 체력을 기르기 위해서는 매일 30~40분 정도의 중 · 저강도운동이 적합하고, 격렬하거나 관절에 무리가 가는 유형은 피해야 한다. 또 스트레스와 체중부하가 적고, 접근성이 용이하면서 흥미를 유발하는 운동을 통해 다른 노인들과의 유대감을 높일 수 있게 하는 것이 바람직하다. 또 특별한 구성보다는 생활 속의 움직임을 통한 활동의 형태를 갖도록 함으로써 노인들의 일상적인 움직임 능력을 향상시키고, 개인의 여가선용, 육체적 · 정신적 · 사회적 상태에 긍정적인 영향을 미칠 수 있다(이미나 외, 2020).

근력 증강을 위한 운동 역시 매우 중요하다. 노인에게 근력은 심폐지구력만큼 중요한 요인이다. 근력 약화는 낙상 위험을 높이게 되는데, 노인에게 있어 낙상은 완전한 회복을 기대하기 어렵기 때문에 치명적이다. 따라서 운동 강도, 빈도, 지속시간 등을 고려한 근력 강화와 꾸준한 저항 트레이닝이 필요하다.

근력 증강을 위해서는 먼저 근력을 유지하고, 근육단백질 양의 감소를 예방해야 한다. 구체적으로는 큰 근육을 사용하는 운동을 선택해 최소 1세트 정도 실시하고, 개인의 운동자각 정도에 따라 10~15회 정도 반복한다. 효과가 나타나면 반복횟수와 저항(웨이트)을 증가시켜 전체적으로 부하를 늘려나간다. 저항성 운동을 1회 실시하고 나면 다음 운동까지 약 48시간 휴식을 취한다. 운동 빈도는 주 2회 정도가 적합하다.

그밖에 건강한 노인을 위한 신체활동으로는 1일 7,000~8,000보 이상 걷기, 너무 힘들지 않고 땀이 약간 흐를 정도의 중강도 활동을 1일 15~20분 정도 수행하기, 앉아 있는 시간보다 외출이나 사회활동을 통해 일상 신체활동을 증진시키기 등이 있다.

② 노년기 영양

웰에이징을 위해 영양가 풍부한 음식, 균형 잡힌 영양 섭취가 매우 중요하다. 백미보다는 현미를 권장하며, 열매 맺는 채소를 섭취하는 것이 좋다. 고기와 곡식, 채소의 비율을 1:5:2로 정해서 섭취하고, 약 40회 정도를 천천히 씹어 침이 충분히 분비됨으로써 소화와 살균작용이 이루어지도록 하는 것이 바람직하다. 소금, 설탕, 지방 섭취는 줄이고, 수분을 충분히 섭취해야 한다. 특히 물에 들어 있는 산소, 효소, 비타민, 전해질은 신진대사를 일으켜 독소를 제거하는데, 스트레스를 받을 때는 혈액이 탁해지므로 물을 자주 마시는 게 좋다. 남성 노인은 1일 2,100cc, 여성 노인은 1,700cc 정도 수분을 섭취한다.

노년기의 하루 섭취 열량은 남성이 2,000kcal, 여성이 1,600kcal 정도이고, 단백질 섭취는 남성 50g, 여성 45g 정도가 적당하다. 비타민 및 각종 영양소 보충을 위한 노력도 필요한데, 엽산은 녹색 채소, 브로콜리, 오렌지, 아보카도, 간, 콩류, 정백하지 않은 곡물, 견과류에 많이 들어 있고, 비타민B군과 철분은 대개 동물성 식품에 풍부하며, 칼슘과 비타민D는 골밀도를 유지하는 데 꼭 필요한 영양소이다. 칼슘은 샐러리, 배추, 케일, 시금치 등 푸른 잎채소와 우유, 요구르트 등 유제품, 멸치 등 뼈째 먹는 생선, 미역, 다시마 등으로, 비타민D는 달걀노른자, 정어리, 고등어 등으로 보충한다.

노년기 치아 건강 문제는 영양 섭취에 많은 영향을 미친다. 치아 상태가 나쁘면 음식을 다져 조리하거나 다양한 형태의 영양죽을 공급하도록 하고, 주기적인 체중 점검, 규칙적인 식사시간 유지 등으로 관리해야 한다. 적절한 식사를 통한 영양 관리, 적당하고 규칙적인 운동, 금연, 최소량의 음주, 스트레스 관리와 함께 신체 상태를 주기적으로 점검하는 것이 웰에이징의 지름길이 될 것이다(이미나 외, 2020).

③ 정서 관리

노년기에는 인지능력 유지 및 향상, 정신적 스트레스 관리, 삶의 목적과 자아실현 등 정서적 균형 유지와 관리가 중요하다. 인지능력 유지 · 향상을 위해서 독서, 퍼즐 풀기, 새로운 기술 배우기 등 두뇌 활동 자극, 그리고 치매 등의 질환 예방을 위한 인지강화 활동이 필요하다.

정신적 스트레스 관리를 위해서는 명상, 심호흡, 마음챙김 훈련, 긍정적 사고와 감정 조절 연습을 유용하게 활용할 수 있다. 삶의 목적 유지와 자아실현을 위해서는 새로운 취미나 관심사를 탐구하고, 자아성찰과 자신의 삶에 대한 긍정적 인식이 요구된다. 또한 일상생활 속에서 유지할 수 있는 친밀한 관계, 의미 있고 소중한 친구를 만드는 것도 정서 관리를 위해 좋은 방법으로 활용할 수 있다.

④ 경제적인 관리 및 일 관리

노년기의 경제적 안정은 웰에이징의 필수불가결한 요소라 할 수 있다. 은퇴, 노년기 생활에 필요한 개인들의 재정적 준비는 저축, 연금 등이다. 개인들은 노년기가 다가올수록 지출 관리 및 경제적 자립을 유지하기 위한 노력을 지속해야 하고, 퇴직금을 일시금으로 수령하기보다는 연금방식으로 전환하는 등 계획적으로 노년의 경제적 균형 유지를 도모해야 한다.

사회에서는 노인에 대한 공공부조 적용 범위 확대, 재고용, 시니어창업, 파트타임 근로 기회 제공 등으로 노인들이 원한다면 다양한 방식으로 경제활동에 참여할 수 있는 사회적 분위기를 조성함으로써 웰에이징을 지원할 수 있다(이미나 외, 2020).

한편 노년기에 일하는 것은 경제적 수입 외에도 여러 가지 의미를 부여할 수 있다. 무엇보다 감사와 은혜에 관한 의미를 찾는 것이 중요하다. 생에 대한 감사, 가족에 대한 감사, 이웃과 사회에 대한 감사의 이유를 찾게 되면 노년기의 일은 더욱 즐겁고 보람을 느낄 수 있다.

⑤ 사회적 관계와 참여

사회적 고립은 노년기에 흔히 발생할 수 있는 문제로, 특히 가족구조의 변화와 1인 가구의 증가가 노인들의 고립 가능성을 높이기도 한다. 따라서 노년기의 사회적 고립을 막고 사회적 관계를 유지하며, 참여를 지속하기 위한 노력이 중요하다. 이러한 활동과 사회적 참여는 노인들이 삶의 목적을 다시 설정하고 자기효능감을 높이는 데 도움이 되며, 우울증과 불안 감소, 인지기능 강화와 치매 예방, 신체활동을 통한 건강 유지 등 웰에이징에 긍정적인 영향을 미치기 때문이다.

사회적 관계 유지, 참여를 위해 노인들은 친구, 이웃, 가족 등과의 정기적인 모임, 지역 내 커뮤니티센터나 복지관 프로그램을 활용할 수 있다. 종교모임이나 공통된 관심을 가진 사람들의 동호회 활동은 사회적 관계를 유지 · 확장하고, 정서적 지지를 제공하는 주요 장치가 된다. 그 활동과정에서 노인들은 신체적 활동성을 유지하고 정서적 안정감을 찾을 수 있다.

자원봉사도 노인들이 의미 있는 사회적 역할을 수행할 기회가 된다. 봉사활동을 통해 노인들은 자존감과 삶의 만족도가 증가하며, 고립감이 줄어든다. 지역사회 환경 정화, 어린이 교육 지원, 문화유산 보존, 전문성과 경험을 활용하는 자문활동 등은 노인이 자신과 비슷한 연령층과 협력하여 사회에 기여하는 동시에 자기 자신의 웰에이징에 도움이 된다.

⑥ 웰빙(well-being)과 웰다잉(well-dying)

웰에이징과 마찬가지로 자주 사용되고 있는 용어로 웰빙과 웰다잉이 있다. 웰빙은 순우리말로 '참살이'로 풀이된다. 웰빙은 육체와 정신의 건강, 행복, 복지와 안녕을 의미하고, 사회적으로는 진정한 삶의 질을 강조하는 생활방식을 가리킨다. 이는 심신 모두 질적으로 풍요로운 삶을 원하는 현대인들의 열망을 담은 용어로서, 오늘날의 사회가 안고 있는 병폐를 인식하고 심신의 건강이 조화를 이루어 아름답고 행복한 삶을 영위하려는 목적에서 자주 사용된다.

고도의 문명발달, 산업화의 진전으로 개인들은 풍요롭고 편리한 생활을 누리고 있지만, 사회적으로는 인간성 상실과 기계 중심적 사고 등 많은 문제점도 노출되었다. 이에 진정한 삶의 회복을 원하는 웰빙 지향이 더욱 강해지고 있다. 따라서 웰빙은 경제적으로 단지 잘 먹고 잘 사는 외형적 행복만을 추구하는 것이 아니라 각자의 방식으로 자신의 정신적 만족과 행복을 찾으려는 현대인의 소망이라고 할 수 있다.

한편 웰다잉은 삶의 질을 높이고 인간다운 죽음을 준비하는 데 초점을 맞추며, 웰에이징과 연속적인 관계 안에서 이해해야 한다. 웰에이징은 신체적, 정신적, 사회적 건강을 유지하며 품위 있게 노년을 살아가는 과정을 의미하며, 이는 삶의 마지막 순간까지 자신의 존엄성과 삶의 가치를 지키는 웰다잉으로 이어지기 때문이다.

웰다잉은 연명의료에 대한 논의에서 시작되었고, 「호스피스 완화의료 및 임종과정에 있는 환자의 연명의료에 관한 법률」에 따라 19세 이상의 성인은 누구나 '사전연명의료의향서' 작성이 가능하다. 자신의 삶을 두려워하면서 죽임을 당하는 것이 아니라 먼저 인식하고, 준비하여 선택한다는 관점이 반영된 것으로도 볼 수 있다. 사전연명의료의향서를 등록한 사람은 매년 꾸준히 증가해 왔으며, 2024년 12월 기준 2,189,601명이다(국립연명의료관리기관 홈페이지, 2024.12).

누군가는 죽음의 고통을 예견하고 죽음의 순간만이 편안하기를 바라기도 한다. 그러나 이는 웰다잉의 본질과 다소 멀어지는 측면이 있다. 그런 점에서 다년간 웰다잉 연구를 이어온 강원남 소장(행복한 죽음 웰다잉 연구소)이 '유언장을 쓰는 것도 중요하지만 눈을 감는 순간까지 유언장과 일치하는 삶을 사는 것이 더 중요하다'고 이야기하는 의미를 생각해 볼 필요가 있다. 성공적인 웰에이징은 죽음을 준비하는 과정에서 개인이 삶의 성찰과 완성을 이루도록 돕고, 웰다잉은 웰에이징을 실천하는 삶의 마지막 단계로서 삶의 의미를 확립하게 하기 때문이다. 따라서 삶과 죽음의 전 과정을 통합적으로 이해하고 적용하는 삶의 태도를 갖는 것이 중요하다.

⑦ 사회환경적 요인 및 제도적 요인

웰에이징을 실현하기 위해서는 물리적 환경과 사회적 환경 모두가 노인에게 적합하도록 조성되어야 한다. 물리적 환경에서는 노인이 안전하게 생활할 수 있도록 하는 주거공간 구조와 디자인이 중요하다. 예를 들어, 낙상 예방을 위한 손잡이 설치, 휠체어와 보행보조기를 사용하는 노인을 위한 무장애 설계 등이 필요하고, 대중교통 등의 이동수단에 접근성이 높고 이용이 편리해야 한다.

사회적 환경은 지역에서 노인이 편안하고 안전하게 살아갈 수 있는 조건을 말한다. 고령친화적인 도시는 노인의 필요에 따라 여가, 사회참여, 서비스 이용이 가능한 환경을 제공한다. 공원, 문화시설, 지역의 커뮤니티 공간은 노인의 신체활동과 교류를 촉진하는 데 필수적이다.

지역사회의 돌봄체계도 중요한 환경 요인이다. 지역기반 통합돌봄서비스는 노인이 거주지역에서 필요한 돌봄을 받을 수 있도록 지원하며, 노인의 자립을 돕는다. 이와 같은 물리적 환경과 사회적 환경의 조화로운 개선은 노인이 독립적이고 품위 있는 삶을 영위할 수 있는 기본 토대가 된다.

한편 웰에이징을 위해서는 정부와 지역사회의 정책적, 제도적 지원이 체계적으로 이루어져야 한다. 특히 고령사회에서는 사회 전체의 안정성과 지속 가능성을 높이기 위해 노인의 복지와 건강을 지원하는 정책이 필수적이다. 노인의 건강과 생활을 지원하는 공공복지서비스, 건강보험, 장기요양보험 등은 노인에게 필요한 의료와 돌봄서비스를 보장하는 기반이 된다. 연령차별을 해소하고 고령자를 위한 고용 기회를 확대하는 정책도 필요하다. 지역 중심의 통합돌봄정책은 노인이 거주지역에서 노년을 보낼 수 있게 돕는다. 연령차별 금지, 노인학대 방지 등 노인의 권익보호를 위한 법적, 제도적 장치가 제대로 작동하여 지역 노인의 인권을 보장하고, 이를 강화하기 위한 교육, 캠페인을 지속해야 한다.

2) 도시와 농촌의 노년생활

현대사회에서 노인의 삶은 도시와 농촌이라는 생활공간 특성에 따라 차이가 있다. 도시와 농촌이 가진 특징에서 비롯되는 이러한 차이는 노인의 신체적, 정신적, 사회적 건강에 영향을 미친다.

도시는 농촌에 비해 인구밀도가 높고 의료, 복지, 문화 등 자원이 풍부하다. 이러한 환경은 노인들이 생활 편의를 누리기에 적합한 조건을 제공한다. 즉 의료 및 복지 접근성이 좋고, 다양한 사회적 활동 기회가 제공되며 참여도 용이하다. 대중교통이 잘 발달해 있으며, 노인편의시설이 비교적 잘 갖추어져 있다. 그러나 높은 인구밀도에도 불구하고 이웃과의 관계는 상대적으로 단절될 가능성이 크고, 생활비가 높아 경제적 부담이 증가할 수 있으며, 소음, 공해 등이 가져오는 정신적 스트레스 가능성도 높다.

농촌은 자연환경이 풍요롭고, 전통적 공동체 문화가 남아 있는 경우가 많다. 이는 노년의 삶에 정서적 안정감을 제공한다. 즉, 자연친화적 환경은 신체적 건강과 정신적 평온을 유지하는 데 도움이 되고, 강한 공동체 의식은 이웃과의 유대감이나 정서적 지지를 얻기가 도시보다 용이하다. 도시보다 생활비가 낮아 경제적 부담이 상대적으로 적다. 그러나 의료 및 복지 자원이 부족하여 서비스 접근성이 낮고, 대중교통이 부족하거나 불편해 이동에 제약이 크다. 문화, 여가시설이 충분하지 않아 사회적 활동이 제한되기도 한다.

사회적 환경은 지역에서 노인이 편안하고 안전하게 살아갈 수 있는 조건을 가리킨다. 이를 강화하기 위해서는 도시의 의료·복지 자원을 농촌 지역으로 확장하고, 농촌의 공동체적 장점을 도시에서 활용하는 정책적 접근이 필요하다. 예를 들어 각 지역에 적합한 고령친화적인 도시 정비를 강화하는 정책은 노인에게 여가, 사회참여, 서비스 이용이 가능한 환경을 제공한다. 공원, 문화시설, 지역의 커뮤니티 공간은 노인의 신체활동과 교류를 촉진하는 데 필수적이다. 도시와 농촌의 특성을 고려한 상호보완적 접근은 도시와 농촌 모두에서 노인의 삶의 질을 높이고, 지역 간 불균형을 해소하는 데 기여할 수 있을 것이다.

3) 연령차별

연령차별(ageism)은 생물학적인 나이를 기준으로 사람들을 평가하고, 개인의 능력이나 특성과 상관없이 사회적 불이익을 주는 것을 가리킨다. 연령차별은 어느 연령에나 해당될 수 있지만 사회적으로 자주 편견의 대상이 되는 것은 노인층인 경우가 많다(Levin & Levin, 1982; 원영희, 2005). 이는 개인적 차원뿐 아니라 사회적·구조적 차원에서도 나타날 수 있으며, 노인의 삶의 질을 저하시키는 데서 나아가 사회적 통합을 저해하는 주요 원인 중 하나이다.

개인적 차원에서 노인을 향한 연령차별은 노인에 대한 고정관념이나 부정적 태도, 이로 인한 차별적 행동으로 나타난다. '늙은이', '고리타분하다' 등의 부정적 표현은 노인을 비하하고, 사회적 자존감을 저하시키는 요인이 된다. 사회적으로는 청년 중심의 사회구조와 빠른 기술 변화가 노인을 소외시키는 환경으로 작동하고, 자원배분, 고용, 세금 등의 문제로 인한 세대 간 이해충돌이 연령차별로 이어지기도 한다.

구체적으로 보면, 동일한 능력을 가졌음에도 나이가 많다는 이유로 승진이나 재취업에서 불리한 대우를 받는다. 의료현장에서 연령을 기준으로 치료 우선순위를 정하거나, 노인이라는 이유로 적절한 치료를 제공받지 못하는 경우도 있다. 노인을 사회적 책임이나 역할 수행에 부적합한 존재로 간주해 의사결정과정에서 배제하는 경우도 연령차별에 해당된다.

연령차별은 결과적으로 노인의 자존감 감소, 우울증, 고립감 등을 초래하고, 노인들이 사회적 활동을 기피하게 되면서 사회적 자원이 축소되며, 세대 간 단절을 심화시킨다. 고령층의 경력과 전문성이 사회에서 활용되지 못할 경우 경제적 손실로 이어질 수도 있다. 차별로 인한 스트레스는 노인의 심신 건강에도 부정적인 영향을 미친다.

따라서 연령차별 극복을 위한 노력이 필요한데, 대중매체를 통해 긍정적인 노인상을 확산시키고, 세대 간 교육과 교류를 활성화하여 서로에 대한 이해를 높여야 한다. 정책적으로는 각 분야에 적용할 수 있는 연령차별 금지법 제정 · 강화, 노인 재교육 · 재고용 등의 촉진을 통한 노인의 경제활동 장려, 노인의 목소리를 반영한 복지, 주거, 문화 정책 수립 등이 요구된다. 연령차별을 해소하기 위한 이러한 노력은 노인 개인의 삶의 질 향상에 그치는 것이 아니라, 세대 간 협력과 사회적 통합을 촉진하여 지속 가능한 사회를 만드는 데 긍정적으로 작용할 것이다.

4) 세대교류

노인과 다른 세대 간에 이루어지는 교류는 상호 이해를 높이고, 상대방의 경험과 지식을 나눌 기회를 제공하며, 노인의 정체성 유지와 사회적 자긍심을 높이는 데 기여한다. 그러나 현대사회는 핵가족화와 세대 간 문화

차이로 인해 젊은이와 노인 간 상호작용이 줄어들었고, 이는 세대 간 이해 부족, 갈등 심화, 그리고 사회적 단절로 이어질 위험을 키웠다. 노인의 경험과 젊은 세대의 창의적 에너지는 상호보완적 자원임에도 이를 효과적으로 연결하여 사회적 이익을 창출하지 못할 우려가 있다는 점에서 매우 아쉽다. 따라서 고령사회에서는 의도적인 세대 간 협력과 교류의 기회를 마련해 사회적 연대와 지속 가능성을 강화하는 것이 중요하다.

세대교류는 노인의 경험과 지혜를 전수하는 교육과 학습의 형태로 이루어질 수도 있고, 젊은 세대가 디지털 기술이나 새로운 트랜드를 노인에게 알려주면 상호 성장하는 역멘토링 방식으로도 가능하다. 또 전통과 현대의 문화를 공유할 수 있는 기회를 마련하거나 세대통합형 문화 프로그램을 통해 전통놀이, 요리, 예술 활동을 전개하며 세대 간 공감대 형성을 도모할 수도 있다. 세대가 함께하는 자원봉사, 환경보호 활동 등 지역사회 발전을 위한 공동 프로젝트 수행, 스포츠 동아리 활동 등도 자연스러운 세대교류의 장이 된다. 그 결과 노인은 사회적 소속감을 느끼며 고립감과 우울감을 예방할 수 있고, 젊은 세대는 미처 알지 못했던 노인의 지혜와 경험을 배워 보다 성숙한 관점을 형성하고 사회적 책임감을 갖게 된다. 서로의 차이를 이해하고 존중하는 능력이 향상될 수 있고, 이를 통해 세대 간 오해와 갈등을 줄이게 된다. 결과적으로 이러한 세대 간 연결은 공동체 의식을 강화하며 사회적 통합과 연대를 촉진하는 데 기여할 수 있다. 이를 실현하기 위해서는 세대교류를 위한 정부 지원금 및 프로그램을 확대하고 지역사회 기반의 세대통합 프로젝트를 추진하는 등 관련 정책을 꾸준히 개발 · 운영해야 할 것이다.

5) 노인과 문화 다양성

오늘날과 같은 초고령사회에서 노인은 단순히 취약계층 집단 중 하나로 치부될 수 있는 수준을 넘어선다. 과거에 가족, 직업, 교육, 사회 등이 유사한 생활환경에서 비슷한 삶의 궤적을 지나 노년기에도 동질성 높은 집단을 형성하였던 것과 달리, 복잡한 사회경제적 환경 변화에 적응해 오면서 노인인구의 증가라는 양적 확대 이상의 특성들로 다양화되었기 때문이다(김경래 외, 2020).

노인 집단 내에는 다양한 문화적 배경, 생활양식, 신념체계가 공존하며, 이는 노인 개인의 삶의 방식과 사회적 상호작용에 영향을 준다. 즉 노인들은 경제적 수준, 교육 정도, 거주지역(도시와 농촌), 가족 구성 등에 따라 다른 생활양식을 가진다. 종교적 신념이나 전통적 가치관이 다를 수 있고, 이는 개인의 삶에 대한 태도나 죽음을 대하는 방식, 의료적인 선택에도 영향을 미친다. 국제결혼이나 이주노동을 통해 형성된 다문화가정에서 나이 들어가는 사람들은 출신에 따른 문화와 새롭게 받아들인 문화 사이에서 독특하고 고유한 자신만의 정체성을 갖게 되며, 이는 노후의 삶에도 영향을 준다. 또 같은 세대라 해도 전쟁, 산업화, 정보화, 경제적 발전을 경험한 방식에 따라 개인의 가치관과 생활태도에 차이를 가질 수 있다.

한편 사회 전체를 놓고 볼 때 현대사회는 단일문화에 기반을 둔 전통적인 사회와 달리 다문화 사회, 글로벌 사회로 전환되었다. 이러한 변화는 노년층에게 새로운 도전과 기회를 제공하며, 문화적인 다양성 안에서 노인의 역할과 삶의 질을 재조명할 필요성을 제기한다. 이러한 변화는 노인들이 다양한 문화와 접촉할 기회를 통해 새로운 시각을 갖게 하고, 자신의 전통적 문화를 재해석하면서 정체성을 강화하며 삶을 풍요롭게 유지하는 데 도움이 된다. 문화적 다양성을 수용하고 활용하는 노인은 세대 간, 문화 간 연결고리로서 중요한 역할을 수행할 수도 있다. 반면, 낯선 문화에 대한 편견이나 고정관념은 갈등을 유발하고, 노인 상호 간의 존중을 저해하며, 다문화적 특성을 가진 사회의 조화를 방해한다.

종합해 보면 이러한 변화를 이해하고 받아들여 문화적 편견을 해소하고, 문화의 다름을 이유로 불평등과 차별이 발생하지 않도록 민감성을 높이는 것, 이를 통해 개인의 삶의 질 향상과 사회적 통합에 기여하는 것이 노인에게도 중요한 과제가 되었다. 따라서 이 시대를 살아가는 노인은 한 사회의 역사와 전통을 계승하는 역할을 하는 동시에 다양한 문화적 배경을 가진 사람들과의 공존 속에서 새로운 문화적 가치를 수용해야 할 것이다.

6) 디지털과 아날로그

현대사회에서 디지털 기술의 발전은 인간 삶의 거의 모든 영역에 변화를 가져왔다. 노인의 삶에 미치는 영향도 마찬가지이지만, 노인 입장에서 보면 익숙한 아날로그 방식에서 디지털 기술에 적응해야 하는 새로운 과제가 부여되는 변화이기도 하다.

디지털 기술이 노인에게 미치는 긍정적인 영향은 정보접근성 향상, 사회적 연결성 강화, 편의성 향상 등을 꼽을 수 있다. 인터넷과 스마트폰을 통해 건강 정보, 복지서비스, 각종 뉴스 등 다양한 정보를 손쉽게 얻을 수 있고, 소셜 미디어와 화상통화 기술은 멀리 있는 가족 및 친구와의 소통을 돕거나 공통 관심사를 가진 사람들이 온라인에서 모이게 하는 등 사회적 네트워크 유지와 확대에 기여한다. 온라인 쇼핑, 금융서비스, 의료 예약 전산시스템 등은 노인의 일상생활을 더욱 편리하게 만들어 준다.

그러나 디지털 기술에 익숙하지 않은 노인은 정보 접근에 제약을 받는 디지털 소외 현상을 경험하게 된다. 개인 간의 기술 격차로 인해 발생하는 심리적 위축은 노인이 새로운 기술을 배우는 데 어려움을 느끼게 하고, 자존감 저하와 스트레스를 경험할 가능성을 높인다. 디지털 금융서비스나 온라인 거래에서 사기에 노출될 위험도 높아졌다.

이에 비해 아날로그 방식은 노인에게 정서적으로 안정감을 제공하는 익숙하고 편안한 경험의 기억을 담고 있다. 디지털 기술에 장애가 발생할 때 대체할 수 있다는 점에서 기술 의존도를 줄이는 측면도 있다. 디지털과 아날로그는 서로 대립적인 개념처럼 보이지만, 두 가지가 조화롭게 활용될 때 노인의 삶의 질을 높이는 중요한 자원이 될 수 있다.

먼저 노인들이 디지털 기술과 아날로그 방식을 상호보완적으로 사용할 수 있도록 도와 디지털 문맹을 줄이기 위해서는 노인에게 스마트폰 사용법, 인터넷 활용 기술 등을 적극적으로 교육해야 한다. 그와 함께 디지털 환경에서도 아날로그 방식의 요소를 적절히 결합하는 것이 바람직하다. 예를 들어 온라인 건강상담을 이용하되 처방전은 종이형태로도 제공하여 익숙함과 안정감을 유지하게 할 수 있다. 공공기관이나 은행, 병원 등 일상생활과 관련된 주요 조직에서는 디지털과 아날로그 방식을 병행하는 하이브리드 서비스 제공방식을 유지하는 것이 바람직하다.

노인들은 새로운 디지털 기술을 배우는 과정에서 초기에 어려움을 느낄 수 있겠지만, 적절히 활용할 수 있는 능력을 갖추게 되면 자립성이 강해지고 사회적 고립감을 줄일 수 있다. 또 봉사, 교육 및 사회적 활동에 참여하는 등 사회적인 역할을 확대하는 통로로 활용될 수도 있고, 그 과정에서 자신들이 가진 아날로그 방식의 지식, 경험, 기술 등을 디지털 세대에게 전수하여 소중한 자산으로 남길 수 있다.

참고문헌

권중돈 (2019). **노인복지론**. 학지사.

김경래, 황남희, 진화영, 유재언 (2020). 초고령사회 노인의 다양성과 사회정책적 대응. 한국보건사회연구원.

김경호 (2012). 웰에이징: 노년의 삶에 대한 여헌 장현광의 성찰. **동양고전연구, 49**: 109–136.

김두리, 강경희, 박아르마, 이종형, 김광환 (2021). 국내 웰에이징 연구에 대한 통합적 문헌고찰. **한국산학기술학회 논문지, 22**(3): 190–198.

김성순 (1994). **생활노년학**. 운산문화사.

김영희, 박금숙, 진은영 (2019). 지역사회 재가노인을 위한 웰에이징 프로그램의 효과. **한국간호연구학회지, 3**(4): 23–35.

박선숙 (2020). 노인교육, 사회활동, 노인 연령규범 간의 구조적 인과관계: 연명의료의향의 조절효과를 중심으로. **사회과학연구, 31**(4): 135–156.

박재영, 이명선 (2019). 성인 남성의 미용관리가 웰빙지향 행동과 웰에이징 행위에 미치는 영향. *Asian Journal of Beauty and Cosmetology, 17*(1): 93–106.

연합뉴스 (2024.12.24). 65세 이상 인구 20% 넘었다… 대한민국 '초고령사회' 진입(종합). 이상서 기자 https://www.yna.co.kr/view/AKR20241224063351530

원영희 (2005). 노인차별 피해경험이 노인의 심리적 안녕감에 미치는 영향. **사회복지정책, 21**: 319–339.

윤진 (1996). **성인 · 노인심리학**. 중앙적성출판사.

이미나, 김희영, 김동일, 김재옥, 김병남 (2020). **웰빙과 웰다잉을 위한 노인돌봄과 노인상담**. 공동체.

이혜자, 김윤정 (2002). 부부관계 (사랑과 성)가 노년기 삶의 질에 미치는 영향. **한국노년학, 24**(4): 197–214.

장병주 (2018). 웰빙지향행동, 웰에이징, 여가태도 및 삶의 질에 관한 연구 –관광기업 이용객을 중심으로–. **동북아관광연구, 14**(2): 23–47.

주해원, 현명호 (2016). 수용과 하향비교가 주관적 에이징웰에 미치는 효과. **스트레스硏究, 24**(3): 201–209.

최성재, 장인협 (2011). **고령화사회의 노인복지학**. 서울대학교출판문화원.

최순남 (1999). **현대노인복지론**. 한신대학교출판부.

통계청 (2023). 장래인구추계: 2022~2072.

하나연 (2018). 중장년층의 웰에이징을 위한 통합적 건강증진프로그램의 개발과 효과 검증. 경성대학교 박사학위논문.

하상희 (2018). 남녀 노인의 부부관계 만족도가 삶의 만족도에 미치는 영향. **한국생활과학회지, 27**(1): 29-41.

Achely, R. C., & Barusch, A. (2003). *Social force and aging: An introduction to social Gerontology*(10th ed.). Belmont, CA: Wadsworth.

BRAVO My Life. (2021.01.04). [비움라이프③] 인생정리: 새해 '웰다잉' 준비는 '웰빙'의 시작. 이유현 기자 https://bravo.etoday.co.kr/view/atc_view/11894

Breen, L. Z. (1960). The dating individual. In C. Tibbitts (Ed.), *Handbook of social gerontology* (pp. 145-162). Chicago: University of Chicago Press.

Hampton, J. K. Jr. (1991). *The biology of human aging*. Dubuque, IA: William C. Brown Publishers.

Hooyman, N., & Kiyak, H. A. (1999). *Social gerontology.* (5th ed.). Boston: Allyn & Bacon.

International Association of Gerontology (1951). Report on the 2nd international conference of gerontology.

Jones, G. J., & Meredith, W. (2000). Developmental paths of psychological health from early adolescence to later adulthood. *Psychology and Aging, 15*: 351-360.

Kogan, N. (1990). Personality and aging. In J. E. Birren & K. W. Schaie (Eds.), *Handbook of the psychology of aging* (3rd ed., 330-346). New York: Van Nostrand Reinhold.

Levin, J., & Levin, W. (1982). *Ageism: Prejudice and Discrimination against the Elderly.* Belmont, CA: Wadsworth.

Neugarten, B. L., Havighurst, R. J., & Tobin, S. S. (1964). Personality types in an aged population. In B. L. Neugarten et al. (Eds.), *Personality in middle and late life* (pp.158-187). New York: Atherton Press.

Neugarten, B., Moore, J., & Lowe, J. (1965). Age Ncrms, Age Constraints, and Adult Socialization. *American Journal of Sociology, 70*(6): 710-717.

Rowsow, I. (1985). Status and role change through the life cycle. In R. H. Binstock et al. (Eds.), *Handbook of aging and the social sciences* (2nd ed, pp.62-93). New York: Van Nostrand Reinhold.

Strehler, B. L. (1977). *Time, cells, and aging.* (2nd ed.). New York: Academic Press.

Thorson, J. A. (2000). *Aging in the changing society* (2nd ed.). Pennsylvania: Brunner/Mazel.

Valliant, G. E. (2004). **10년 일찍 늙는 법, 10년 늦게 늙는 법**. 이덕남 역. 나무와 숲.

국립연명의료관리기관 https://www.lst.go.kr/addt/medicalintent.do

행복한 죽음 웰다잉 연구소 https://well-dying.kr/

Chapter 02

사회복지현장에서의 노인상담

Counseling Older Adults

CHAPTER 02 사회복지현장에서의 노인상담

1. 노인상담의 이해

1) 노인상담의 개념적 이해

노인상담은 "도움을 필요로 하는 노인이 전문적으로 훈련을 받은 상담자와의 대면 관계에서 개인적 · 가족적 · 경제적 · 신체적 문제를 해결하고, 감정, 사고, 행동 측면의 인간적 성장을 가져와서 성공적인 노후생활을 영위하기 위하여 노력하는 과정"이다(김태현, 1997). 보다 더 넓은 범위에서, 노인상담의 전 과정을 통해 노인들이 문제를 보다 쉽게 해결하여 편안한 노년생활을 영위할 수 있도록 돕는 모든 활동을 노인상담이라고 보기도 한다(Burlingame, 1995).

노인상담은 노년기에 직면하는 신체 · 심리 · 사회적 문제를 예방하고 해결하여 노인복지 향상에 기여할 수 있다(양경순, 2004; 최명균, 2012; 이장호 · 김영경, 2014; 정미경, 2017). 노인상담이 노인이 가지고 있는 심리 · 사회적 문제를 직접적으로 해결하는 기능뿐만 아니라 노인문제 해결을 위한 다른 서비스나 원조를 연계하는 기능도 지니고 있다고 보는 경우도 있다(McDonald, 1996). 특히 공적 기관에서의 노인상담은 노인 자원을 효과적으로 동원할 수 있도록 돕고, 신체강점 강화, 보호욕구 충족, 역할전환 원조, 재정적 변화 대처를 지원하여 노인이 삶의 통제력을 유지할 수 있도록 한다(Heuft et al., 2002).

(1) 노인을 위한 사회복지상담과 심리상담

상담이란 언어 및 비언어적 커뮤니케이션을 통해 타인의 행동 변화를 목적으로 한 인간관계이다(김희수 · 이은숙, 2014). 사회복지상담은 노혁(2006)이 사회복지상담과 심리상담을 비교하면서 처음 등장하였다. 사회복지실천 장면에서 사회복지사가 개인과 가족, 집단을 대상으로 상담절차를 적용함으로써 내담자의 사회적 기능을 향상시키고자 하는 일정기간의 원조과정으로 정의된다(정원철, 2014).

사회복지실천에서의 면담은 일반적인 면담의 범위를 넘어서며, 면담 자체가 클라이언트를 바람직한 방향으로 직접 변화시키는 도구로서의 역할을 한다. 때문에 사회복지실천에서 상담(counseling)은 면담(interview)과 밀접한 관련이 있다. 일반적으로 사회복지실천 면담, 특히 사정부터 치료적 면담까지를 임상심리실천현장에서는 상담이라고 부르며 다음과 같은 공통점이 있다(노혁, 2019).

- 인간을 대상으로 한 과학적 배경지식을 바탕으로 전문적인 원조기술을 갖고 있다.
- 대상자가 주로 개인이나 가족 또는 소집단이다.
- 목표가 클라이언트(내담자)가 제시하는 현재의 문제해결인 동시에 그들의 성장과 변화에 관심을 둔다.
- 인간관계에서의 의사소통을 중심으로 전문기법을 확장시켜 사용한다.

사회복지상담은 노인들이 사회적인 문제와 어려움을 해결하기 위한 지원을 제공하는 것에 중점을 둔다. 사회복지사는 주로 사회적, 관계적, 상호작용 측면에서의 문제해결과 예방에 노력하는 클라이언트를 원조함으로써 그들의 사회적 기능을 향상시키는 데 주력한다(정원철, 2020). 사회복지사가 수행하는 노인상담에서는 개인과 환경을 강조하는 사회복지의 이중접근의 성격이 드러난다. 상담에 있어서도 개인의 유전적 · 기질적인 특성보다는 개인과 환경 사이의 상호작용에 초점을 두게 된다. 노인이 개인적으로 자신들의 노화에 적응하고, 이로 인한 변화에 대한 부정적인 생각과 감정 등을 다루는 한편, 노인들의 생활환경 개선을 위한 물적 자원, 가족을 비롯한 사회적 관계를 비롯한 인적 자원, 다양한 사회서비스에 대한 정보 접근 등을 포함한 노인의 삶을 전반을 향상시키는 데 관심을 가진다.

반면 심리상담은 노인들의 심리적인 문제와 감정적인 어려움을 다룬다. 우울, 불안, 스트레스, 고독감 등과 같은 내면적인 상태와 정서적인 요소에 초점을 맞추며, 그들이 감정을 이해하고 조절할 수 있도록 돕는다. 상담사는 노인들과의 대화를 통해 그들의 감정을 듣고 이해하며, 문제를 해결하고 변화를 이끌어 내는 데 도움을 준다.

요약하자면, 사회복지상담은 노인들의 사회적인 문제와 지원에 초점을 맞추고, 심리상담은 노인들의 심리적인 문제와 감정에 초점을 맞춘다는 점에서 차이가 있다. 어떤 종류의 상담이 필요한지는 개인의 상황과 필요에 따라 다를 수 있으며, 때에 따라 두 가지 상담 유형이 결합되기도 한다.

(2) 노인을 위한 사회복지상담과 사례관리

때때로 사회복지사는 사례관리와 사회복지상담이 어떻게 다른지 혼동하기도 한다. 2016년에 한국사례관리학회의 사례관리 정의를 살펴보면 다음과 같다(김성천 외, 2020).

> "사례관리는 복합적이고 다양한 욕구가 있는 클라이언트와 그 가족의 사회적 기능 회복을 돕는 통합적 실천방법이다. 이를 위해 운영체계를 확립하고, 클라이언트와 함께 강점관점의 체계적인 사정을 해야 하며, 클라이언트의 내적 자원 및 지역사회 자원을 개발하고 활용하여 삶의 질 향상을 위해 노력해야 한다."

사례관리는 그 실천과정에서 상담이 일부 포함되지만, 상담뿐 아니라 공식적이거나 비공식적인 지원, 네트워크의 조직 및 조정과 유지, 서비스를 사정하고 계획하고 실행하며 조정하고 점검하고 평가하는 매우 포괄적이고 통합적인 성격을 가진다. 또한 사회복지상담을 직접적인 실천방법의 대표적인 예로 볼 수 있다면, 사례관리는 클라이언트에 대한 상담뿐 아니라 네트워크 기관과의 연계와 조정 같은 간접실천이 함께 강조된다는 점에서 차이가 있다.

2) 노인상담의 목적과 필요성

(1) 노인상담의 필요성

급변하는 사회에 노인은 사회적응을 위한 노력을 지속해야 하는 어려움을 겪는다. 이러한 노인의 다양한 문제와 욕구를 해결하기 위해 노인상담이 필요하다. 이러한 노인상담에는 노인이 되기 이전의 문제들이 노년기까지 지속적으로 영향을 미치는 문제와 욕구에 대한 상담뿐 아니라, 노년기에 새롭게 나타난 문제와 욕구에 대한 상담이 모두 포함된다.

한편 우리는 생애주기에서 노인을 가장 마지막 시기라고 규정한다. 노인은 죽음에 가장 가까운 존재로서, 사회구조적 측면에서 주변으로 밀려난 약자로 인식된다. 그러나 평균수명이 증가하면서 노인으로 살아야 하는 기간은 점점 길어지고 있다. 때문에 노인기를 65세 이상으로 본다고 할지라도 노년기에 갓 진입한 연소노인과 노화가 많이 진행된 고령노인과는 그 특성에 차이가 있을 수밖에 없다. 과거의 노인을 위한 상담은 주로 고령노인들을 가정하고 있으나, 점차 그들의 자녀세대 역시 노인으로 진입함에 따라 새로운 노인세대의 욕구에 맞춘 노인상담의 준비 역시 필요하다.

(2) 노인상담의 목적

상담은 일반적으로 행동의 긍정적 변화, 내담자의 잠재력 촉진과 개인의 효율성 증진, 문제해결과 증상 제거, 의사결정의 기초, 자아정체감 확립과 긍정적 자아개념 형성을 궁극적인 목표로 한다(김희수 · 이은숙, 2014).

노인을 대상으로 하는 상담은 노인 내담자의 문제를 해결하고 만족스러운 노년기를 보내도록 돕는 것이 주요 목적이다. 노인상담 자체만으로 노인문제가 해결되는 경우도 있으며, 문제예방과 일상적인 노후생활을 더 활력 있고 건강하게 하는 데 도움을 줄 수도 있다(박재간 외, 2011). 또한 노년기 단계에서 경험하고 있는 변화와 적응에 적절하게 대처할 수 있도록 돕고, 노인들의 숨은 욕구와 현실적인 욕구를 해결하도록 돕는 방안을 모색하여 노인들이 남은 생을 원만하고 만족스럽게 지낼 수 있도록 지원한다(이호선, 2012; 김단비, 2018).

특히 노인관련 기관에서 노인상담의 목표는 다음과 같다(Heuft, Kruse, & Radebold, 2000; 김수진 · 최성문, 2022 재인용).

① 노인에게 필요한 의료적, 사회적, 정서적 지원을 효과적으로 동원하고 이용하도록 원조
② 신체적인 강점을 강화하고 건강악화에 적응하도록 원조
③ 보호와 주거에 대한 욕구 충족
④ 지역사회에서 새로운 역할을 가질 수 있도록 원조
⑤ 손자녀, 친척 및 지역사회와의 관계를 수정하도록 원조
⑥ 중요한 사람들의 상실에 적응하고 은퇴와 재정적인 변화에 대처하도록 원조
⑦ 삶의 통제력을 유지할 수 있도록 원조

그러나 사회복지사가 원조에 지나치게 초점을 맞추게 되면, 내담자가 자신의 잠재되어 있는 능력을 발굴 · 유지 · 향상하여 노인이 스스로의 욕구와 문제를 해결하는 주체라고 하는 핵심을 간과할 수 있으므로 주의해야 한다.

3) 노인상담의 영역[1)]

노인상담의 영역으로는 크게 경제적 영역, 신체적 영역, 정서적 영역, 사회 · 법률적 영역으로 나누어 볼 수 있다(이호선, 2012; 김단비, 2018).

(1) 경제적 영역

우선 경제적인 영역의 경우 노인상담에서 가장 많은 부분을 차지하고 있으며 심각한 문제의 영역이다. 우리나라의 경우 은퇴 후 노인의 소득보장이 매우 불안전하고 복지지원 역시 불충분하기 때문에 노인층 대부분이 경제적 곤란을 겪고 있다(김희수 · 이은숙, 2014).

(2) 신체적 영역

신체적인 영역 역시 노인상담에서 중요한 문제로 노인 후반기에 심각하게 나타나는 문제이다(서혜경 외, 2006). 신체적 영역에서 상담의 중요한 목표는 노인이 가지고 있는 신체적 기능을 유지하며, 질병에 대한 문제를 예방하고 치료하는 데 도움을 주는 것이다(Scrutton, 1999). 노인의 신체적 영역에 대한 노인상담 시 상담자는 노인의 심리적 변화에 따른 건강상의 변화도 확인해야 한다(이호선, 2012).

(3) 정서적 영역

정서적인 영역의 경우 노년기에는 통합감을 획득하고 절망감을 해결해

1) 이하의 내용은 김수진, 최성문(2022)의 연구 내용 중 일부를 발췌하여 수정하였음.

야 하는 과업이 있다(Erikson, 1968). 발달 단계의 특성상 사회적 관계가 축소되고 앞서 설명한 경제적, 신체적 어려움을 겪으면서 소외감, 허무감, 고독감, 불안 등을 느낄 수 있다(김동환, 2008). 따라서 노인상담에서의 정서적 영역은 불안, 스트레스, 소외와 고립 등과 같은 문제를 가진 노인에게 도움을 제공하는 것이다(Scrutton, 1999).

(4) 사회 · 법률적 영역

사회 · 법률적인 영역으로는 노년기에 겪게 되는 은퇴와 역할기회의 상실, 사회적 유대관계의 감소 등에서 오는 여러 문제를 극복하고 삶의 만족을 향상시키기 위한 사회적, 법률적 영역을 포함한다(정관용, 2017). 따라서 노년기의 사회적 활동을 위한 교육과 여가를 위한 사회시설 안내 등 사회적인 영역과 재산분할, 공문서 작성 및 법률가 알선 등 법률적인 영역을 나누어 노인상담이 이루어진다(김미령 외, 2013; 김단비, 2018).

4) 노인상담의 유형[2)]

(1) 노인상담의 내담자에 따른 유형

노인을 위한 사회복지상담은 일반적으로 역연령을 기준으로 노인으로 규정하는 연령대의 사람들과 그들의 가족, 그리고 그 외의 주변인을 대상으로 한다. 예를 들어 노인부부의 경우 일반적으로 부부 중 한 명이라도 노인일 경우 노인부부라고 하며, 노인의 배우자도 노인부부상담의 대상이 된다. 또한 노인과 같이 거주하지 않는 자녀라 할지라도 노인상담의 대상

2) 이하 내용은 김수진, 최성문(2022)의 연구 내용 중 일부를 발췌한 것임.

이 될 수 있다. 노인상담의 내담자가 상담의 주체인 노인 당사자인지 아니면 노인 주변의 관계되는 사람인지, 혼자 진행되는지 집단으로 진행되는지에 따라 개인상담, 집단상담, 가족상담 등으로 분류할 수 있다(박차상 외, 2005).

① 개인상담

개인상담이란 내담자로서 노인과 상담자가 일대일로 만나는 형태로 노인이 자신의 문제를 가족에게 알리기 꺼리거나, 가족 구성원이 상담과정에 참여하기 어려울 때 활용된다(김태식, 2006). 따라서 개인상담은 문제가 심각하고, 노인을 포함하여 주변 사람들의 신상을 보호할 필요가 있을 때, 그리고 집단에서 노인이 공개적으로 밝히는 것을 두려워할 때 적당하다(이장호 외, 1998).

② 가족상담

가족상담은 노인의 문제를 노인만의 문제가 아니라 전체 가족의 문제로 규정하고, 가족들 간에 직접적 · 간접적 상호작용을 통하여 문제해결과 가족관계의 변화를 도모하는 상담이다(이장호, 1996; 김태식, 2007). 특히 가족 내 가치관 갈등이나 관계 악화 등의 문제를 해결하는 데 적당하므로 가족 문제의 해결과 가족 구성원 간의 결속력 증진에 매우 유용한 방법이다(권중돈, 2005).

③ 집단상담

집단상담은 지역사회 및 노인시설 등에서 주로 사용되는 것으로(김태식, 2007), 한 사람의 상담자가 동시에 몇 명의 노인 내담자들을 상대로 각 내담자의 인식, 대인관계, 행동의 변화를 가져오는 것이다(김단비, 2018). 특히 노인집단의 문제가 발달과정상 경험하는 공통적인 것일 경우, 유사한 경험을 서로 공유할 수 있도록 하는 집단상담은 매우 효과적일 수 있다.

(2) 상담을 진행하는 매체에 따른 유형

노인상담은 상담을 진행하는 매체에 따라서 면접(대면)상담, 전화상담(전화상담서비스 포함), 인터넷 상담(문자상담) 등으로 분류할 수 있다.

① 면접(대면)상담

면접상담이란 노인이 직접 상담자와 대면하여 일대일로 상담을 하는 기본적 형태로, 면접상담은 상담자가 내담자를 직접 보면서 내담자의 언어적 표현과 비언어적 의사소통 파악, 그 밖의 여러 상황에 대한 구체적이고 다차원적인 정보를 얻을 수 있기 때문에 가장 이상적인 상담의 형태이다(이호선, 2012). 그러나 노인들의 경우 건강 및 심리적인 문제로 상담자를 스스로 찾아오기가 쉽지 않고 자발적 동기가 부족하여, 특히 우리나라의 경우 노인들이 내방하여 이루어지는 면접상담은 그다지 보편적이지 않다(박차상 외, 2005; 김선희 외, 2005; 이호선, 2012). 사회복지관이나 노인복지관과 같이 이미 사회복지사와 라포가 형성되어 있는 경우에는 도움을 요청하기 위해 직접 상담을 신청하는 경우가 많으며, 이 경우 대면상담이 이루어진다.

② 전화상담

전화상담은 전화 매체를 활용하여 신속하게 노인의 위기에 개입하는 상담의 한 형태다(김태원, 2010). 단기상담, 익명성과 편리성, 신속성, 내담자의 선택 용이성과 같은 전화상담의 특성은 거동이 불편하거나 직접 대면하여 자신을 밝히고 싶지 않은 노인들에게 적합한 상담매체이다(이호선, 2012). 전화상담은 노인과 관련된 문제를 편하게 상담할 수 있는 개방통로가 될 수 있으며(김태원, 2010) 면접상담에 비해 부담감이 없고, 거동이 불편한 경우에도 심리적 · 신체적 부담감을 덜 수 있으며, 기관에 찾아가 상담을 받는 경우보다 심리적 · 경제적 부담이 적다(이호선, 2012). 특히 노인만 거주하는 가구가 늘어나고, 자녀와 함께 사는 경우가 줄어듦에 따라 원거리에 있는 가족들이 노인과 관련한 상담을 하고자 할 때 전화상담이 많이 이용된다.

③ 인터넷 상담(문자상담)

인터넷 상담은 인터넷이 보급된 컴퓨터를 통하여 문제를 가진 내담자가 자신의 문제를 해결하고, 문제에 대해 바람직한 결과를 얻도록 훈련된 상담자와 상담적 교류를 갖는 것을 말한다(김미령 외, 2013). 인터넷 상담은 내담자가 자신의 문제에 대한 글을 쓰는 과정에서 자신의 문제를 정리하는 시간을 주며(이호선, 2012), 온라인 지지집단은 통제, 안전, 익명성을 보장하고 그들의 경험과 고통을 공유하고 치료방법을 가르쳐 줄 수 있다(Capuzzi & Gross, 2002). 스마트폰과 AI기술이 보편화되면서 이를 활용한 문자 상담은 글을 쓴다는 점과 익명성의 측면에서는 인터넷 상담과 매우 유사한 성격을 띠지만, 상담자가 사회복지사가 아닌 자동화된 시스템인 것에서 차이가 있다. AI를 통한 상담은 음성지원이 되기도 하며, 이 경우 글을 잘 모르는 경우에도 손쉽게 이용할 수 있다.

5) 노인상담의 과정

사회복지현장에서의 노인상담은 일반적인 사회복지실천의 과정과 크게 다르지 않다. 초기단계에는 접수 및 관계 형성, 자료수집 및 사정, 목표설정 및 계약이 이루어지며, 중기단계에서는 직접적으로 상담이 이루어지고, 종결단계에서는 종결과 평가가 진행된다.

내담자는 처음 기관에 오는 경우도 있지만, 기존에 기관의 다른 서비스를 이용하고 있다가 상담이 필요한 경우가 대다수이다. 이는 노인복지관이나 종합사회복지관의 서비스를 이용하는 노인이 지속적으로 해당 기관을 이용한다는 것과 맥락을 같이 한다. 기존에 서비스를 이용하고 있던 노인을 상담할 때는 접수과정이 매우 짧고, 현재 당면한 욕구와 문제에 대해 바로 상담과정으로 넘어가는 경우가 많다.

2. 사회복지현장과 노인 클라이언트

1) 노인 클라이언트의 상담욕구

노인 클라이언트의 경우 다양하고 복합적인 상담욕구를 가질 수 있다. 노년기는 자아통합을 실현하고자 하는 발달과제를 가진다. 일생의 노력과 성취를 되돌아보고 자신의 삶을 평가하면서 인생과 자아의 완성감, 일체감, 만족감에 도달하는 것이 주된 과제이다(현외성 외, 2011). 그러나 다른 한편으로는 사회적으로 노인의 건강수명이 증가하고, 중년의 특성을 더 많이 가진 신중년이 등장하면서 상담의 욕구도 변화하고 있다.

대표적으로 경제적 생활 수준을 유지하고 생애 주된 일자리에서 은퇴한 이후 재취업을 위한 지식과 능력을 익히고자 하는 욕구와 취미와 여가생활을 즐기기 위해 상담받고자 하는 욕구, 가족과 친구와의 관계에서 세대 간, 세대 내의 의사소통을 원활히 하고 원만한 관계를 맺기 위한 상담욕구, 노화에 대비하여 적당한 섭생과 운동, 지병관리 및 질병예방 등의 건강 상담에 대한 욕구가 대표적인 노인의 상담욕구라고 볼 수 있다.

2) 노인 클라이언트의 특징

노인의 성격 특성은 본래부터 가지고 있었던 것도 있지만, 노년기의 신체적 · 사회적 · 정서적 변화로 인해 달라지기도 한다. 일반적으로 노년기의 성격특성은 내향성과 수동성이 증가하고, 조심성 및 경직성이 증가하며, 우울감이 증가한다. 또한 과거에 대한 회상이 증가하고, 친숙한 사물에 대한 애착이 있으며 성역할을 지각하는 데 변화가 있다. 마지막으로 의존성이 증가한다는 특징이 있다.

상담에 참여하는 내담자로서 노인은 다음과 같은 특성을 가진다(이호선, 2012).

첫째, 연령으로 보면 대체로 상담자보다 나이가 많다.

둘째, 상대적으로 젊은 상담자에 비해 경험의 폭이 넓은 경우가 많다.

셋째, 노인들은 경험적으로 축적한 지식이나 삶의 변수를 통제하고 조절하는 방법에 대한 개인적인 신념을 가지고 있으며, 이로 인해 자신이 그동안 살아왔던 방식을 변화하는 데 대한 저항이 강할 수 있다.

넷째, 새로운 삶에 대한 의지와 변화욕구가 상대적으로 약하다. 노인들은 늙었다는 말과 새로운 도전을 반대에 있는 것으로 생각하는 경향이 있다. 이러한 노인들은 '이제 다 늙어 빠져가지고 뭘 이런 걸 해' 등의 언어를 사용하여 새로운 변화에 대한 욕구가 약함을 표현한다.

다섯째, 남은 삶에 의미를 부여하지 않으려 하며, 여생을 죽음과 연결시키는 경향이 있다.

여섯째, 가족 및 보호자의 지지가 약하다. 가족 내에서 노인의 지위가 낮고 소외되어 있을수록 가족들의 지지는 낮아질 가능성이 높다. 반면 가족 내에서 노인이 경제적으로 지위가 있고 권위가 인정될 경우 가족들의 지지는 높을 가능성이 있다.

이러한 특성으로 인해 노인을 위한 상담에 심적인 부담을 가지는 사회복지사가 많은 것으로 보인다.

3. 사회복지현장과 노인상담자

1) 노인상담자의 기본자세

사회복지현장에서의 노인상담자는 공감의 자세로 내담자로 하여금 지지받는다는 느낌을 주어야 하며, 무조건적 존중의 태도로 내담자가 상담자를 신뢰하고 상담자가 자신을 위해 최선을 다한다는 느낌을 받게 해야 한다. 또한 진정성 있는 태도로 겉으로 드러난 마음과 속으로 숨기고 있는 마음이 일치하도록 노력해야 한다(정원철, 2020).

또한 사회복지사로서 내담자인 노인을 개별적 차이를 지닌 특정한 인간으로서 받아들여야 한다. 또한 내담자가 부정적인 감정을 가지고 있을지라도 감정표현을 할 수 있도록 돕고, 내담자의 감정에 대하여 통제된 정서적 관여를 통해 의도적으로 적절하게 반응한다. 내담자를 있는 그대로 받아들인다. 비심판적인 태도로 클라이언트가 상담과정에서 비난을 받는다는 느낌을 받지 않도록 해야 하며, 클라이언트의 자기결정을 존중하고 돕는다. 마지막으로 죽음에 대한 긍정적인 수용 자세를 가지고 노인을 상담해야 한다.

2) 노인에 대한 자신의 태도 이해

상담자가 자신이 가진 노인에 대한 태도를 이해하는 것은 매우 중요하다. 의료 · 사회서비스 · 법률 · 금융전문가 등 고령자와 만나는 전문가집단을 대상으로 연령주의의 인식을 살펴보면 노인과의 접촉을 통해 연령주의가 강화되기도 하고 약화되기도 하는 것으로 나타났다(김주현 외, 2016). 이러한 태도는 노인이 전문가들과 만나면서 차별과 연령주의를 더 많이 경험한다고 응답한 내용과 일맥상통한다(오혜인 외, 2018).

도움을 요청하러 온 노인 내담자가 상담자로 인해 더 큰 상처를 받지 않게 하기 위해서는 상담자가 노인에 대한 자신의 태도를 지속적으로 성찰하고 긍정적인 방향으로 변화시킬 필요가 있다. [그림 2-1]은 이금룡(2004)의 '노인에 대한 태도' 척도로, 상담자가 스스로를 파악하는 데 도움이 될 수 있다. 7점 척도로 1은 매우 긍정적, 7은 매우 부정적으로 응답하게 하여 숫자가 높을수록 노인에 대한 태도가 부정적인 것으로 본다.

1	믿을 수 있다	⇔	믿을 수 없다
2	너그럽다	⇔	이기적이다
3	착하다	⇔	나쁘다
4	참을성 있다	⇔	참을성 없다
5	현명하다	⇔	어리석다
6	친절하다	⇔	불친절하다
7	낙천적이다	⇔	비관적이다
8	우호적이다	⇔	우호적이지 않다
9	유식하다	⇔	무식하다
10	깨끗하다	⇔	지저분하다
11	적극적이다	⇔	소극적이다
12	즐겁다	⇔	우울하다
13	불평불만 없다	⇔	불평불만 많다
14	독립적이다	⇔	의존적이다
15	생산적이다	⇔	비생산적이다
16	융통성 있다	⇔	고지식하다
17	재미있다	⇔	지루하다
18	진보적이다	⇔	보수적이다
19	건강하다	⇔	쇠약하다
20	매력적이다	⇔	매력이 없다

〈그림 2-1〉 노인에 대한 태도 척도

참고문헌

권중돈 (2005). **노인복지론**(4판). 학지사.

김단비 (2018). 상담에 대한 노인들의 지각과 장벽에 관한 연구. 덕성여자대학교 석사학위논문.

김동환 (2008). 노인상담의 현황과 전망. **복지상담연구, 3**(1): 55-72.

김미정, 김원경, 김유진, 김주현, 배나래, 손화희, 원영희 (2013). **노인복지상담**. 공동체.

김성천 외 (2020). **사례관리론 - 개념, 기술, 실천역량 이해**. 학지사.

김수진, 최성문 (2022). 노인의 상담서비스 도움인식 수준과 영향요인. **수퍼비전과 실천연구, 0**(7), 51-78.

김주현, 주경희, 오혜인, 정순둘 (2016). 전문가 집단의 연령주의 인식과 경험에 대한 질적연구: 의료사회서비스법률금융 전문가의 고령자와의 상호작용을 중심으로. **노인복지연구, 71**(2): 9-47.

김태식 (2006). 노인상담 서비스 전달체계 인식에 관한 연구. 광운대학교대학원 박사학위논문.

김태현 (1997). 노년기 부부의 상호 간 지지와 역할 공유 및 결혼적응에 관한 연구. **한국노년학, 17**(2): 167-182.

노혁 (2006). **사회복지실천론**. 학지사.

노혁 (2019). **사회복지실천의 이해**. 학지사.

박재간, 손흥숙, 박정희, 이호선 (2011). **노인상담론**. 공동체.

박차상, 김옥희, 엄기욱, 정상양, 이경남 (2005). **한국노인복지론**. 학지사.

서혜경, 정순둘, 최광현 (2006). **노인상담입문: 이론과 실제**. 집문당.

오해인, 주경희, 김주현 (2018), 노인의료전문가 집단의 연령주의 및 연령통합 인식에 관한 연구. **한국가족복지학, 61**(-), 59-91.

이금룡 (2004). 연령별 노인에 대한 태도 비교를 통한 세대통합 프로그램의 전략적 방안 모색. **노인복지연구, 26**(겨울), 143-164.

이창호, 최승애 (2014). **노인심리상담연습**. 법문사.

이호선 (2012). **노인상담**(2판). 학지사.

정관용 (2017). 고령사회의 노인상담이 우울감소와 자살예방에 미치는 효과 예측에 관한 연구. 서울벤처대학원대학교 박사학위논문.

정원철 (2020). **사회복지상담**(4판). 양서원.

현외성, 정정숙, 김용환, 윤은경, 최금주, 강환세, 김원배, 마은경, 박선애, 이은정, 박은미, 강명희, 이현선 (2011). **노인상담론**. 창지사.

Capuzzi, D., & Gross, D. R. (Eds.). (2002). Group counseling: An Introduction. In D. Capuzzi & D. R. Gross (Eds.), *Introduction to group counseling* (3rd ed., pp. 3-35). Love Publishing Company.

Erikson, E. H. (1968). *Identity: youth and crisis* (No.7). ww Norton & Company.

Scrutton, S. (1999). *Counselling older people*. Gower publshing. Ltd.

Chapter 03

노인상담모델의 이해

Counseling Older Adults

CHAPTER

03 노인상담모델의 이해

1. 인본주의 상담모델

인본주의 상담모델은 인간을 긍정적이고 자율적인 존재로 보며, 성장과 자기실현의 가능성을 지닌 미래지향적, 합리적 존재로 이해한다. 인본주의 상담 접근법은 개인의 독창성과 잠재력을 존중하고, 상담과정에서 내담자가 자신의 문제를 스스로 해결하도록 돕는 데 관심을 둔다(권중돈, 2014). 구체적인 상담목표는 내담자가 자신의 환경에 대한 왜곡된 인식을 수정하고, 현실적 경험과 자아개념 사이에 조화를 이루며, 능력과 개성을 최대한 발휘하는 자기실현을 통해 완전히 기능하는 사람이 되도록 하는 것이다(김희수 외, 2009).

노인상담에 가장 많이 사용하는 방법 중 하나인 인본주의 상담모델은 상담과정에서 노인의 자율성과 존엄성을 강조하며, 노인이 자신의 삶을 주체적으로 재구성하도록 지원하는 데 초점을 맞춘다. 특히 노년기에 경험하는 상실, 자아정체성 변화, 사회적 역할 축소 등의 변화에 효과적으로 대응할 수 있는 접근법이다.

1) 클라이언트 중심 상담

(1) 주요 개념

클라이언트 중심 상담은 로저스(Rogers)에 의해 발전한 인본주의 상담모델로서 우리말로는 내담자 중심 상담, 인간 중심 상담 등이 혼용되고 있다. 클라이언트 중심 상담은 내담자의 자율성, 잠재력을 존중하고, 상담자가 간섭하지 않는 비지시적 상담으로부터 시작해 현재에 이르고 있다.

1940년대	• 비지시적 상담이라는 개념의 개발
1950년대	• 치료적 관계를 강조하는 클라이언트 중심 상담으로 명명
1960년대	• 인간 중심 상담으로 확대
1970~1980년대	• 초개인적 접근으로 확대

클라이언트 중심 상담을 이해하기 위해서는 유기체, 자아개념, 자아일치, 현상학적 관점, 자기실현의 경향성 등에 대해 살펴볼 필요가 있다. 인간의 본성과 발달과정을 설명하기 위하여 주요하게 다루고 있는 개념이기 때문이다.

① 유기체

여기서 유기체는 인간 본성을 설명하는 핵심적인 용어로서, 모든 경험의 중심이 되는 존재, 곧 인간을 의미한다. 로저스는 유기체가 환경과 상호작용하며 자신의 욕구와 감정을 경험하고 조율하는 존재라고 보았다.

② 자아개념

자아개념(self-conception)은 개인이 자신의 내부에서 지각되는 자기경험과 타인의 평가를 받아들이면서 만들어진다. 일단 형성된 자아개념은 파괴되지 않으려는 경향이 있기 때문에 사람들은 자아개념을 지키기 위해 자기방어를 강하게 보이기도 한다.

③ 자아일치와 자아불일치

자아일치는 '있는 그대로의 나'와 개인이 '스스로 인식하는 나'의 일치라고 할 수 있다. 자아불일치는 타인에게서 배운 가치관을 믿고, 그에 반하는 자신의 감정을 억제하는 것을 의미한다. 예를 들어 '아내와 사별 후 노년에 다들 겪는 일이니 유난 떨면 안 된다'는 생각에 슬픔을 표현하지 못하고 꾹 참는 경우가 있다.

④ 현상학적 관점

클라이언트 중심 상담에서는 개인이 문제를 경험하는 방식을 중시하며, 그의 주관적 현실을 이해하려고 한다. 노인을 대상으로 하는 상담에서는 노인 자신의 삶의 의미를 깊게 탐구하고, 현재의 삶을 긍정적으로 재구성할 수 있게 돕는다. 또 개인의 독특한 삶의 경험과 감정을 중심에 두고 고유성을 존중한다.

⑤ 자기실현의 경향성

클라이언트 중심 상담에서는 인간을 본질적으로 자신의 잠재력을 실현하려는 경향성을 지닌 존재로 본다. 이것은 인간이 자기성장하고 변화하는 방식으로 자신의 모든 능력을 발전시키는 거인적 경향성을 의미한다. 또한 인간은 자신을 자각하면서 타인으로부터 존중받으려는 욕구를 갖게 되는데, 자아실현의 경향성은 이러한 욕구와 자아존중의 욕구를 경험하면서 습득된다. 이런 점을 고려해 노인상담에서도 노인이 과거 경험을 통해 자신의 강점을 발견하고, 남은 삶에서 새로운 목표를 설정하도록 돕는다.

(2) 주요 기법

클라이언트 중심 상담에서는 특별한 기법보다는 상담자와 내담자의 관계에서 무조건적 긍정적 존중, 공감적 이해, 진솔성, 비지시적인 태도 등을 중시한다(김희수 외, 2009; 권중돈, 2014). 노인을 대상으로 하는 인본주의 상담에서도 이러한 내용은 마찬가지로 적용된다.

① 무조건적인 긍정적 존중

상담자는 내담자의 모든 감정과 경험을 비판 없이 수용하고 존중해야 한다. 노인상담에서는 특히 노인의 과거 선택과 행동을 부정적으로 평가하지 않고 있는 그대로 수용하며, 삶의 새로운 가능성을 열어줄 수 있는 태도를 가져야 한다.

② 공감적 이해

상담자는 내담자의 입장에서 그의 감정과 관점을 이해하려고 노력하여 표현해야 한다. 노인상담에서는 노인이 느낄 수 있는 고립감, 상실감, 현실과 미래에 대한 불안을 다룰 때 공감적 이해가 더욱 중요하다.

③ 진솔성

상담자는 진솔하고 일관된 태도를 유지하며 내담자와 신뢰 관계를 형성한다. 노인상담에서 진솔성은 노인이 상담자에게 마음을 열고, 감정을 솔직히 표현하도록 돕는 데 중요한 요소이다.

④ 비지시적인 태도

클라이언트 중심 상담에서는 내담자에게 조언이나 지시를 하기보다는 스스로 해답을 찾도록 지원한다. 노인상담에서도 노인이 자신의 삶의 문제를 주체적으로 탐색할 수 있도록 돕는다.

(3) 노인과 클라이언트 중심 상담

클라이언트 중심 상담을 노인에게 적용할 때 상담자는 노인 스스로가 자신의 문제를 해결할 능력이 있고, 상담자의 적극적인 개입 없이도 문제를 극복할 능력을 갖고 있다고 본다. 따라서 상담자는 노인이 가진 잠재적 능력을 일깨우는 촉진자 역할을 한다.

① 성장의 촉진

노인은 상담과정을 통해 자신의 경험을 재해석하고, 삶의 의미를 새롭게 발견할 수 있다. 상담자는 노인의 변화 가능성을 신뢰하며, 점진적인 성장과정을 지원한다.

② 심리적 안정의 제공

노년기에 경험할 수 있는 상실, 고독, 역할 변화와 같은 감정을 공감적으로 이해하며, 이를 표현할 수 있는 안전한 공간을 제공한다. 노인은 이를 통해 심리적 안정을 도모할 수 있다.

③ 자율성과 자기결정 강화

상담과정에서 상담자는 노인이 자신의 문제를 스스로 해결할 수 있는 능력을 개발하며, 자율성을 회복하도록 돕는다.

2) 게슈탈트 상담

(1) 주요 개념

게슈탈트 상담은 인본주의적 상담의 한 모델로서 펄스(Perls, 1969)에 의해 발전되었다. 이 접근법은 실존적이고 현상학적인 특성을 가지며, 인간이 스스로 문제를 해결할 수 있다는 전제를 기반으로 한다. 게슈탈트 상담의 목적은 내담자가 자신의 능력과 자원을 인식하고, 타인에게 의존하지 않으며 문제를 극복할 수 있게 돕는 데 있다(서혜경 외, 2013).

게슈탈트 상담을 이해하기 위해 게슈탈트의 의미, 현재에 대한 초점, 미해결 문제 등의 개념을 간략히 살펴보면 다음과 같다.

① 게슈탈트

'게슈탈트(Gestalt)'는 독일어로 '형태', '전체', '형상', '모습'을 뜻하며, 인간의 욕구와 감정을 통합적으로 지각하는 과정을 의미한다. 인간이 자신의 욕구와 감정을 하나의 의미 있는 전체로 통합하여 지각했을 때 게슈탈트가 형성된다.

② 현재에 대한 초점

게슈탈트 상담은 과거보다 현재에 초점을 둔다. '지금-여기(now and here)'라는 개념은 현재의 경험을 중요하게 다룬다. 즉 상담과정에서 내담자가 현재의 순간을 충분히 경험하도록 돕는다.

③ 미해결 문제

'미해결 문제'는 게슈탈트 상담에서 중요한 개념으로서, 클라이언트가 과거의 미해결된 문제를 현재에 가져와 이를 해결하는 과정에 중점을 둔다. 예를 들어 노년기 분노현상인 '화병'은 미해결 문제의 대표적인 사례로, 게슈탈트 상담은 이를 해결하기 위한 유용한 접근법을 제공한다.

펄스(Perls)는 미해결 문제 가운데 가장 근원적인 것을 분노로 보고 있다. 일종의 분노현상인 '화병'은 DSM-IV에서도 한국 문화와 관련된 증후군으로 인정받고 있는데, 이는 가정적 · 사회경제적 · 개인적 문제에서 비롯된다. 주요 증상은 몸의 열기, 답답함, 치밀어 오름, 소화불량 등이 있다. 내담자의 분노와 미해결 문제를 회피하지 않고 '지금-여기'에 떠올리고 드러내면 변화가 찾아오므로, 게슈탈트 상담에서는 미해결 문제를 완결하기 위하여 과거의 사건을 지금 이 순간에 일어난 것처럼 재연하여 현재로 가져오게 함으로써 이를 표현하고 처리하도록 돕는다(Perls, 1969).

(2) 노인과 게슈탈트 상담

노인을 대상으로 하는 게슈탈트 상담의 목표는 노인 내담자가 자신의 내부와 주변에서 일어나는 일들을 자각하도록 돕는 것이다. 이 과정에서 자아통합, 사회적 능력 향상, 자기 책임감의 발달, 새로운 행동 모델 연습, 그리고 노화와 죽음에 직면하는 데 필요한 심리적 대처를 지원한다. 이를 위해 사용하는 주요 기법은 빈의자 기법, 지금-여기의 재연, 감정에 머물기 등이 있다.

게슈탈트 상담은 특히 노인의 미해결 과제를 다루는 데 효과적인 측면이 있다. 노인이 과거의 관계에서 발생한 상처를 회피하지 않고 현재 순간에 떠올리게 해 현재의 감정과 욕구를 명확히 인식하도록 도울 수 있기 때문이다. 이러한 과정을 통해 노인 내담자는 자신의 감정을 인식하고 표현하면서 심리적 변화가 시작된다.

2. 행동주의 상담모델

행동주의 상담은 학습이론에 근거하여 인간의 행동을 관찰하고 변화시키는 다양한 상담방법과 기법을 포함한다. 이 접근법은 학습이 인간행동의 핵심원리라는 가정에 기반을 두며, 내담자의 행동변화를 위한 체계적이고 구체적인 개입을 중시한다.

행동주의 상담은 고전적 조건형성, 조작적 조건형성, 인지적 행동수정을 기반으로 발전해 왔으며, 각각의 핵심 내용을 살펴보면 다음과 같다(서혜경 외, 2013).

1) 고전적 조건형성

(1) 주요 개념

고전적 조건형성은 파블로프(Pavlov)가 개를 대상으로 한 타액 분비 실험을 토대로, 행동과 무관한 중성적인 자극이 반응을 유발하는 자극(조건)으로 변화하는 과정을 설명한다. 이는 특정 자극에 대한 반응이 학습되는 과정으로서 인간의 행동을 체계적으로 분석할 수 있는 틀을 제공하였다. 주요 개념은 조건 자극, 조건 반응, 무조건 자극, 무조건 반응이다.

① 조건 자극

학습되기 전에는 반응을 유발하지 않던 자극이었으나 반복된 학습을 통해 특정한 반응을 유발하게 된 자극을 말한다. 파블로프의 실험에서 음식을 제공하기 전에 반복적으로 울리는 종소리가 이에 해당된다.

② 조건 반응

조건 자극에 의해 학습된 반응으로, 이는 학습이 이루어진 후 조건 자극에 의하여 유발된다. 파블로프의 실험에서 개가 종소리에 반응하여 침을 흘리는 행동이 이에 해당된다.

③ 무조건 자극

학습 없이도 본능적으로 반응을 유발하는 자극을 말한다. 파블로프의 실험에서 자연적으로 침을 흘리는 반응을 유발하는 음식이 이에 해당한다.

④ 무조건 반응

무조건 자극에 의하여 자연적으로 나타나는 반응을 가리킨다. 무조건 반응은 학습과정을 필요로 하지 않는다. 파블로프의 실험에서 개가 음식을 보고 침을 흘리는 반응이 이에 해당한다.

(2) 주요 기법

주요한 기법으로 체계적 둔감법, 근육이완법, 역조건화, 혐오자극법, 자극포화법 등이 있다. 이러한 기법은 행동수정과 변화에 효과적으로 활용된다.

① 체계적 둔감법

불안이나 공포를 부르는 자극에 점차 익숙해지도록 하여 부적응적 반응을 감소시키는 방법이다. 근육이완법과 불안 위계 목록 작성을 포함한다. 이 방법은 노인의 불안장애나 공포증을 다루는 데 유용하다.

② 근육이완법

신체적 긴장과 불안을 줄이는 데 사용된다. 이 방법은 신체적 긴장감이 높은 노인들에게 심리적 안정감을 제공할 필요가 있을 때 활용 가능하다.

③ 역조건화

기존의 조건자극에 새로운 긍정적 반응을 학습시키는 방법이다. 이를 통해 부정적 반응을 감소시키거나 대체할 수 있다. 예를 들어 노인에게 공포를 유발하는 자극에 대해 긍정적 경험을 반복 제공해서 공포감을 줄이도록 하는 것이다.

④ 혐오자극법

특정 행동이나 자극에 부정적인 감정을 연합시켜 그 행동을 감소시키는 기법이다. 예를 들어 흡연 노인이 담배를 피울 때 메스꺼움을 유발하는 약물을 함께 사용하는 것이 이에 해당된다.

⑤ 자극포화법

반복적으로 과잉자극을 제공하여 특정 행동이나 반응에 대한 흥미나 효과를 감소시키는 방법이다. 예를 들어 특정한 음식을 과도하게 제공하여 더 이상 먹고 싶지 않게 만드는 것이 이에 해당된다.

2) 조작적 조건형성

(1) 주요 개념

조작적 조건형성에 관한 연구를 발전시킨 사람은 스키너(Skinner)이며, 여기서 조작이라는 용어는 자발적인 행동반응을 가리킨다. 조작적 조건형성은 행동과 그 결과(강화와 처벌) 사이의 관계를 통한 학습에 대해 설명한다. 스키너는 특정 행동이 긍정적 결과를 초래할 경우 반복될 가능성이 높아지고, 부정적 결과를 초래할 경우 감소한다고 보았다. 조작적 조건형성과 관련된 주요 개념으로는 강화, 소거, 처벌이 있다.

① 강화

강화는 특정한 행동의 발생 빈도를 증가시키는 과정이며, 정적 강화와 부적 강화로 나뉜다. 정적 강화는 특정한 행동 뒤에 긍정적인 자극을 제공하여 그 행동의 빈도를 증가시키는 방법이다. 예를 들어 노인이 정기적으로 운동을 하면 공식적인 격려나 작은 선물을 제공함으로써 운동 습관을 갖게 해 건강을 유지하도록 도울 수 있다.

반면에 부적 강화는 특정한 행동 뒤에 부정적인 자극을 제거하여 행동의 빈도를 증가시키는 방법이다. 예를 들어 노인이 규칙적으로 재활운동을 하면 운동 후 불편한 자세를 교정하는 보조기기를 일정시간 제거해 줌으로써 규칙적인 재활운동 습관을 형성하고, 운동 참여 동기를 촉진할 수 있다.

② 소거

소거는 특정한 행동 뒤에 더 이상 강화가 제공되지 않을 때, 행동의 빈도가 점차 감소하거나 사라지는 과정을 의미한다. 노인이 불안감을 표현하며 반복적으로 걱정을 호소할 때마다 가족이 지나치게 반응해 주는 상황이라면, 가족이 노인에게 공감은 하되 즉각적인 과잉반응을 줄이고 대화를 천천히 다른 긍정적 주제로 전환할 수 있다. 이를 통해 노인의 과도한 걱정을 줄이고, 정서적 안정감을 유지하면서 긍정적인 상호작용을 만들 수 있다.

③ 처벌

처벌은 특정한 행동의 발생 빈도를 감소시키기 위해 부정적인 결과를 제공하거나 긍정적인 자극을 제거하는 방법이다. 긍정적 처벌은 행동 뒤에 불쾌한 자극을 추가하여 그 행동을 감소시키는 것이다. 노인이 의료 지침을 반복적으로 따르지 않을 시 위험성을 구체적으로 설명하며 경고를 줄 수 있다. 부정적 처벌은 특정한 행동 뒤에 긍정적인 자극을 제거하여 그 행동을 감소시키는 것이다. 예를 들어 노인이 식사를 규칙적으로 하지 않거나 중요한 약을 복용하지 않을 시 예정된 여가활동을 보류하는 것 등이다. 이와 같은 처벌은 바람직한 행동의 학습에 유용하게 활용할 수 있지만, 노인의 심리적 · 정서적 상태를 고려해 신중하고도 부드럽게 적용해야 한다.

(2) 주요 기법

조작적 조건형성과 관련된 주요 기법으로는 선택적 행동 강화, 교환 계약, 토큰 경제 등이 있다.

① 선택적 행동 강화

선택적 행동 강화는 원하는 행동에 대해 긍정적인 강화물을 제공하여 해당 행동을 증가시키는 기법이다. 노인이 규칙적인 걷기 운동을 위해 산책을 하면, 산책 후 좋아하는 취미활동을 진행하고, 산책을 하지 않으면 취미활동을 보류한다. 이를 통해 규칙적인 운동 습관을 강화할 수 있다.

② 교환 계약

교환 계약은 특정 행동에 대한 목표와 보상을 명확히 규정하여 내담자와 계약을 체결함으로써 행동 변화를 유도하는 기법이다. 예를 들어 노인 내담자가 매일 규칙적으로 운동하거나 정해진 시간에 약을 복용하면, 주말에 선호하는 활동을 진행하겠다는 약속을 체결한다.

③ 토큰 경제

토큰 경제는 특정 행동을 수행할 때마다 상징적인 보상(토큰)을 제공하고, 이를 모아서 원하는 보상과 교환할 수 있게 하는 기법이다. 노인이 매일 식사 후 산책을 하면 스티커를 주고, 일정 개수를 모아 오면 마사지기계 이용권, 손주와의 특별활동 시간을 교환할 수 있도록 하는 경우도 있다.

3) 인지적 행동수정

(1) 주요 기법

인지적 행동수정은 반두라(Bandura)의 인지학습이론에 근거한 것으로서, 정보의 인지적 처리과정을 통해 인간 행동의 변화를 탐구한다. 반두라는 인간을 정보처리 능력을 지닌 존재로 바라보며, 행동의 변화는 인간의 내적 사고와 외부 환경 사이의 상호작용을 통해 이루어진다고 보았다(서혜경 외, 2013). 이와 같은 맥락에서 인지적 행동수정은 행동주의이론의 한계를 보완하는 데 기여하였다고 볼 수 있다.

인지적 행동수정을 노인에게 적용할 때는 노년기 문제에 직면한 내담자가 자기 자신 및 삶에 대해 보다 더 현실적이고 유연한 태도를 갖도록 유도해 인생의 위기를 극복하고 현실에 효과적으로 적응할 수 있게 돕는 것을 목표로 한다. 이 상담방법은 노년기에 직면하는 위기 속에서 자주 발생하는 우울을 경험하는 노인에게 유용하다. 활용되는 주요 기법으로는 ABC 기법, 객관성 · 논리성 · 유용성 탐색이 있다.

① ABC 기법

ABC 기법은 인지적 행동수정에서 사용하는 핵심기법이다. Activating Event(선행사건)-Belief(신념체계)-Consequence(결과)에서 Belief(신념체계)를 논리적으로 탐구하고 대안이 되는 신념을 찾아 긍정적인 감정과 행동, 즉 Consequence(결과)를 유도하는 데 초점을 둔다. 이는 인간의 감정과 행동이 사건 그 자체보다 개인의 신념이나 생각에 영향을 받는다는 점에 기초한다. 이 기법은 개인들이 자신의 부정적 사고를 자각하고, 이를 논리적으로 탐색하여 긍정적인 대안을 모색하도록 돕는다.

② 객관성 · 논리성 · 유용성 탐색

객관성 · 논리성 · 유용성 탐색은 인지적 행동수정에서 내담자의 신념(Belief)을 평가하고 수정하는 데 필요하다. 내담자가 자신의 신념이 사실에 근거한 것인지(객관성), 합리적이고 타당한지(논리성), 그리고 자신의 감정과 행동에 긍정적인 영향을 미치는지(유용성) 탐구함으로써 부정적 신념을 대체할 긍정적이고 현실적인 대안을 발견하도록 돕는다. 이 과정은 내담자의 인지적 왜곡을 완화하고, 보다 유익한 사고와 행동을 형성하는 데 중점을 둔다.

(2) 합리정서적 상담

인지적 행동수정의 치료 모델로 가장 많이 알려진 것은 엘리스(Ellis)의 합리정서적 상담(RET: Rational-Emotive Therapy)이다. 합리정서적 상담은 잘못된 사고와 신념체계가 개인 문제의 근원이라고 보고, 상담의 기본절차인 ABCDE 전략을 활용한다(김희수 외, 2009).

① A(Activating Event, 선행사건)

인간의 정서적 반응을 유발하는 사건이나 현상, 특정 감정이나 행동을 유발하는 사건

예: 약속시간이 되었는데도 친구가 오지 않음

② B(Belief, 신념체계)

선행사건과 관련된 신념으로 인해 생긴 결과, 선행사건에 대한 개인적 신념이나 해석

예: 친구가 나를 존중하지 않는 것 같음

③ C(Consequence, 결과)

선행사건과 관련된 신념으로 인해 생긴 결과, 신념에서 비롯된 감정이나 행동의 결과

예: 친구에게 화가 나거나 실망하여 연락을 끊어버림

④ D(Dispute, 논박)

비합리적 신념에 대한 도전, 다시 생각해 보도록 하는 과정, 신념의 타당성을 논리적으로 반박하고 대안을 탐색하는 과정

예: 친구가 교통체증으로 인해 약속시간에 늦을 수도 있음

⑤ E(Effect, 새로운 결과)

바람직한 정서와 행동이 나타나는 것, 신념 수정 후 긍정적인 감정과 행동 변화

예: 친구를 이해하고 교우관계 유지를 위해 대화를 시도함

4) 노인과 행동주의 상담

행동주의 상담을 노인에게 적용할 때의 주요 목표는 노인의 자기변화 능력에 대한 학습의지와 동기 강화, 노인의 삶의 문제 대처 능력 향상, 노인이 직면한 위기와 문제 극복 및 일상 속에서 구체적인 행동 변화를 이끌어 내는 능력 향상에 목표를 둔다. 행동주의 상담의 장점은 노인이 단지 문제에 대한 통찰을 얻게 하는 정도가 아니라 행동변화를 위한 구체적인 계획을 수립하고 실행하게 하는 데 있다.

최근 우리 사회의 현상과 연결하여 생각해 보면, 노인상담이 관심을 가져야 할 작금의 큰 주제는 노인 자살 문제이다. 심각한 우울증으로 고통받는 노인들이 적지 않고, 이는 자살로 이어질 가능성이 있기 때문에 대부분의 상담자들은 조급함, 초조와 불안을 느낀다. 바로 '지금 이야기 나누는 노인이 과연 다음 회기에도 올 수 있는가?', '혹시 다음 회기 전에 자살을 시도하는 건 아닌가?' 등이다. 이럴 때 노인 내담자를 위해서는 현재의 문제 상황과 관련된 긍정적 · 부정적 요소를 탐색하며 대안을 모색하는 '위기의 장단점 목록 만들기', 심한 우울이나 절망을 느끼는 노인들과 예방적 대화를 나누고 '자살하지 않기로 약속하기' 등의 방법을 사용하는 것도 상담을 통해 안전망을 만들어 가는 데 바람직한 방법이 될 수 있다.

3. 해결중심 상담모델

1) 이론적 이해

해결중심 상담모델은 1980년대 이후 인수 김(Insoo Kim)과 디셰이저(Steve de Shazer) 등이 제시한 것으로, 문제의 원인을 찾고 진단하는 문제중심의 관점에서 벗어나 문제해결에 초점을 두며, 해결책 역시 내담자가 쥐고 있다고 믿는다. '해결중심'이라는 용어도 내담자가 이미 '문제가 나타나지 않은 예외 상황', 즉 해결책을 갖고 있다는 데서 붙여진 것이다(장수미 외, 2024).

해결중심적 접근은 내담자가 자신의 삶에서 무엇을 원하고 어떤 변화를 기대하는지 가장 잘 알고 있는 전문가라는 전제로부터 출발한다. 따라서 상담자는 내담자를 변화시키는 전문가가 아니라, 변화를 돕는 자문가로 자리한다. 그리고 문제 자체보다 해결방안을 발견하고 강점을 강화하는 데 집중한다(엄명용 외, 2020). 의료모델의 영향이 큰 기존의 전통적인 상담은 문제와 해결책 사이의 연관성이 필연적이라고 보는 문제해결모델에 기초하지만, 해결중심 상담은 문제와는 별개로 해결책에 관심을 두기 때문에 양자 간에는 〈표 3-1〉과 같은 차이가 있다(장수미 외, 2024).

〈표 3-1〉 해결중심 상담과 기존 상담의 비교

기존 상담	해결중심 상담
손상/결점을 찾음	자신감/능력을 찾음
병리 발견에 초점을 둠	건강/복지를 증진하는 데 초점을 둠
인간은 악하고, 숨겨진 의도를 가지고 있으며, 반항적이라는 믿음	인간은 선한 의도를 소유하고 협조적이라는 믿음
상담자가 치료를 행하는 것에 초점	큰 변화로 이끌어 줄 수 있는 작은 변화를 창조하는 데 초점
상담자는 '전문가'	치료는 협동적인 것: 상담자와 클라이언트 모두 전문가
과거/과거사에 초점	현재와 미래에 초점
상담자는 감정표현을 변화에 필요한 것으로 강조	상담자는 감정 경험 자체를 중요하게 여김
상담자는 왜 문제가 생겼는지를 진단함	상담자는 변화를 지향함
정체성 문제나 성격문제를 찾는 데 강조점을 둠	행동과 과정 묘사에 강조점을 둠

출처: Bertolino (2005); 장수미 외 (2024)에서 재인용. p.76.

한편, 해결중심 상담은 몇 가지 가정에서 출발한다. 그것은 문제에 대한 가정, 과거에 대한 가정, 변화에 대한 가정, 대화에 대한 가정, 해결에 대한 가정으로 나누어 살펴볼 수 있다(성정현 외, 2022).

〈표 3-2〉 해결중심 상담과 기존 상담의 비교

구분	내용
문제에 대한 가정	• 문제가 문제가 아니다. 내담자가 문제가 아니다. • 문제가 반드시 개인적 결핍을 나타내는 것은 아니다. • 문제는 사람들의 내면보다 오히려 사람들 간의 상호작용에서 발생한다. • 문제는 항상 있는 것이 아니다. 예외가 발생한다. • 복잡한 문제라고 해서 언제나 복잡한 해결책이 필요한 것은 아니다.
과거에 대한 가정	• 사건은 그냥 일어난다. 과거에 대한 탐색은 비난으로 이끄는 반면, 목표는 미래를 위한 책임감을 발달시킨다. • 문제가 없는 미래에 대한 탐색은 과거에 대해 곱씹거나 원인을 이해해야만 하는 것을 막아준다. • 진단이 미래를 결정할 필요는 없다.

변화에 대한 가정	• 변화는 항상 일어난다. 변하지 않고 그대로인 것은 아무 것도 없다. • 작아 보이는 변화라도 엄청나게 의미가 있을 수 있다. • 변화는 대화를 통해 구성될 수 있다.
대화에 대한 가정	• 내담자가 반드시 말하고 싶어 하는 것을 듣는 것은 중요하다. • 상담자는 섣부르게 내세우는 평가와 판단을 줄이는 '알지 못함(not-knowing posture)'의 자세를 취한다. • 심층을 보기보다 대화의 표면에 머무른다. 의미에 대한 어떠한 탐색도 상담자의 해석일 수 있다. • 사람들은 다른 방식으로 경험하고 세상에 대해 인식한다. 그들의 현실은 당신의 현실과 다를지 모른다.
해결에 대한 가정	• 잘못되고 있는 것보다는 잘되고 있는 것을 확인한다. • 내담자의 문제에 대한 해결책을 갖고 있다. 이를 발견하도록 클라이언트를 돕는다. • 내담자가 만들어낸 해결책은 좀 더 의미 있고, 성취 가능하고, 성공적이다. • 다른 사람에게서 효과적인 것이 항상 특정 개인에게도 효과적인 것은 아니다. 각자에게 효과적인 것을 찾는다. • 내담자의 선택을 증가시키는 것은 행동 변화를 가능하게 할 것이다. • 목표가 성공적이기 위해서는 내담자에게 의미 있는 것이어야 하지만, 또한 합법적이고 도덕적이어야 한다.

출처: 성정현 외 (2020). pp.117-119.

해결중심 상담은 다음과 같은 기본 원리에 기초한다(성정현 외, 2020; 엄명룡 외, 2020; 장수미 외, 2024).

- 내담자의 성공 경험에 일차적 초점을 둔다.
- 문제의 원인과 문제의 진행과정보다는 해결방안의 구축과정에 초점을 둔다.
- 탈이론적 · 비규범적이며 내담자의 견해를 존중한다.
- 변화는 내담자의 삶의 일부이기 때문에 항상 일어나며, 변화를 막을 수는 없다.
- 변화는 연쇄적이다.

- 과거보다는 현재와 미래를 강조한다.
- 내담자에게 무엇을 하라고 지시하기보다는 질문을 한다.
- 의미와 경험은 상호작용 속에서 만들어진다.
- 내담자는 자신의 문제와 해결을 위한 전문가이다.
- 상담자는 무지의 자세를 취한다.
- 해결책이 반드시 문제와 직접 관련되어 있는 것은 아니다.

2) 면담과정

해결중심 상담모델은 내담자가 어떤 문제를 가져오든 공통적인 과정을 적용하여 개입한다. 즉 문제의 진단과 치료에 초점이 있는 것이 아니라 내담자의 문제해결과정에 초점을 두는 접근이다. 상담과정에서는 '언어'의 역할이 중요하며, 언어의 사용과 클라이언트가 부여하는 의미에 관심을 갖고 상담을 진행한다. 상담과정은 초기면담과 그 이후의 면담으로 구분하며, 초기면담 1단계~4단계 및 그 이후 상담에서의 주요 내용은 다음과 같다(성정현 외, 2020; 장수미 외, 2024).

(1) 초기면담 1단계

초기면담의 1단계에서는 치료자와 내담자 간의 라포를 형성하고, 관계유형을 사정하는 것이 중요하다. 관계는 고객형, 불평형, 방문형으로 구분된다. 고객형은 내담자가 치료목표 설정에 적극 참여하고, 자신을 문제해결의 일부로 인식하여 노력할 의지를 보이는 관계이다. 불평형은 치료목표는 설정되지만 내담자가 해결책을 찾지 못하고 타인의 변화를 요구하는 관계이다. 방문형은 상담자와 내담자가 문제나 목표를 명확히 설정하지 못한 관계로, 치료과정 내내 목표가 구체화되지 않는다.

(2) 초기면담 2단계

초기면담 2단계는 해결중심적인 목표 설정 과정이다. 이 과정은 다음 7가지 원칙에 기반하여 이루어진다. 첫째, 내담자에게 중요한 것을 목표로 설정한다. 둘째, 작은 것을 목표로 한다. 셋째, 목표는 구체적이고 행동적인 것이어야 한다. 넷째, 없는 것보다 있는 것에 관심을 둔다. 다섯째, 목표를 종식이 아닌 시작으로 간주한다. 여섯째, 내담자의 생활에서 현실적이고 성취 가능한 목표를 설정한다. 마지막으로, 목표 수행이 힘든 과정임을 내담자가 인지하도록 돕는다.

(3) 초기면담 3단계

초기면담 3단계는 해결지향적인 질문으로 해결방안을 구축하는 단계이다. 질문은 내담자가 문제를 바라보는 데 영향을 주고, 자신의 잠재능력과 자원을 활용하게 돕는 데 목적이 있다. 이러한 질문은 내담자가 과거의 성공 경험을 기억해 내도록 유도할 수 있어야 한다.

(4) 초기면담 4단계

초기면담 4단계는 상담팀의 메시지 작성과 전달이다. 예를 들면 밀워키의 해결중심 단기가족치료센터에서는 관찰실과 치료실을 연결하는 인터폰 시스템을 활용해 메시지를 작성하고 전달한다. 전체 상담시간에서 일정 시간을 할애해 동료 상담팀 구성원들이 함께 치료적 메시지를 작성한다. 이 메시지는 칭찬, 연결문, 과제로 구성되며, 내담자가 치료과정에서 성취와 변화를 이룰 수 있게 돕는 것을 중시한다.

(5) 초기면담 이후의 상담

2회기부터는 첫 상담 이후 내담자에게 발생한 작은 변화나 나아진 점에 초점을 맞춘다. 상담자는 구체적으로 무엇이 나아졌는지를 이끌어 내고, 긍정적인 변화를 확장 · 강화한 후 나아진 다른 점들에 대해 질문한다. 만약 내담자가 변화가 없다고 느낀다면, 상담자는 작은 변화라도 찾아볼 수 있게 하고, 이를 통해 변화의 파급효과가 나타나도록 돕는다.

3) 주요 기법

해결중심 상담모델은 질문 자체가 개입방법인 '말하는 치료'로서 상담자는 내담자의 강점, 장점, 자원 등의 사정을 위한 질문을 통해 내담자의 잠재적인 해석, 능력, 자원 등을 발견하게 한다. 상담과정에서 어떻게 질문하느냐에 따라 내담자의 문제와 해결에 관한 관점, 잠재적인 문제해결능력의 개발, 상담목표의 달성 정도가 달라질 수 있다. 따라서 다양한 질문기법은 해결중심 상담에서 중요한 상담기술이 된다. 해결중심 상담에서 사용하는 주요 질문기법으로는 상담 전 변화에 관한 질문, 예외질문, 기적질문, 척도질문, 대처질문, 관계성질문 등이 있다(성정현 외, 2020; 장수미 외, 2024).

(1) 상담 전 변화에 대한 질문

상담을 약속할 때 내담자에게 '약속한 시간과 첫 상담 사이에 어떤 변화가 있었는지 주목하도록' 요청하고, 첫 상담 시간에 이러한 변화에 대해 질문한다. 이를 통해 내담자는 해결책 구축에 도움이 되는 전략, 신념, 가치, 기술 등의 단서를 상담자에게 제공하게 된다. 이러한 과정은 변화를 가속화시킬 뿐만 아니라 상담기간을 단축할 가능성을 높인다.

예: 처음 상담 약속을 잡을 때부터 오늘 여기 오기까지 상황이 나아졌다거나 어떤 변화가 있었나요?

(2) 예외질문

예외질문은 내담자의 지난 성공 경험 및 현재 잘하고 있는 것을 발견하기 위해 사용하는 기법이다. 이는 문제로 생각하는 행동이 일어나지 않는 상황이나 행동에 대해 질문하는 방식으로 이루어진다. 내담자는 이 질문을 통해 과거의 성공 경험이나 현재의 강점을 찾아내고, 상담자는 이를 통해 클라이언트가 가진 문제해결능력과 강점을 확인하며, 내담자가 그것을 상담과정에서 활용할 수 있도록 돕는다.

예: 문제가 발생하는 상황과 문제가 발생하지 않는 상황의 차이점은 무엇인가요?

(3) 기적질문

기적질문은 내담자가 문제가 해결된 상태를 상상하고, 이를 통해 원하는 것을 구체화하여 치료목표를 명확히 설정하는 데 사용한다. 내담자가 문제로부터 벗어나 해결책을 상상하도록 하는 미래지향적인 질문이라고 할 수 있다.

예: 당신의 상황을 걱정하다가 잠이 들었는데, 잠든 사이에 기적이 일어나 당신이 걱정하는 상황이 해결되었어요. 당신은 잠에서 깨어나서야 기적이 일어났다는 걸 알게 되었어요. 당신은 잠에서 깬 후 무엇이 달라져 있으면 기적이 일어났다고 알아챌 수 있을 것 같나요?

(4) 척도질문

척도질문은 내담자의 구체적인 행동 변화나 목적을 규명하고, 모호한 주제에 대해 이야기 나누기를 어려워하는 내담자를 돕는 데 유용하다. 상담자는 내담자에게 0(문제가 가장 심각한 상태)~10(문제가 완전히 해결된 이상적인 상태)의 척도를 사용하도록 요청한다. 척도질문을 통해 상담자는 내담자가 목표를 구체화하여 설정하고, 진전된 변화를 측정하며, 행동의 우선순위를 정하도록 돕는다.

예: 10이 목표달성 상태, 1이 처음 상담하러 왔을 때의 상태라고 한다면 오늘 상태는 몇 점인가요?

(5) 대처질문

대처질문은 절망감을 느끼는 내담자에게 주로 사용되는 질문기법이다. 이 질문은 내담자가 고통 속에서도 생존하기 위해 하고 있는 일에 초점을 맞추고, 내담자의 관심을 불행에서 벗어나게 한다. 이를 통해 내담자가 위기상황에서 대처해 온 자신의 방법을 파악하고, 노력과 의지를 발견할 수 있도록 돕는다. 대처질문은 극복질문이라고도 한다.

예: 어려운 상황에서도 당신이 잘 견딜 수 있었던 이유는 무엇인가요?

4) 노인과 해결중심 상담

해결중심 상담은 노인이 자신의 강점과 자원을 활용하여 문제를 해결하도록 도울 수 있다. 노인들은 노화로 인한 신체적 · 심리적 · 사회적 변화로 어려움을 겪기 쉽지만, 해결중심 상담은 노인들이 긍정적인 변화 가능성을 발견하고 현실적이고 성취 가능한 목표를 설정하도록 지지한다.

해결중심 상담을 노인에게 적용할 때는 과거의 성공 경험을 활용하는 것이 중요하다. 예외질문과 척도질문을 통해 노인의 강점과 문제해결능력을 찾아내고, 이를 현재의 문제해결과정에 연결한다. 대처질문은 노인들이 과거에 위기상황을 어떻게 극복했는지 상기시켜, 스스로의 역량과 의지를 재확인하게 할 수 있다.

또한, 해결중심 상담은 노인들의 자존감을 회복시키고, 그들이 여전히 유용하고 가치 있는 존재라고 인식하게 할 수 있다. 이는 노인의 삶에 활력을 불어넣고, 사회적 관계와 활동에 다시 참여하도록 동기를 부여한다. 또 상담자가 노인의 문제보다는 해결에 초점을 맞추고, 노인의 관점과 욕구를 존중함으로써 상담과정에서 협력적 관계를 형성하는 데 효과적이다. 따라서 해결중심 상담은 노인들이 노화와 함께 맞닥뜨리는 다양한 도전에 긍정적으로 대처하고, 자신의 삶을 더욱 주체적으로 이끌어 나가도록 돕는 강력한 도구가 될 수 있을 것이다.

4. 임파워먼트 상담모델

1) 주요 개념

임파워먼트(empowerment)는 1970년대부터 소개된 접근법으로, 권한 부여, 능력 강화, 능력 고취, 세력화 등 다양한 용어와 함께 사용되어 왔다. 임파워먼트 상담은 내담자가 자기 삶에 대한 통제력을 향상시키고 억압된 상태에서 벗어나 보다 주체적인 삶을 추구하도록 돕는 데 중점을 둔다. 그리고 내담자를 강점 중심으로 바라보며, 내담자 안팎에 존재하는 회복력과 자원을 신뢰하고 활용한다. 이는 궁극적으로 내담자가 자신의 삶을 결정할 권한과 힘을 부여받아 스스로 문제를 해결할 수 있도록 지원하는 것이다(서혜경 외, 2023).

클라크(Clark, 1989)에 따르면 임파워먼트의 철학적 토대는 숙고와 도덕적 반영의 과정, 개인적 과정, 정치적 행동과 사회적 과정, 균형과 독립으로 정의할 수 있다. 숙고와 도덕적 반영의 과정은 내담자가 자신의 삶을 성찰하며 의미를 발견하도록 돕고, 개인적 과정은 내담자의 자아를 강화하고 내적인 변화를 촉진할 수 있다. 또 정치적 행동과 사회적 과정은 사회적 불평등과 억압에 맞서는 집단적 행동까지 포함할 수도 있으며, 균형과 독립은 개인의 자율성과 사회적 관계 간의 균형을 유지하게 한다(서혜경 외, 2023). 임파워먼트 상담을 노인에게 적용할 때 상담자는 이러한 철학적 가치를 염두에 두고 노인의 관점에서 바라보고, 노인 당사자의 목소리를 잘 들을 수 있어야 한다. 또 노인이 상담서비스를 스스로 선택하여 참여하면서 통제할 수 있도록 하는 것이 중요하다.

임파워먼트 상담을 위한 주요 실천 요소로는 옹호, 자원 연계, 협력과 평가가 있다.

① 옹호

임파워먼트 상담은 내담자의 자기옹호를 촉진하며, 필요할 경우 부양자, 전문가, 시민단체와 협력하여 내담자를 대변하고 권익을 보호한다.

② 자원 연계

임파워먼트 상담에서는 비공식적 자원(자연적 자원)과 공식적 자원을 연결하여 내담자가 환경 속에 존재하는 기회를 최대한 활용하도록 돕는다.

③ 협력과 평가

상담과정에서 상담자와 내담자 간의 지속적인 협력 관계를 유지하면서 정보를 공유하고, 내담자의 변화에 대해 함께 평가할 수 있도록 한다.

2) 노인과 임파워먼트 상담

(1) 노인에 대한 임파워먼트 상담 적용의 필요성

노인상담에서 임파워먼트의 필요성은 개인적 차원, 사회적 차원으로 구분해 살펴볼 수 있다. 개인적 차원에서는 특히 노인의 부양 문제, 대인관계의 변화 등과 함께 임파워먼트 상담의 필요성을 논의하고, 사회적 차원에서는 사회정의적 측면에서 살펴보기로 한다.

① 개인적 차원에서의 임파워먼트 상담 필요성

노인상담에서 임파워먼트란 노인이 자신의 삶의 주체로서 노년기 삶을 스스로 통제할 수 있도록 돕는 과정이자 그 결과를 의미한다. 이는 노인이 의사결정과정에 직접 참여해 자신의 이익을 옹호하고, 자기 삶에 대한 결정권을 회복하도록 지원하는 것이다. 특히 노인 부양에 관한 의사결정과정에서 노인 당사자가 소외되지 않고 주체가 되어 자신의 삶에 대한 통제력을 강화하는 것을 목표로 한다. 노인의 부양문제해결 및 장기요양서비스 관련 욕구 충족을 위해서 노인이 원하는 바와 개별적 특성을 반영한 맞춤형 서비스를 선택할 수 있어야 한다는 점도 강조된다.

한편, 노인의 대인관계는 배우자나 친한 친구의 상실과 같은 생애 사건으로 인해 축소되기 쉽고, 때로는 의존적인 관계로 전락할 수도 있다. 특히 여성 노인은 남성 노인에 비해 소속에 대한 욕구가 강하며, 연계와 관계 형성, 집단과 공동체의 이익에 더욱 집착하는 경향이 있는데, 이는 여성 노인에 대한 임파워먼트의 필요성을 강조하는 배경이 된다. 노년기 대인관계를 통한 임파워먼트는 새로운 관계를 수립하고 과거의 관계를 재구조화하여 상호성과 호혜성을 강화하는 것을 의미한다. 이를 통해 노년기 삶에서 발생하는 다양한 도전에 대한 대처능력을 증진할 수 있기 때문이다.

② 사회적 차원에서의 임파워먼트 상담 필요성

노인은 사회에서 의존적이고 젊은 세대가 부양해야 하는 존재로 간주되어 연령차별의 대상이 되는 경우가 많다. 이러한 사회적 편견은 노인 자신에게도 영향을 미쳐 스스로 권리를 주장하지 못하는 사람으로 인식하게 만들기 쉽다. 따라서 사회정의적 관점에서 노인에 대한 임파워먼트 접근이 필요하다. 임파워먼트 접근을 통해 노인을 차별과 편견의 대상이 아닌 젊은 세대와 동등하게 성장하는 존재로 인식할 수 있는 사회적 이미지를 형성해야 하며, 그 과정에서 이를 방해하는 장애요인은 반드시 제거되어야 한다.

(2) 노인을 위한 임파워먼트 상담 실천과정

마일리 등(Miley et al., 1999)은 상담의 실천절차로 '대화, 발견, 발전'의 3단계를 제시하였다. 대화, 발견, 발전 3단계 절차는 상담자와 노인 간 협력을 통해 진행되며, 노인의 역량 강화와 자립적 삶 지원을 목표로 한다. 여기에서는 이를 준거틀로 하여 각 단계에서 노인 내담자와 상담자가 수행해야 할 역할 및 과제를 제시하고자 한다.

① 1단계: 대화

대화는 상담자와 노인이 협력적 파트너십을 개발하고, 이 파트너십을 기반으로 목표와 과제를 정의하는 과정을 포함한다. 이 단계에서는 초기 관여와 관계 형성이 중요하며, 노인의 경험과 역할을 존중하는 태도가 필수적이다.

초기 관여와 관계 형성에서 파트너십 관계는 주요 과제가 된다. 상담자와 노인은 평등한 관계를 전제로 하며, 문제해결을 위해 동등하게 기여하고 협력해야 한다. 성공적 관계 형성은 정기적이고 잦은 접촉을 통해 가능해진다.

또한 노인이 과거에 이룬 성공적 경험을 존중하며, 이 경험이 현재 상황에 반영될 수 있도록 돕는 데 초점을 맞추고, 노인이 자신의 역사를 명확히 이해해 현재 상황에 대입함으로써 스스로 해결책을 찾아갈 수 있도록 배려해야 한다.

② 2단계: 발견

발견 단계는 상담자와 노인이 변화 계획에 따라 자원을 사용하는 과정으로서, 임파워먼트 사정 및 자원의 획득이 중요하다. 임파워먼트 사정 시 부정적인 낙인을 사용하지 않아야 하고, 노인의 성공 경험을 평가하며 열정, 역량, 자신감 등 그동안 쉽게 드러나지 않았던 노인의 임파워먼트를 발견하려는 노력이 필요하다. 그리고 노인의 임파워먼트를 이끌어 내는 데 방해가 되는 내적 · 외적 장애물에 대해서도 면밀히 사정해야 한다.

자원 획득과정에서는 자연적 자원(비공식적 자원)에 대해 이해하고, 자원 획득 시 환경 내에 존재하는 다양한 기회를 고려해 연계해야 한다. 성공적인 연계에는 서비스 제공자 및 개별 기관의 속성, 네트워크 내 관계가 중요하게 작용한다.

③ 3단계: 발전

발전 단계에서는 상담자와 노인이 대인 간, 시설 간 자원을 활성화하고, 다른 사람과 체계 사이의 연결을 형성하며, 사회를 위해 자원을 분배할 수 있는 새로운 기회를 창출한다. 이 과정에서는 옹호, 지속적인 협력, 그리고 종결에 대해 살펴볼 필요가 있다.

옹호 활동은 활성화되지 않은 자원의 활성화나 노인의 권익보호를 위해 필요하다. 노인의 자기옹호는 자기주장의 기회를 제공하는 것이고, 부양자에 의한 옹호는 비슷한 처지에 있는 부양제공자들의 조직을 만들어 노인의 권리를 옹호할 수 있게 지원하는 활동이다. 전문가에 의한 옹호는 전문가들이 팀을 이루어 노인문제를 해결하며, 지역사회에서 옹호가 필요할 때 설득 등의 행동을 통해 지원하는 것이다. 시민단체에 의한 옹호는 약자 보호 행동의 필요성을 알리거나 옹호활동의 중요성을 환기해 적극적으로 활동하도록 하는 데 효과가 있다.

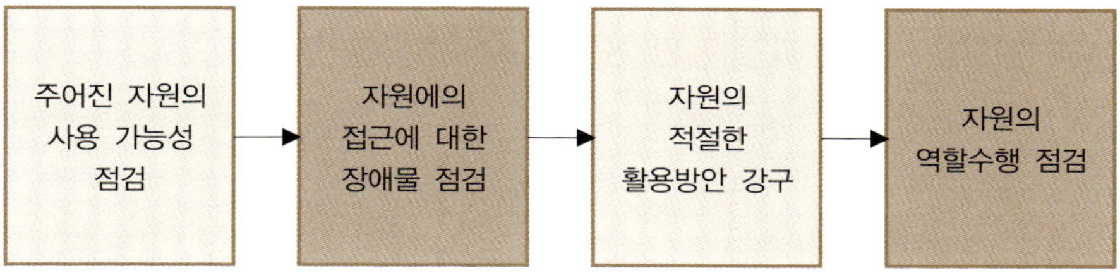

[그림 3-1] 옹호의 단계

출처: Fast & Chapin (2000); 서혜경 · 정순둘 · 최광현 (2023)에서 재인용.

지속적인 협력은 상담자와 노인 간 합의와 역할을 꾸준히 유지하는 것을 의미한다. 상담자와 노인은 힘과 통제를 공유하며, 신뢰를 바탕으로 협력관계를 발전시켜야 한다. 정보는 노인에게도 공유되어야 하는데, 특히 조사연구 결과를 공지하고 관련 정보를 교환하는 것은 협력관계 유지에 긍정적으로 작용한다.

종결 단계에서는 일반적으로 서비스 보호 계획의 영향을 평가하고, 서비스 지속 여부, 다른 계획을 통한 서비스 제공 여부 등을 결정한다. 임파워먼트 상담모델에서는 임파워먼트가 과정이자 결과이기 때문에 실천활동에 대한 평가가 쉽지 않다. 또 종결 후에 노인이 서비스 과정에서 맡았던 역할과는 다른 역할을 자신의 삶 속에서 지속적으로 수행하는 것이 중요하지만, 이 역시 노력이 필요하다. 따라서 상담 초기부터 상담자는 노인과 함께 실천과정의 효과를 과학적으로 평가할 수 있는 전략을 마련하고, 전략의 방향을 지속적으로 모니터링해야 한다.

5. 통합적 접근

노인상담에 있어서 통합적 접근은 다양한 상담 이론과 기법을 융합하여 노인 개개인의 복합적인 문제와 욕구를 효과적으로 다루는 방법이라고 이해할 수 있다. 이는 특정 이론에 국한되지 않고, 각 노인의 상황과 특성에 맞춰 다양한 이론적 관점과 기법을 조합하여 맞춤형 상담을 제공하는 데 용이하다. 따라서 상담자는 정신분석적 상담, 행동주의 상담, 인본주의 상담, 가족상담뿐만 아니라 놀이치료, 미술치료, 실존주의 상담 등 여러 상담 모델이 활용하는 방법과 개념을 통합적으로 활용하며 노인상담을 진행하게 된다(서혜경 외, 2023).

통합적 접근방식은 노인 내담자가 겪는 문제에 대해 다양한 접근이 필요하다는 전제에서 출발한다. 노인의 문제는 개인적, 가족적, 사회적 요인이 복합적으로 작용하므로, 상담자는 이처럼 다차원적인 노인의 문제를 효과적으로 해결하기 위해 가장 적합하다고 판단되는 상담모델과 방법을 선택하여 적용한다. 또한 통합적 접근을 실천하는 상담자들은 서로 다른 상담 개념을 유연하게 응용하고 조합하여 사용하기도 한다. 이를 위해 의료, 사회복지, 심리 등 다양한 분야의 전문가들이 협력해 노인에게 종합적인 서비스를 제공하면서 노인의 복잡한 문제를 해결하기 위해 다각도로 접근한다.

통합적 접근방식에서 상담자들이 목표를 설정할 때는 연령이나 세대와 상관없이 공통되는 방식을 취할 수 있지만, 그에 더해 반드시 노인 집단 및 개인의 특성을 반영해야 한다. 즉, 노년에 대한 일반적인 이해는 물론 노인 개개인의 독특성을 반드시 고려하는 상담 목표를 수립하는 것이 중요하다. 예를 들어 노화나 죽음에 직면한 상황에서 상담을 해야 하는 경우 상담자는 노년기에 공통되는 상황뿐 아니라 현재 마주하고 있는 노인 내담자의 심리적 · 정서적 필요를 반영한 목표를 설정해야 한다.

참고문헌

권중돈 (2019). **노인복지론**. 학지사.

김희수, 홍성훈, 이은숙 (2009). **노인상담의 이해**. 양서원.

서혜경, 정순둘, 최광현 (2013). **노인상담**. 학지사.

성정현, 김예성, 김희주, 장연진, 좌현숙, 최승희 (2020). **사회복지실천기술론**. 신정.

장수미, 최정숙, 박형원, 김주현, 홍현미라, 이해경, 이영선 (2024). **사회복지실천기술론**. 학지사.

엄명룡, 노충래, 김용석 (2020). **사회복지실천기술의 이해**. 학지사.

Perls, F. S. (1969). *Gestalt therapy verbatim*. Lafayette, CA: Real People.

Chapter 04

노인상담의 기법과 기술

Counseling Older Adults

CHAPTER

04 노인상담의 기법과 기술

1. 경청하기

지그문트 프로이트(Sigmund Freud, 1856~1939)는 내담자의 삶의 이야기를 경청하는 형태로 마음의 회복을 돕는 심리치료를 시작하였다. 그 이래로 공감과 수용을 바탕으로 하는 적극적인 경청은 상담의 가장 핵심적인 기본기술로 언급되었다.

경청은 내담자가 자신의 경험을 충분히 이야기할 수 있도록 한다. 어떤 상황에서 특정한 행동이 나오는지, 그때의 생각과 감정에 대해서 이야기하면서, 내담자로 하여금 자신을 돌아볼 수 있도록 기회를 제공한다. 이러한 성찰은 삶에 대한 통찰을 가져오고, 새로운 변화를 촉진할 수 있도록 하는 계기가 된다.

1) 경청의 주요 내용

(1) 경청의 본질

경청의 본질은 메시지에 집중하는 것이다. 학생들과 상담해 보면 사회복지 지원활동에서 자신의 강점이 '경청'이라고 하는 경우가 많다. 그러나 단순히 잘 듣는 것을 넘어, 경청의 의미를 더 자세히 살펴볼 필요가 있다. 경청은 단순히 듣는 것이 아니라 '메시지'에 집중하는 것을 의미하며, 상대방이 나에게 알려주고자 하는 메시지가 무엇인지를 파악하는 것이다. 이러한 경청은 공감, 요약 등과 통합적으로 사용된다. 경청은 상대방의 메시지를 정확히 파악하는 것이며, 단순히 듣는 것 이상으로 집중을 요구한다.

(2) 경청의 효과

① 라포 형성

진정한 경청은 관계 형성에 중요하며, 상대방에게 관심과 공감을 표현하는 효과적인 방법이다. 사회복지사는 내담자인 클라이언트와 상담할 때 자신의 언어적인 메시지와 비언어적인 메시지를 일치시키는 자세로 클라이언트의 신뢰를 얻어야 한다.

② 문제해결에 도움이 됨

상담에서 경청은 내담자의 에너지 소모를 줄이고, 문제해결에 도움을 준다. 도움이 필요한 클라이언트를 엄격하게 선별하던 과거에 비해 사회복지가 보편화되고 일상화된 사회에서는 경청만으로도 문제가 해결될 가능성이 높다. 경청은 클라이언트가 사회복지사와 대화하면서 일상생활에서 다양하게 겪는 어려움을 머릿속으로 정리하고, 편안한 감정 상태에서 문제해결의 대안을 탐색하도록 하는 데 매우 효과적이다.

③ 감정표출을 촉진함

일상생활의 어려움을 가진 사람들에게 사회복지사의 역할은 단순히 문제해결뿐 아니라 이야기를 들어주는 것만으로도 큰 위안을 줄 수 있다. 클라이언트는 사회복지사가 타인의 이야기를 비판 없이 경청하는 자세를 보여주면 존중받고 있다고 느낀다. 이러한 상황에서는 그동안 표현하지 못했던 억눌린 감정을 표출하기 쉽다. 부정적 감정의 경우 친밀한 관계에서조차 숨기는 감정이 있으며, 상담자는 이를 대신 표출해줄 수 있는 존재이다. 이러한 감정표출은 클라이언트로 하여금 묵은 체증이 내려가는, 소위 '사이다 효과'를 제공한다. 억지로 울음과 같은 격렬한 감정표출을 유발하지 않더라도 감정표현을 통해 후련함을 느낄 수 있도록 돕는 것이 중요하다. 당장 그 문제가 해결되지 않아도 누군가 내 이야기를 잘 들어주고 있다는 것만으로 마음이 편해질 수 있다.

(3) 경청의 자세

① 비심판적 태도

상담자는 판단하거나 평가하지 않고 개인의 이야기를 있는 그대로 경청하는 자세가 중요하다. 클라이언트는 자신의 어려움을 상담하는 과정에서 그냥 자신을 알아주길 바라는 욕구를 가진다. 외부로 보여지는 모습인 표면적인 언어적 표현뿐 아니라 내포된 의미까지 이해하는 능력이 중요하다. 직설적으로 이야기하는 언어적인 표현과 동시에 숙련되지 않은 상담자는 의도치 않게 비교나 평가를 할 수 있으므로, 전문적인 상담기술과 경험이 필요하다.

② 문화적 고려

경청과 관찰은 단순히 듣고 보는 것을 넘어 비언어적 정보 수집을 포함한다. 특정 주제에 대한 접근방식은 지역 문화에 따라 다르며, 직접적인 언급 또는 간접적인 언급 등 다양한 방식이 존재한다. 소통과정에서 상대방의 반응과 문화적 배경을 고려하는 것이 중요하다. 예를 들어 특정 주제에 대해 바로 본론으로 들어가는 경향이 있는 지역과, 하고자 하는 말을 에둘러 간접적으로 표현하는 지역에서의 상담은 다르게 이루어져야 한다. 이러한 지역적 특성을 이해할 때 클라이언트는 사회복지사가 자신을 더 잘 이해하고 있다고 판단한다.

③ 경청과 관계 형성

시선과 자세는 상대방의 집중도를 나타낸다. 앞으로 기울인 몸과 또렷한 눈빛은 관심과 흥미를 보여주는 신호이다. 경청은 문제해결보다 우선한다. 상대방의 말에 집중하고 끄덕이거나 격려하는 태도는 상대방에게 긍정적인 영향을 준다. 일부 사회복지사는 문제해결에 집중하는 경향이 있지만, 경청을 통해 상호작용을 개선할 수 있다.

④ 경청을 위한 노력

초보 사회복지사들이 많이 하는 실수가 클라이언트와 상담할 때 다음에 무슨 질문을 해야 하는지를 생각하는 것이다. 그럴 경우 앞에서 무슨 이야기를 하고 있는지 놓치기 쉽다. 이때 정말 중요하게 생각되는 메시지를 놓칠 수 있으며, 클라이언트가 두 번 세 번 이야기하게 만드는 오류를 범할 수 있다. 경청은 클라이언트를 덜 귀찮게 하기 위한 방법이라고도 볼 수 있다.

2) 주의할 점

경청은 단순히 언어적인 메시지만 살피는 것은 아니다. 관찰하기와 함께 비언어적인 메시지와 언어적 메시지를 통합하여 중요한 정보를 파악하는 것이다. 상담자는 경청을 위해 끊임없는 훈련이 필요하다.

2. 관찰하기

관찰하기는 내담자를 이해하는 데 도움이 되는 다양한 비언어적 메시지에 주의를 기울여 자세히 살펴보는 상담기술이다(천성문 외, 2022). 관찰하기는 적극적인 의도를 가지고 내담자의 다양한 메시지를 주의 깊게 살펴보는 것이다. 일상생활에서 우리는 무엇을 관찰해야 할지 모를 때 많은 정보를 놓치게 된다. 때문에 내담자가 보여주는 중요한 정보를 놓치지 않기 위해서는 목적을 가지고 잘 관찰해야 한다.

1) 관찰의 주요 내용

(1) 관찰의 효과

말보다 신체언어가 더 직관적이며, 적절한 반응을 통해 감정표현을 유도할 수 있다. 상담과정에서 나타나는 모든 감각적 반응(피부 감각, 소름 등)을 활용하여 내담자의 심리 상태를 정확히 파악할 수 있다.

(2) 관찰하기의 주요 내용

사회복지사는 어떤 부분을 관찰해야 하는지 몰라 어려움을 겪기도 한다. 관찰은 상담자의 눈과 귀, 코 등의 여러 감각기관을 동원하게 되고, 외형적 모습이나 태도와 행동, 시선 접촉 등을 관찰하게 된다. 관찰하기의 주요 내용을 정리하면 〈표 4-1〉과 같다.

〈표 4-1〉 관찰하기의 주요 내용

구분	주요 내용
외형적 모습	• 체형과 체격, 외모, 머리 모양, 옷차림
위생상태	• 머리와 얼굴, 옷차림 등의 청결 상태 및 체취
신체감각 수용	• 시각/청각 상태, 신체기능의 저하/마비, 감각소실
태도	• 협조적, 우호적, 성실, 복종적, 순응적, 반항적, 거부적, 당당함, 거만함, 귀찮아하는, 지루해하는, 공격적, 먼저 나서는, 아는 체 하는, 요구적, 쉽게 포기함, 성의 없음 등의 태도와 특이한 자세
행동	• 경직된, 부산함, 움직임이 느린/빠른, 과격한, 다리를 떠는, 반복되는 움직임, 콧노래/노래 흥얼거림 등의 주요한 행동
시선 접촉	• 자연스러운, 올려다봄, 내려다봄, 뚫어지게 응시함
표정	• 어색한, 경직된, 어두움, 찡그림, 무표정, 미소, 자주 웃는, 자주 우는, 얼굴이 붉어짐, 땀이 남, 표정의 잦은 변화
말의 속도와 높낮이	• 말의 속도가 느린/빠른/적당한 • 목소리의 크기가 적당한/큰/매우 큰/속삭이는/작은 • 높낮이의 변화가 거의 없는/적당한/감정적/과장된
말의 유형 및 내용	• 질문에 적절하게 답함, 이해할 수 없는 말, 인과관계에 맞지 않는 표현, 주제 전환의 어려움, 잦은 부연 설명, 자신의 말에 대한 확인 등의 주요 언어 유형 • 반복적으로 자주 하는 말

표현양식	• 유창함, 수다스러움, 중언부언함, 망설임, 비자발적, 어눌함, 웅얼거림, 남의 이야기하듯, 연극하듯, 설명, 훈계, 영어/사자성어를 섞음, 쏟아내듯 등의 주요 표현양식
사고	• 망상, 몰두, 건강염려, 공포, 혐오, 과잉가치
정서	• 언어와 정서의 일치/불일치 여부 • 적절한 정서표현 가능 여부(과장/축소 포함) • 우울, 불안, 긴장, 초조, 분노, 억울, 슬픔, 비애, 공허감, 죄책감, 소외감, 행복감, 다행감
기억, 환각	• 장기/단기기억, 기억착오, 기억상실 • 환시, 환청, 환촉, 이인화, 착각
의식, 주의집중	• 지남력, 의식 혼미, 섬망, 혼수 • 산만, 충동적, 선택적 주의, 과경계, 자극 추구, 주의전환 곤란

출처: 천성문 외 (2022). pp.30-31.

① 외형적 모습

외형적 모습은 건강에 관한 단서, 사회적 지위, 경제적 상황, 방임과 같은 문제 상황 등을 이해하는 데 중요한 정보를 준다. 예를 들어 체형과 체격이 지나치게 작은 경우는 성장기의 빈곤이나 장애 등을 설명하는 힌트일 수 있다. 또한 겨울에 여름옷을 입고 있는 경우에는 방임 또는 자기방임을 의심해볼 수 있다.

② 위생상태

클라이언트의 위생상태는 방임과 같은 문제 상황이나 대인관계, 경제적 상황 등을 이해하는 데 중요한 정보를 준다. 예를 들어 오래 씻지 않아 머리와 옷에서 냄새가 나거나 더러워진 경우는 방임이나 경제적 결핍 상황일 수 있다. 위생상태가 좋지 않을 경우 다른 노인들에게 불쾌감을 주기 때문에 대인관계에 어려움이 있을 가능성이 있다.

③ 신체감각 수용

신체감각 수용에서는 시각/청각의 상태나 신체기능과 감각에 문제가 있는지를 관찰할 수 있다. 예를 들어 눈이 잘 보이지 않는 경우 인테이크 기록지에 기초적인 정보를 직접 기입하는 형태가 아니라 사회복지사가 문항을 읽어주고 해당 정보를 음성으로 받는 것이 효과적일 수 있다. 또한 청각기능에 문제가 있어 사회복지사의 상담을 듣지 못하고 그저 고개만 끄덕이는지 등을 관찰한다면 수어와 같은 다른 대체언어를 사용하거나, 필담을 사용하여 상담을 진행해야 한다.

④ 태도

클라이언트가 사회복지사에게 보여주는 태도는 많은 정보를 제공한다. 예를 들어 클라이언트가 상담을 제공하는 사회복지사에게 거부적인 태도를 보일 경우, 기존에 도움을 제공했던 전문가와의 관계에 문제가 있었음을 알려주는 힌트일 수 있다. 또한 지나치게 복종적이거나 순응적일 경우 일상생활에서 자기결정에 어려움을 겪고 있을 가능성을 열어두고 살펴본다.

⑤ 행동

클라이언트의 상담과정에서 방해가 되는 행동을 중심으로 관찰할 수 있다. 예를 들어 상담을 진행하는 과정에서 특정 주제에 대해 언급할 때에만 다리를 떤다면 그 주제가 클라이언트의 마음을 불편하게 하는 핵심 주제일 수 있다. 또한 노인이 혼자 있을 때와 다르게 다른 가족과 함께 있을 때 유달리 경직된다면 평소의 관계에 대해 유추해 볼 수 있다.

⑥ 시선접촉

사람은 각기 시선을 접촉하는 데 있어 심리적으로 편한 거리가 있다. 심적으로 가까운 사람이라면 그 거리는 가까워지지만, 공식적인 관계에서는 일반적으로 사적인 관계에 비해 조금 더 안전한 거리를 찾기 위해 일정 정도의 거리를 둔다. 노인을 상담하는 데 있어 시선 접촉은 세대의 문화를 고려하여 이해해야 한다. 노인 세대의 경우 자연스럽게 눈을 마주치며 대화를 하는 것에 익숙하지 않을 수 있다. 그러나 뚫어지게 사회복지사를 응시하는 경우에는 의도를 가진 시선 접촉일 수 있기 때문에 이에 대해 주의 깊게 살펴보고 클라이언트에게 이유를 물어보는 것이 적절하다.

⑦ 표정

표정은 비언어적 메시지의 중요한 부분으로, 내담자의 정서와 심리를 파악하는 데 도움을 준다. 내담자의 평소 표정과 그 변화를 비교하여 상태를 파악할 필요가 있다. 표정은 내담자의 정서 상태를 반영하는데, 예를 들어 시선을 피하거나 눈을 마주치지 않는 경우는 무언가 꺼리는 것이 있거나 불안감이 드러나는 것일 수 있다. 반대로 눈을 바라보며 적극적인 표정을 보이는 경우는 상담에 대한 열린 마음 또는 관심을 표현하는 것으로 이해할 수 있다. 표정은 내담자가 언어로 표현하지 않는 정보를 전달하는 힌트가 될 수 있으며, 내담자의 표정을 통해 말과 정서가 일치하는지도 확인할 수 있다. 예를 들어 말로는 괜찮다고 하면서 표정이 어두운 경우에는 추가적인 질문이 필요할 수 있다.

⑧ 말의 속도와 높낮이

말의 속도는 내담자가 특정한 주제에 대해 어떠한 감정을 느끼고 있는

지 파악하는 데 효과적이다. 말이 빨라지는 경우 내담자가 해당 주제에 대해 흥미를 느끼거나 흥분했을 가능성이 있으며, 말이 느려지는 경우에는 생각을 정리하거나 신중하게 표현하려는 의도의 반영일 수 있다. 또한 상담이 길어지는 것에 대한 피로감이나 우울감을 나타낼 수도 있으므로 세심한 관찰이 필요하다. 또한 목소리가 높아지는 경우는 감정적으로 격해졌거나 긴장했을 가능성이 있으며, 목소리가 낮아지는 경우는 침착하거나 차분한 상태를 나타낼 수도 있으나 자신감 부족이나 위축되었을 가능성도 생각해볼 수 있다.

⑨ 말의 유형 및 내용

질문에 대해 엉뚱한 방향으로 대답하거나 본질에서 벗어난 대답을 하는 경우에는 내담자가 상담자의 질문 의도를 이해하지 못했을 가능성이 높다. 혹은 질문이 너무 어려워 내담자가 답변을 하기 어려울 수 있으므로 질문을 이해하기 쉬운 용어로 다시 표현할 필요가 있다. 내담자가 문맥에 맞지 않거나 논리적으로 연결되지 않는 말을 사용하는 경우도 있다. 내담자가 특정한 상황을 왜곡해서 인식하거나 자신의 경험을 제대로 설명하기 어려운 상태일 수 있으므로 면밀한 관찰이 필요하다.

⑩ 표현양식

말을 매끄럽게 이어나가는 경우 내담자가 자신의 생각을 잘 정리하고 표현할 수 있는 상태임을 의미한다. 그러나 지나치게 많은 이야기를 하여 대화의 초점이 흐려지는 경우 내담자의 불안이 드러나는 상태이거나 주제에 대해 회피하려는 의도가 있을 수 있다. 상담자가 자신의 말을 이해하지 못할까봐 걱정하는 경우 불필요한 설명을 덧붙이거나 동일한 내용을 반복하는 모습이 보이기도 한다.

⑪ 사고

내담자가 망상, 몰두, 건강염려, 공포, 혐오, 과잉가치와 같은 잘못된 사고를 가지고 있을 수 있다. 망상은 현실과 동떨어진 믿음을 가지고 있는 것으로 누군가 자신을 해치려 한다는 생각을 하는 경우가 대표적이다. 몰두의 경우 지나치게 한 가지 생각에 빠져 일상생활에 지장을 줄 때 문제가 된다. 또한 지나치게 자신의 건강에 대해 걱정하는 건강염려나 비합리적으로 특정 상황이나 대상에 과도하게 두려움을 느끼기도 한다. 특정 대상에 강한 거부감이나 불쾌감을 느끼거나, 특정 규칙이나 도덕적 신념, 가치 등을 절대적으로 생각하고 유연한 사고를 하지 못하는 경우도 있다.

⑫ 정서

내담자의 언어와 정서가 일치하는지 관찰하는 것은 매우 중요하다. 노인들이 "괜찮다"고 말하더라도 말과는 다르게 표정이 어둡거나 목소리가 떨리는 것을 관찰할 수 있는데 자신의 감정을 숨기거나 부인하려는 모습으로 이해될 수 있다. 또한 적절한 정서표현을 하지 못하고 과장하거나 축소하는 경향이 있다. 분노를 과도하게 표현하거나 슬픈 상황에서 이를 전혀 드러내지 않는 모습을 보이기도 한다. 주로 표현하는 정서는 부정적 정서로서 우울, 불안, 분노, 슬픔/비애, 공허감, 죄책감, 소외감 등이 있으며 긍정적인 정서로는 행복감이나 다행감이 있다.

⑬ 기억, 환각

기억에는 오랫동안 저장되어 있던 장기기억, 짧은 시간 유지되는 단기

기억이 있다. 기억은 내담자가 가지고 있는 매우 중요한 정보이지만 이를 맹신하지 않도록 주의해야 한다. 사람의 기억에는 왜곡이나 잘못된 기억이 있을 수 있으며, 불리한 정보에 대해 선택적으로 기억하는 경우도 있다. 환각의 경우 일반적으로 나타나기보다 주로 조현병이나 파킨슨병과 같은 질병의 증상으로 나타날 수 있으며, 실제로 존재하지 않는 것을 보거나 존재하지 않는 소리를 듣는 등의 증상을 보일 경우 정신건강 전문가와 상의한다.

⑭ 의식, 주의집중

지남력 저하는 초기치매나 경도인지장애에서 흔히 나타나며, 시간이나 장소, 사람 등에 대한 인지능력이 떨어지는 것을 의미한다. 외부 자극에 대한 반응이 감소하는 형태로 의식이 흐려지고 행동이 느려지는 것으로 드러나는 의식 혼미가 나타날 경우 저혈당이나 뇌졸중과 같은 신체적 질환과 관련되어 있을 수 있으므로 주의 깊게 살펴보아야 한다.

또한 산만하거나 충동적 행동은 ADHD(주의력결핍 과잉행동장애)나 불안장애에서 흔히 나타날 수 있으며, 선택적 주의로 인해 특정 자극에만 집중하는 경우에는 중요한 정보를 놓칠 수도 있다. 주변 환경에 과하게 긴장하는 과경계나 강렬한 감각적 경험만을 추구하는 자극 추구, 한 가지 과제에서 다른 과제로 주의를 전환하기 어려운 주의전환 곤란 등을 관찰할 필요가 있다.

2) 주의할 점

비언어적 요소를 관찰하여 얻은 정보는 확실하지 않으며, 관찰자인 사회복지사의 주관적 관점에 의해 왜곡될 가능성이 있음을 항상 염두에 두어야 한다. 사회복지사는 클라이언트가 주는 비언어적 정보를 이해할 때 자신이 경험한 과거의 도식을 활용하거나, 기존의 편견이나 사회적인 낙인 등을 무의식적으로 투영할 수 있기 때문이다. 비언어적 행동에 대해 관찰하고 얻은 정보에 대해서는 클라이언트에게 확인하는 과정을 거칠 필요가 있다.

관찰하기를 통해 사회복지사의 능력과 권한의 범위를 넘어서는 클라이언트의 문제행동이나 정신건강상의 문제 발생 시 한계를 인정해야 한다. 상담을 통해 모든 문제를 해결하거나 상황이 나아지게 할 수는 없다. 예를 들어 망상이 있거나 환시 · 환청의 문제가 있을 경우, 높은 우울감으로 치료가 필요한 정도일 경우에는 정신건강과 관련된 훈련을 받은 사회복지사가 아닐 경우 적절한 상담을 제공하기 어렵다. 이 경우 적정한 자격을 가진 사람에게 연계 및 의뢰하는 과정이 필요하다.

3. 질문하기

질문하기는 내담자의 단순한 정보에서부터 내면의 감정까지 파악하는 기술로 알고 싶은 내용에 대해 묻는 상담기술이다. 상담과정에서 상담자와 내담자는 끊임없이 상호작용을 하게 되는데, 이 과정에서 상담자는 질문을 통해 내담자의 정보를 파악하고 적정한 문제해결 및 욕구충족 방법을 탐색할 수 있다.

1) 질문하기의 주요 내용

(1) 질문하기의 목적

질문은 정보수집, 명확성 제공, 감정표현 유도, 상담의 초점 설정 등에 활용된다. 정보수집은 내담자의 생각, 감정, 행동, 경험 등을 탐색하여 필요한 정보를 얻는 것이다. 내담자가 모호하게 표현한 내용을 명확히 하고 상담자가 이해한 내용을 확인하며, 내담자가 자신의 감정을 명료하게 표현할 수 있도록 돕는다. 또한 상담의 주요 주제를 확인하고, 핵심문제에 대해 상담의 초점을 맞출 수 있도록 돕는다.

(2) 질문의 종류

① 개방형 질문

개방형 질문은 내담자가 자유롭게 자신의 이야기를 풀어놓을 수 있도록 유도하는 방법으로, 풍부한 정보를 얻고 내담자의 감정을 깊이 탐색할 때 유용하다. 일반적으로 처음 상담을 시작할 때 "어떤 이야기를 나누고 싶으세요?"와 같은 질문으로 시작하여 내담자가 필요로 하는 상담의 내용을 이야기할 수 있도록 유도한다. 개방형 질문은 내담자가 자신의 상황에 대해 더욱 생각하게 하고 스스로에 대한 성찰을 돕는다. 예를 들어 "그 사건이 일어났을 때 어떤 기분이 들었는지 제가 알 수 있을까요?"와 같은 질문은 내담자가 특정 상황에 대한 감정을 떠올리게 하여 구체화할 수 있도록 돕는다.

② 폐쇄형 질문

폐쇄형 질문은 일반적으로 개방형 질문에 비해 덜 바람직한 질문으로 간주된다. 그러나 폐쇄형 질문도 필요한 경우에 적절히 사용한다면 효과적일 수 있다. 폐쇄형 질문은 그 답이 "예/아니오"로 나타나는 것으로 주로 간단한 정보를 구체적이고 확정적으로 얻을 때 적합하다. 상담에 처음 온 노인인 경우, 신체적인 어려움이나 문해력에 어려움이 있어 글자를 읽거나 쓰지 못하는 경우 "혹시 눈이 잘 보이지 않으시면 제가 도와드릴까요?"와 같은 질문을 할 수 있다. 또한 상담자가 내담자의 말을 잘 이해했는지 확인할 때 활용할 수 있는데, "지금 제가 이해한 내용이 맞나요?"와 같이 확인할 수 있다. 무엇보다 위급한 상황에 처했을 때 "지금 칼 같은 물건이 옆에 있나요?"와 같이 위험요인을 확인함으로써 내담자의 상황을 빠르게 파악할 수 있다.

2) 주의할 점

상담에 익숙하지 않은 신입사회복지사의 경우 상담을 진행할 때 다음에 무슨 질문을 할지를 생각하느라 내담자에게 집중하지 못하는 경우가 있다. 질문은 내담자를 이해하기 위한 수단으로 사용되는 것으로, 경청이 질문보다 우선이다. 지나치게 길거나 많은 질문은 내담자가 심리적으로 부담을 느낄 수 있으므로 내담자가 편안한 마음으로 이야기할 수 있도록 노력해야 한다.

무엇보다 중요한 것은 이야기의 초점이 상담자(사회복지사)가 아니라 내담자(클라이언트)라는 것을 기억하는 것이다. 사회복지사가 상담을 원활히 이끌어 가는 것이 아니라 내담자가 자신의 이야기를 잘 할 수 있도록 하고, 사회복지사는 이를 돕는 사람이라는 것을 잊지 않아야 한다.

질문의 형태를 띤 비난이나 추궁을 주의해야 한다. 예를 들어 "왜 그러셨어요?"와 같은 질문은 "왜"라는 단어에서 내담자가 스스로 잘못한 것처럼 느끼게 할 수 있다.

4. 재진술

재진술은 내담자가 한 말의 의미나 내용을 반복함으로써 내담자가 자신의 생각과 감정을 더욱 명확히 이해하도록 돕는 기술이다. 재진술을 통해 내담자가 한 말을 경청하고 이해하고 있음을 전달하면서 핵심내용을 확인한다. 많은 경우 노인 내담자는 상담받고자 하는 내용을 논리적이고 간결하게 이야기하는 데 어려움을 겪는 경우가 많다. 때문에 내담자는 이야기를 하면서도 자신의 감정이나 생각이 정리되지 않을 수 있는데, 이를 상담자가 다시 확인해 주어 명확하게 할 수 있다.

1) 재진술의 주요 내용

(1) 재진술의 방법

재진술은 내담자의 말을 그대로 따라함으로써 친밀감과 신뢰감을 줄 수 있다. 사투리나 주로 사용하는 특정 단어를 그대로 사용할 수 있는데, "제가 아들 때문에 속이 문드러졌어요(마음이 무척 속상하다는 뜻).”라는 내담자의 말에 상담자가 “아들 때문에 속이 문드러지셨군요.”로 확인하며 공감할 수 있다.

내담자의 의도를 명확히 파악하고 오해를 방지하는 데 사용하는 방식으로, “제가 이해한 게 맞을까요?”라는 질문으로 상담자가 내담자의 말을 제대로 이해하고 있는지를 확인할 수 있다.

재진술은 내담자의 감정을 반영하는 데에도 사용되는 데 “지금 말씀하시면서 굉장히 괴로워 보이셨는데, 제가 느낀 게 맞을까요?”라는 형태로 확인할 수 있다.

대화가 산만해질 경우 재진술을 통해 초점을 다시 맞출 수 있다. 예를 들어 며느리와 손자녀 돌봄방식에 대해 갈등이 있는 노인을 상담하고 있는데, 그 이야기와 상관없는 이야기로 초점이 흐려진다면 “조금 전에 며느님과 아이돌봄 갈등에 대해 말씀하셨는데, 그 부분을 좀 더 이야기해 주실 수 있을까요?”와 같이 표현하여 중심 주제로 초점을 맞출 수 있다.

2) 주의할 점

상담자가 상담과정에서 내담자에게 집중을 하기 어려운 상황이 발생할 수 있다. 이 경우에는 이를 솔직히 인정하고 다시 물어보는 것이 중요하다. “제가 잠깐 앞 이야기를 놓쳤는데요, 다시 한번 말씀해 주시겠어요?”와 같은 형태로 내담자의 기분을 상하지 않게 하면서도 놓친 내용을 다시 확인할 수 있도록 한다. 그러나 여러 번 요청을 하게 될 경우 내담자는 상담자가 자신에게 관심이 없거나 집중하지 않는 것에 대해 신뢰를 잃을 수 있으므로 내담자의 말에 집중하도록 노력한다.

상담자는 내담자의 발언이 객관적인 사실인지 주관적인 의견인지를 구분하여 접근해야 하며, 상담자의 해석을 최대한 배제하고 내담자의 원래 발언에 충실할 수 있도록 할 필요가 있다.

5. 즉시성

즉시성은 내담자가 현재에 초점을 맞추어 이야기할 수 있도록 돕는 기술로서 '지금-여기에서'를 강조하는 기술이다. 과거의 경험이나 미래의 계획보다는 현재의 상태에 집중함으로써 내담자가 자신의 감정을 명확하게 이해하고 표현할 수 있도록 돕는다.

1) 즉시성의 주요 내용

(1) 즉시성의 목적

즉시성은 내담자가 현재 느끼는 감정이나 생각을 명확히 할 수 있도록 함으로써 내담자가 과거 경험에 매몰되어 현재 상황을 인식하지 못할 때 현재 시점으로 돌아올 수 있도록 돕는다. 특히 노인 내담자의 경우 동일한 과거의 이야기를 반복하면서 문제의 해결을 지연시키는 경우가 있는데, 즉시성을 활용하여 초점을 명확히 하고 단순화할 수 있다. 내담자가 자신의 현재 감정을 명확히 알지 못할 때 이를 이해하도록 도울 수 있다.

(2) 즉시성의 방법

내담자가 현재 보이는 반응에 대해서 "제가 보니 ㅇㅇ님이 마음이 많이 편해진 것 같아요. 요즘 기분이 어떠세요?"와 같은 형태로 과거의 상황이 아닌 현재 보여지는 모습을 내담자에게 진솔하게 이야기할 수 있다. 또한 "지금 이 순간 저와 이야기하면서 어떤 느낌이 드세요?"와 같은 질문을 통해 사회복지사와의 관계를 점검할 수 있다.

2) 주의할 점

즉시성은 내담자의 이야기를 충분히 듣고 나서 적용해야 하며, 너무 이른 개입은 내담자의 거부감을 초래할 수 있다. 지금-현재 상담 상황에서의 내담자의 상태를 확인하여, 내담자가 이야기를 하는 데 방해가 되지 않도록 주의해야 한다. 횟수의 경우에도 "지금은 어떠세요?"라는 질문이 반복되면 다그치는 느낌을 줄 수 있기 때문에 주의가 필요하다.

상담자가 즉시성을 활용하여 내담자에게 반응을 할 때는 자신의 말이 통제된 것인지를 검토해야 한다. 무의식적으로 반응하는 경우 상담과정에서 불필요하거나 오해를 불러일으키거나 심각할 경우 신뢰관계를 해칠 수 있다. 상담자가 느끼거나 생각한 것을 솔직하게 표현하면서도 내담자가 왜곡된 감정을 불러일으키지 않도록 평소에도 훈련이 필요하다.

6. 자기개방

자기개방은 상담자의 정보를 내담자에게 공개하는 것으로, 내담자가 상담자를 신뢰하지 못하거나 거리감을 느낄 때 효과적으로 사용할 수 있다. 상담과정에서 상담자는 자신의 경험이나 느낌, 생각 등을 내담자에게 공개할 수 있다. 내담자가 자신의 이야기를 어떻게 해야 할지 어려워하거나 상담자가 자신을 이해할 수 없을 것이라는 생각을 가질 때 사용한다.

1) 자기개방의 주요 내용

(1) 자기개방방법

노인을 상담할 경우 많은 사회복지사가 연령대가 내담자에 비해 낮다. 때문에 젊은 사람이 무슨 상담을 할 수 있을지에 대해서 내담자가 의문을 표할 수 있다. 이 경우 상담자는 학력, 경력, 자격증 등의 전문성을 드러낼 수 있는 정보를 공개함으로써 내담자를 상담할 수 있는 자격을 갖추었음을 어필할 수 있다. 또한 결혼 경험이나 자녀 양육 경험을 통해 공감능력을 어필할 수 있다.

상담자가 내담자와 유사한 감정을 가지고 있다는 것을 전달함으로써, 내담자가 자신의 감정을 이해받고 있다고 느낄 수 있게 한다. 감정을 표현할 때는 '나-메시지(I-message)'를 활용해 감정을 효과적으로 전달할 수 있도록 하며, 사회복지사를 모델링하여 내담자가 자신이 어떻게 표현해야 할지를 보여줄 수 있다. 내담자가 가지고 있는 부정적인 감정을 사회적으로 수용 가능한 방식으로 표현할 수 있도록 훈련한다.

2) 주의할 점

자기개방은 내담자가 부담스럽지 않도록 적절한 수준으로 이루어져야 한다. 자칫하면 상담자가 자기 자랑을 하는 상황이 나타날 수 있으며, 이는 상담의 초점이 내담자에게 있다는 기본적인 원칙을 훼손하는 것이다. 적절한 시기에 사용하고 지나치지 않도록 주의해야 한다.

섣부른 자기개방은 상담의 핵심주제를 벗어나게 하여 내담자를 혼란스럽게 할 수 있다. 충분히 내담자를 이해한 후에 자기개방을 시도하며, 즉흥적인 방식보다는 심사숙고한 후에 사용해야 한다.

내담자가 침묵할 경우 일부 상담자는 이를 견디지 못하고 어색함을 막기 위해 자기개방을 하는 경우가 있다. 침묵도 하나의 메시지로 인정해야 하며, 내담자가 스스로 자신의 욕구와 감정을 탐색할 수 있도록 시간을 주어야 한다.

7. 정보 제공

사회복지상담에서 정보 제공은 클라이언트의 욕구를 충족하고 문제해결을 지원하는 핵심적인 기술이다. 우리는 정보가 부족하기보다는 넘쳐나는 정보과잉시대에 살고 있다. 이로 인해 어떤 정보가 클라이언트에게 필요한 핵심정보인지 오히려 파악하기가 쉽지 않다. 대부분의 노인 내담자들은 다른 세대와 비교해 정보 격차를 경험하고 있으며, 특히나 디지털 기반의 정보에 취약성을 가지고 있다. 이에 올바른 정보 제공을 통해 단순히 서비스를 제공하는 것을 넘어 클라이언트의 다양한 욕구에 맞추어 정보를 탐색하고 제공하는 것이 필요하다.

1) 정보 제공의 주요 내용

(1) 정보 제공의 원칙

사회복지사는 클라이언트를 중심으로 통합적인 서비스를 제공하는 것이 원칙이다. 때문에 사회복지사가 각기 가지고 있는 전문분야가 아닌 정보를 제공해야 할 때가 있다. 사회복지사는 자신의 전문분야에 있어서는 깊이 있는 정보를 제공할 수 있도록 하며, 자주 사용하는 정보를 목록화하여 효율성을 높일 수 있다. 다른 분야의 정보는 연계와 협력을 통해 클라이언트에게 맞는 정보를 제공할 수 있어야 한다. 이를 위해서는 다양한 온라인 자원과 전문가 네트워크를 평소에도 꾸준히 관리하는 것이 유리하다.

(2) 정보 제공의 방법

정보 제공은 내담자의 이야기를 듣는 과정을 통해 필요한 정보가 무엇인지 파악해야 한다. 정보를 탐색하는 데 있어 클라이언트의 상태와 역량을 고려하여, 클라이언트가 정보를 직접 찾을 수 있도록 돕는 것과, 사회복지사가 정보를 직접 전달하는 것이 적정한지에 대한 판단이 필요하다.

2) 주의할 점

정보를 전달할 때 정답처럼 전달하지 않고 내담자가 스스로 선택할 수 있도록 도와야 한다. 특히 전문분야가 아닌 경우에는 지금 해당 정보를 명확히 가지고 있지는 않다는 것을 밝히고, "○○와 관련된 정보를 알아봐드릴까요?"와 같은 형태로 클라이언트가 정보 제공을 선택할 수 있도록 한다. 클라이언트가 원하지 않는 정보를 강요하지 않으며, 정서적인 영향을 고려하여 신중히 전달한다.

일부 클라이언트의 경우 다양한 출처의 정보를 바탕으로 사전지식이 있을 수 있다. 이 정보 중 잘못된 정보가 있을 수 있으며, 이에 대해 적확한 정보로 수정할 수 있도록 돕는 것도 정보 제공의 하나이다.

참고문헌

강진령 (2022). **치료적 대회기술 상담연습(2판)**. 학지사.

천성문, 박은아, 이정아, 이지영, 정세영, 차윤희, 김지숙, 김현정 (2022). **집단상담 프로그램의 실제**. 학지사.

Chapter 05

여가와 사회참여

CHAPTER

05 여가와 사회참여

1. 노인 여가와 사회참여의 특성

1) 노인 여가와 사회참여 상담의 필요성

휴식은 활동이 전제될 때 의미가 있다. 학업과 직장생활로 바쁜 시기에는 과업을 성공적으로 수행하기 위해 적절한 휴식을 반드시 병행해야 한다. 그러나 노인의 경우 기본적으로 사회적인 역할을 부여받는 활동이 제한되어 있기 때문에, 생활의 대부분이 여가시간이라고 볼 수 있다. 때문에 소극적으로 여가시간을 보낸다는 것은 곧 무료함의 연속으로 해석될 수 있다. 때문에 노인의 여가생활을 조금 더 적극적으로 보낼 수 있도록 돕는다는 것은 노인이 무료한 삶에서 벗어나 성공적인 노후를 보낼 수 있도록 한다는 의미를 갖는다.

노인의 사회참여활동은 육체적 · 정신적으로 대인관계와 접촉을 유지할 수 있는 모든 행위를 총칭하는 활동으로, 작게는 자신의 몸 관리와 집안일부터 이웃 방문, 종교활동, 야외운동, 자원봉사나 돈을 벌 수 있는 생산활동 참여 등 자신의 생존과 독립적 기능을 유지할 수 있는 모든 행위를 말한다(강현정, 2009). 이러한 행위에는 가정 밖에서 하는 봉사활동이나 향우회, 친목회, 노인대학, 체육활동 등의 여가활동이 포함된다(신희정 · 이혜경, 2019).

활동적 노화의 측면에서는 노인의 신체적인 활동과 참여를 강조한다. 노인이 되면서 발생하는 역할 없는 역할과 활동의 축소에 대응해서 새로운 역할을 찾아 지속적으로 활동하는 것이 노년기를 잘 보낼 수 있는 핵심이라고 본다(최혜지 외, 2020). 여가활동을 포함한 사회참여는 노인의 삶에 매우 중요하다. 이를 구체적으로 살펴보면 다음과 같다.

(1) 성공적 노화에 긍정적 영향

사회참여는 성공적 노화에 긍정적인 영향을 미친다고 보고된다. 성공적 노화를 자율적 삶, 자기완성 지향, 적극적 인생 참여, 자녀에 대한 만족, 자기 수용, 타인 수용의 측면으로 살펴보았을 때 경제활동, 사교 · 친교활동, 자기개발활동, 자원봉사활동 등의 사회참여는 성공적 노화에 긍정적인 영향을 미치는 것으로 나타났다(배창호, 2022).

(2) 생활만족에 긍정적 영향

사회참여는 노인의 생활만족에 긍정적인 영향을 미친다. 뿐만 아니라 사회적 지지와 적응유연성의 매개로도 작용하여 생활만족을 높이는 것으로 나타났다(이재풍 · 임갑순, 2020).

(3) 우울감 및 자살생각 등의 예방

노인들은 여가활동을 통해 자신의 시간을 유익하게 보내게 되며, 이는 사람들과의 접촉을 높인다. 이로 인해 고독 및 소외감을 해소하며, 우울감과 자살생각의 위험을 낮춘다는 점에서 노인의 생존과 직결되는 문제로 볼 수 있다(이인수, 2001).

(4) 만성질환 등 건강관리

노인의 만성질환을 예방하고 관리하는 데 여가활동이 도움이 된다. 노인의 여가활동 참여는 신체적 건강뿐 아니라 정신적 측면에서의 건강증진에도 기여하게 된다(이귀옥, 2010).

(5) 잠재력 개발 및 창의성 향상

여가활동은 노인의 잠재력을 개발하고 창의성을 향상시킬 수 있으며, 자아실현을 할 수 있도록 돕는다. 노인들의 취미활동이나 예술활동 등을 통해 자신의 재능을 발휘하고 이에 따른 성취감을 느낄 수 있다.

이러한 측면에서 노인이 자신에게 잘 맞는 여가활동과 사회참여를 할 수 있도록 지원하기 위한 상담은 매우 필요하다.

2) 여가시간의 활용 현황

노인은 평균적으로 많은 여가시간을 갖는다. 특별한 어려움을 갖지 않은 노인이라고 할지라도 삶의 대부분을 차지하는 여가시간을 어떻게 보내야 할지는 큰 고민거리 중 하나이다. 이러한 맥락에서 성공적 노후를 위한 조건으로 활기찬 여가와 사회참여를 언급한다.

〈표 5-1〉 노년층과 청장년층의 상위 10대 행위

노년		청장년	
행위	시간(분)	행위	시간(분)
수면	502.6	수면	484.7
실시간 방송시청	213.8	유급노동(고용직)	111.4
식사	91.7	실시간 방송시청	111.0
개인위생	67.5	식사	87.3
대면교제	37.7	유급노동(서비스 자영업)	69.0
식사준비	37.2	개인위생	63.2
간식	28.1	간식	32.6
걷기/산책	26.4	식사준비	30.9
설거지/식후정리	24.2	대면교제	23.4
유급노동(농림어업)	24.0	설거지/식후정리	19.1
합계	1,053.1 (73.1%)	합계	1,032.4 (71.7%)

출처: 김상문 (2023). 노인의 생활시간.

여가는 휴식이나 기분전환, 이완과 같은 소극적 활동과 적극적 활동의 두 가지 의미를 동시에 지닌다(박근수, 2011). 이 중 노인의 여가는 소극적인 활동에 집중되어 있다. 2019년 통계청 자료를 바탕으로 노인의 생활시간과 청장년층의 10대 생활시간의 차이를 분석한 결과(김상문, 2023), 노년층의 활동은 생명유지에 필요한 필수적인 시간인 수면과 식사, 그리고 기초적인 위생관리, 준비 등을 제외하면 실시간 방송시청과 걷기/산책을 주로 하는 것으로 나타났다. 유급노동의 경우 농림어업이 주된 활동으로 나타났다. 이러한 생활시간을 볼 때 노인은 전체 시간의 약 70% 이상을 적극적인 의지에 의한 활동보다는 소극적인 활동에 보내고 있음을 알 수 있다. 반면 청장년의 경우 여가시간이라고 볼 수 있는 활동은 실시간 방송시청이 가장 높은 것으로 보아 일견 비슷하다고 볼 수 있으나, 기본적으로 유급노동의 시간이 많이 차지하고 있어 노인의 삶의 형태와는 차이점을 보인다.

3) 상담 대상자의 특성

여가 및 사회참여와 관련하여 상담의 욕구를 가지고 있는 노인들의 경우 자율적으로 시간을 조절하고자 하는 욕구가 상대적으로 높을 가능성이 있다. 퇴직으로 인해 외적인 규제가 부족한 노인들은 스스로의 노력으로 의미와 목적이 있는 활동을 발굴하고자 하는 욕구를 가진다. 주의해야 할 점은 여가 및 사회참여에 대한 상담욕구를 가지고 있는 내담자에 대한 고정관념을 갖는 것이다. 일반적으로 여가활동을 적극적으로 수행하는 사람이라고 하면 상대적으로 젊은 연소노인, 건강상태가 좋고 학력이 높고, 활기차고 활동적인 노인을 떠올린다. 그렇지만 여가에 대한 상담은 초고령 노인, 신체적 불편함을 가지고 있거나 무기력한 노인에게 더욱 필요할 수 있다는 점을 간과해서는 안 된다.

4) 여가활동의 유형

여가활동은 신체적 활동, 사교적 활동, 문화적 활동, 자연적 활동, 정신적 활동으로 나누어볼 수 있으며, 동년배와 시간을 보내는 형태, 노인대학에 다니는 형태, 건강관리를 하는 형태, 노후 생활에 보람을 찾는 형태로 구분하기도 한다(Lutzin & Story, 1974; 김영모, 1990; 박근수, 2011 재인용).

한국복지패널 자료를 통해 노인들의 여가활동을 고용활동, 가사노동, 보호노동, 교육활동, 레저활동, 봉사활동이라는 6가지 지표로 잠재 유형을 분석한 박근수(2011)의 연구에서는 일 중심형, 가사 중심형, 레저 중심형의 3가지 유형으로 나누고 있다.

(1) 일 중심형

일 중심형의 경우 고용활동과 가사노동에 참여할 확률이 높은 집단이며, 전체의 46%로 가장 높은 비율을 나타냈다. 일 중심형은 남자가 여자에 비해 많이 포함되어 있으며, 배우자가 있는 노인의 비중이 높은 것으로 나타났다.

(2) 가사 중심형

가사 중심형의 경우 가사활동에만 적극적으로 참여하며, 그 이외의 활동에 참여할 확률이 매우 적은 집단으로 전체의 34%로 나타났다. 가사 중심형의 경우 여성이 80% 이상의 매우 높은 비율로 참여하고 있었으며, 교육 수준이 낮고 건강상태 역시 나쁜 경우가 많은 것으로 나타났다. 사별 및 이혼 등의 배우자가 없는 경우도 가사 중심형에 가장 많은 것으로 나타났다.

(3) 레저 중심형

마지막으로 레저 중심형의 경우 레저활동과 가사노동에 참여할 확률이 높은 집단으로 전체의 20%의 비율을 차지하는 것으로 나타났다. 레저 중심형의 경우 성별에 따른 큰 차이를 보이지 않았으나, 학력수준이 높고 건강상태가 건강할 경우에 많이 포함되어 있는 것으로 나타나 가사 중심형과 큰 차이가 있는 것으로 나타났다.

2. 노인 여가 및 사회참여 관련 상담 시 주의점

1) 현실적 제약과 장애물

상대적으로 젊은 세대인 청장년 세대에 비해 시간이 많음에도 불구하고, 노인의 여가활동에는 현실적인 제약이 따른다. 상담자는 이러한 노인 여가활동의 현실적인 제약을 이해하고, 장애물을 제거하는 방식으로 상담을 진행할 수 있다.

(1) 신체적인 불편함

연령이 증가함에 따라 사람은 다양한 노화현상을 겪게 되고 노화로 인한 신체적 불편이 증가된다. 때문에 저연령의 노인에 비해 초고령노인은 상대적으로 신체적인 제약을 고려하여 여가활동을 할 수 있도록 상담하는 것이 필요하다. 건강한 상태를 유지하기 위해서 적정한 신체활동이 중요하지만, 몸이 불편한 노인은 격렬한 활동보다는 신체를 유연하게 하고 체력이 허락하는 범위 내의 활동을 선택하는 것이 필요하다.

(2) 대인관계의 폭이 좁아져 여가시간을 함께 보낼 사람 부족

노인은 사회적인 역할이 축소됨에 따라 대인관계의 폭도 좁아지는 특성이 있다. 자녀의 성장으로 학부모모임에 나가지 않고, 직장에서 은퇴함으로써 직장동료와의 관계를 더 이상 이어나가지 않게 된다. 이러한 공식적인 관계망뿐 아니라 연령이 증가하면서 더 많이 경험하게 되는 지인의 질병과 사망 등으로 인한 비공식적 관계망도 점차 줄어든다. 이는 여가시간을 함께 보낼 사람의 부족으로 이어질 수 있으며, 여가활동의 중요한 장애물로 작용할 수 있다. 여가와 휴식, 즐거움을 위한 동반자 역할을 수행할 수 있는 사회적 관계에서의 타인과 지속적인 관계를 맺을 수 있도록 하는 것이 매우 중요하다.

(3) 경제적인 제약

여가활동을 하기 위해서는 여러 가지 비용이 발생한다. 사람을 만나기 위해서 매번 빈손으로 가는 것이 심리적으로 부담이 되기도 한다. 경제적인 제약이 있는 노인의 여가활동과 관련한 상담을 진행할 때에는, 가성비가 높은 여가활동을 안내하는 것이 필요하다. 예를 들어 거주지 주변에 만들어진 주민들을 위한 다양한 생활체육기구를 이용한 신체적 활동에는 비용이 들어가지 않는다. 그림이나 글 등으로 이용방법이 소개되어 있어 손쉽게 이용할 수 있다. 또한 지역사회복지관이나 노인복지관, 공공기관에서 운영하는 문화체육센터에서는 수영이나 요가 프로그램 등의 신체활동 프로그램뿐 아니라 다양한 평생교육 및 여가활동을 매우 저렴한 비용으로 이용할 수 있다.

(4) 디지털 등의 기술 활용의 어려움

노인은 다른 세대에 비해 새로운 방법을 익히는 데 어려움을 겪는 경우가 많다. 특히 노인 중에서도 연령대가 높은 경우 디지털 기술을 활용하여 사회참여 및 여가활동을 하는 데 어려움이 많다. 사람 간 대면 및 오프라인 활동뿐 아니라 비대면의 온라인 활동이 점차 늘어가는 사회의 변화에 비추어볼 때 여가 및 사회참여에 대한 정보를 얻거나 활동에 참여하는 데 제약이 될 수 있다. 내담자가 좋아하는 콘서트의 예매를 전면 온라인으로 실시한다든지, 여가교육 프로그램의 사전접수를 온라인에서 선착순으로 받고 남는 자리만 오프라인으로 접수받는 상황이라면 이에 익숙하지 않은 노인들의 참여가 제한될 가능성이 있다.

(5) 인프라의 부족

지역에 따라 노인들이 여가활동을 하기 위한 지역사회복지관, 동호회, 모임 등에 차이가 있을 수 있다. 대도시의 경우는 인구수가 많아 이에 대응한 인프라가 잘 구성되어 있지만, 농어촌 지역의 경우에는 상대적으로 내담자인 노인이 원하는 활동이 없을 가능성이 높다. 때문에 지역의 여가활동을 위한 인프라를 확인하고 상담에 임할 필요가 있다. 최선의 활동으로 내담자의 욕구에 딱 맞는 활동을 찾을 수도 있지만, 그렇지 않을 경우 차선책을 고민할 수 있도록 평소에 정보를 잘 정리해 놓아야 한다.

2) 노인 여가상담의 종류

(1) 상담의 목표 설정과 여가활동 선택을 위한 상담

여가활동을 위한 상담에 참여하는 동기는 각기 다를 수 있다. 때문에 여가활동의 목표를 설정하고 활동을 선택하는 것은 상담의 동기에 따라 다를 수 있다. 노인들의 성향이나 관심사, 건강상태 등의 개별적 상황을 고려하여 맞춤형 여가활동을 선택하는 것이 중요하다. 예를 들어 노년기에 접어들면서 건강에 대한 걱정이 증가하여 새롭게 신체활동을 계획하는 경우, 우선 집주변을 산책하는 등의 안전한 활동을 조금씩 시작한 후 점차 시간을 늘려가는 것을 목표로 삼을 수 있다. 또한 건강할 때 에어로빅이나 헬스트레이닝 등의 운동을 즐겨했던 경우에도 관절염 등 노화로 인한 질병으로 이를 지속하기 어려울 경우에는 신체적인 부하가 적은 형태인 라인댄스나 아쿠아로빅 등의 활동으로 전환하는 것을 고려할 수 있다.

(2) 동기부여와 자기계발을 위한 상담

여가시간은 많으나 무료한 시간을 보내는 경우 개인의 관심사와 취미를 기반으로 한 여가활동을 할 수 있도록 동기부여를 위한 상담을 진행할 수 있다. 노인으로 살아가야 할 시간이 점차 길어짐에도 불구하고, 노인은 무언가를 새롭게 도전하기에 적합하지 않다는 생각을 갖는 노인들이 많다. 사회에서 노인에게 갖는 차별적인 이미지를 내면화하는 것이다. 이들의 왜곡된 노인에 대한 시각을 바로잡을 수 있도록 하고, 자기계발을 위한 교육 참여뿐 아니라 그림 그리기, 정원 가꾸기, 음악 연주 등의 창의적이고 만족스러운 시간을 보낼 수 있도록 도울 수 있다.

(3) 여가활동을 함께 할 수 있는 동년배 연결과 갈등에 대한 상담

무엇인가를 혼자서 시작하고 유지한다는 것은 생각보다 쉽지 않다. 같은 취미를 가지고 함께 할 수 있는 동년배의 친구가 있다면 여가활동을 지속하는 데 도움이 된다. 그러나 여가활동을 중단하는 이유도 함께 하는 친구 관계에서의 갈등 때문인 경우가 많으므로, 여가활동의 안정적인 지속을 위해서는 갈등 상황에서의 도움 요청 시 상담을 통해 이를 해결할 수 있도록 도울 필요가 있다.

(4) 여가활동을 위한 다양한 도구 활용에 대한 상담

디지털 기술을 활용한 여가활동이 늘면서 스마트폰, 태블릿 등을 활용하여 온라인 쇼핑, 영화 시청, 동영상 강좌 수강 등을 즐길 수 있도록 안내할 수 있다. 온라인 도구를 활용하여 문화예술, 독서, 퍼즐 풀기, 음악 감상 등의 정신적인 여가활동 및 노인의 관심사에 맞추어 적합한 앱이나 사이트 등을 이용할 수 있도록 정보를 제공한다.

(5) 사회공헌활동으로의 전환을 위한 상담

여가활동은 오랜 기간 여가기술을 습득하는 과정을 통해 개인적인 만족과 즐거움을 경험하게 되고, 이후 일정 수준 이상이 되면 자신의 여가기술을 다른 사람들에게 교습하고 지도하는 특징이 있다. 지속적인 여가 경력이 형성되고 전문성이 획득되면 개인의 여가활동이 사회공헌 활동으로서의 가치로 환원될 수 있다(윤소영 외, 2009). 이에 여가활동으로 인해 파생된 지식과 기술, 경력이 축적된 노인을 대상으로 사회공헌활동에 참여할 수 있도록 동기를 부여하고 사회공헌활동 참여의 효능감을 향상시키기 위한 상담을 제공할 수 있다.

3. 상담 사례

■ 내담자의 감정과 생각 파악하기

- 나는 신경이 예민해요. 복지관에 오기 전에는 신경이 예민해서 혈압약에 신경안정제를 함께 넣을 정도로 예민한 성격의 소유자였어요.

- 혼자 산다는 이웃들의 소리를 듣고 싶지 않아서, 너무 완벽하게 살아와서, 나를 위해서 살지 않았어요. 헛살지 않고 즐거움 없이 살아왔어요. 이제는 내가 하고 싶은 것 하면서 충실하고 즐겁게 살고 싶어요.

- 아파트 생활을 하다 보면 친구가 없어. 나이 먹은 사람은 특히 친구가 없어요. 경로당에서 화투만 치고 나하고 안 맞아서 내가 올 곳은 아니구나 생각했어요. 차라리 복지관에 다니면서 운동하겠다고 생각하고 복지관에 오게 되었어요.

■ 내담자 감정에 공감하는 방법 나열하기

■ 내담자의 문제 파악

■ 상담목표

■ 해결방안들

출처: 노인숙, 조선희 (2016). 인터뷰 자료를 재구성

참고문헌

강현정 (2009). 농촌 여성독거노인의 사회활동과 삶의 만족도. **한국사회복지조사연구, 21**: 1–26.

김근아 (2009). 사회참여활동유형과 알코올 사용에 관한 고찰: 지역사회노인을 중심으로. **임상사회사업연구, 6**(3): 1–18.

김상문 (2023). **월간 복지동향**. 기획4 노인의 생활시간.

김영모 (1990). **한국노인복지정책연구**. 한국복지정책연구소.

노인숙, 조선희 (2016). 노인복지관 여가 프로그램 참여노인의 경험에 대한 질적 내용분석. **동서간호학연구지, 22**(2): 138–147.

박근수 (2011). 잠재집단분석방법을 활용한 노인여가 유형별 특성 분석. **노인복지연구, 0**(53): 83–100.

배창호 (2022). 노인의 사회참여활동이 성공적 노화에 미치는 영향. **사회복지경영연구, 9**(2): 41–67.

신희정, 이혜경 (2019). 노인의 사회활동참여 경험과 의미–노인재능나눔사업을 중심으로. **노인복지연구, 74**(3): 117–45.

윤소영, 윤주, 박수정, 오세숙, 조아미, 지현진 (2009). **생애주기별 여가활동 모형개발.** 한국문화관광연구원.

이귀옥 (2010). 노인들의 여가활동에서의 여가몰입이 여가만족도와 생활만족도에 미치는 영향. 호텔외식경영학회.

이인수 (2001). **노인복지론**. 양서원.

이재풍, 임갑순 (2020). 노인의 사회참여활동이 생활만족어 미치는 영향. **전국사회복지학회, 14**(0): 1–42.

최혜지 (2020). **노인복지론**. 사회평론아카데미.

상담사례 발표양식(예)

1. 내담자 인적사항
   1) 첫인상 및 행동특성
   2) 내담자 건강상태
   3) 가계도 및 가족사항
   4) 내담자의 생활력 및 사회적 관계
   5) 과거력

2. 상담받게 된 경위

3. 내담자 문제의 이해
   1) 주호소 문제
   2) 상담자가 본 내담자의 문제의 이해
   3) 내담자의 강점

4. 상담목표 및 전략
   1) 상담목표
   2) 상담전략

5. 상담 진행과정
   1) 회기별 내용
      (1) 00회기 상담 요약
      *축어록 (또는 녹취록) 별첨

6. 상담 전반에 대한 평가 및 소감
   1) 상담성과
   2) 상담자의 상담태도와 능력에 대한 평가

출처: 경기도 노인상담사업 운영안내 (2022).

Chapter 06

은퇴와 노후준비 상담

CHAPTER

06 은퇴와 노후준비 상담

1. 은퇴의 실태와 특성

1) 일의 의미와 은퇴의 정의

일이란 인간에게 소득을 창출할 수 있는 기회를 제공하는 경제적 기능을 가지는 것뿐 아니라, 자신의 존재가치를 확인하기도 하고, 자기유용감(self esteem)을 가질 기회를 제공하는 사회심리적 기능도 가진다(이영희, 1992; Thorson, 2000). 인간은 일을 통해 사회에 참여할 기회를 가지고, 직장 내 동료와 관계를 맺음으로써 사회관계망을 형성한다. 또한 직업에 따른 사회적 지위와 역할, 권력을 일을 통해 부여받으며, 사회구성원으로서의 역할을 함으로써 자신의 능력을 확인하고 존재가치를 의식하며, 자신감을 갖고 정서적 만족감을 경험할 수 있다. 이처럼 인간은 일을 통해 다양한 것을 얻을 수 있기 때문에 일은 우리 삶에서 중요한 의미를 가진다.

그렇다면 노년기에 일이 가지는 의미는 어떤 것이 있을까? 우선 사회적 차원에서 일을 하는 것은 노인에 대한 의존적이고 부정적인 인식을 개선할 뿐 아니라 사회보장비용 절감효과를 가질 수 있다. 개인차원에서는 생활비 및 용돈의 소득원 확보, 자기유용감과 정체감의 부여, 사회관계망의 유지, 신체 및 정신건강 유지, 소일거리 제공 및 여가활용의 기회 제공 등 매우 다양한 의미를 가진다(권중돈, 2022).

노동현장에서 퇴장하는 은퇴의 개념은 19세기 이전의 농경사회에는 존재하지 않았다. 산업화 이후 경영자들이 노동현장에서 젊은 노동자에 비해 고령노동자의 비용이 많이 든다는 점을 인식하면서 비로소 은퇴가 사회적 제도로 자리매김하게 되었다.

은퇴의 사전적 의미는 '직위에서 물러나거나 사회활동에서 손을 떼고 한가하게 지내는 사람'이다. 이는 고용상태의 어떤 직위에서 물러나 그 직위에 관련된 역할을 중단하게 된 현상을 의미한다.

은퇴의 의미는 다음과 같이 다양하게 정의할 수 있다(장선철 · 김남원, 2018).

(1) 법적 기준에 의한 은퇴

우리나라의 경우 고령자고용촉진법에서는 55세가 고령자에 해당하지만, 노인복지법, 국민기초생활보장법, 국민연금법에서는 65세 이상을 고령자로 정하고 있다.

(2) 노화이론에 의한 은퇴

은퇴와 관련된 노화이론으로 분리이론, 활동이론, 지속이론이 있다. 분리이론은 은퇴를 통해 사회적으로 분리되는 것을 정상적이고 불가피한 것으로 본다. 이러한 분리과정이 노인에게도 긍정적으로 작용한다고 주장한다. 반대로 활동이론은 은퇴로 인한 역할상실을 경험한 노인에게 새로운 활동이나 역할을 부여함으로써 만족도를 높일 수 있다는 이론이다. 즉 은퇴 이후에도 꾸준한 활동이 필요하다는 주장이다. 지속이론은 개인의 특성으로 노년기 적응과정을 예측하며, 개인의 성격, 성향, 습관 등이 다르기 때문에 이런 특성을 유지하는 것이 필요하다는 설명이다.

(3) 주관적 평가에 의한 은퇴

주관적 평가에 따라서도 은퇴를 정의할 수 있다. 어떤 사람은 은퇴를 꿈꾸고 은퇴 이후에 하고 싶었던 일을 시작할 수 있는 기회라고 생각하며, 어떤 사람은 역할을 상실하고 경제적 어려움을 맞이하는 부정적인 사건으로 생각할 수 있다.

(4) 생의 중요한 사건에 의한 은퇴

은퇴를 인생의 사건으로 보는 정의이며, 중년에서 노년으로 넘어가는 중요한 기점이 될 수 있다고 보아, 인생 후반부에 맞이하는 생의 중요한 사건으로 은퇴를 보는 정의이다.

(5) 은퇴 이후 역할에 의한 은퇴

은퇴를 하면 직장이라는 사회로부터 자유로워진다. 생활방식이 유연해지면 새로운 역할을 만들 수도 있다. 하지만 대부분은 은퇴 이후 역할축소로 이어져 부정적 경험을 하기 쉽다.

(6) 연구에 의한 은퇴

국내의 은퇴와 관련된 연구로 은퇴준비의 필요성, 은퇴준비교육 프로그램 개발 등이 이루어졌다. 100세 시대를 맞이하면서 은퇴준비의 필요성은 더욱 강조되어야 할 것이다.

2) 은퇴의 단계

현대사회에서 은퇴는 특별한 경우를 제외하고 하루아침에 이루어지는 것이 아니라 다음과 같은 6단계를 거치게 된다. 퇴직 전 단계, 밀월 단계, 환멸 단계, 재지향 단계, 안정 단계, 종결 단계의 총 6단계이다. 각 단계별로 은퇴자의 생활 모습의 특징을 〈표 6-1〉에 정리하였다.

〈표 6-1〉 은퇴 단계별 생활 특성

단계	은퇴자의 생활 모습
퇴직 전 단계	• 퇴직이 먼 단계와 퇴직이 근접한 단계로 나눌 수 있음 – 먼 단계: 은퇴에 대한 막연한 인식 – 근접 단계: 은퇴를 의식하게 되고, 말년의식을 보이거나, 퇴직 후의 생활에 대해 환상을 가지기도 함
밀월 단계	• 일로부터 해방되는 것에 대해 도취된 시기 • 대부분의 시간을 자신의 관심사 혹은 흥미와 관련된 영역에 소모 • 은퇴로 경제적 지출이 요구되기 때문에 경제적 상태에 따라 밀월 단계의 지속기간이 결정됨
환멸 단계	• 밀월 단계를 거친 후 은퇴 후의 생활이 어느 정도 안정이 됨 • 흥미로운 일에 대한 활동이 줄어들고 휴식과 이완상태에 이르기도 함 • 대다수 은퇴자들은 생활이 침체되고, 환멸이나 우울을 경험함
재지향 단계	• 경제적 상태 및 본인의 일의 실천 가능성을 고려하여 비교적 정확한 현실인식을 함 • 현실성 있는 생활양식을 선택하려고 함 • 새로운 인간관계 속에서 자아를 정립해 나감

안정 단계	• 생활변화를 일상적으로 처리할 수 있게 됨 • 예측 가능한 생활을 해 나감 • 비교적 오래 지속되는 단계
종결 단계	• 질병이나 장애로 인해 은퇴자의 역할이 마무리됨 • 독립적 생활이 감소되고 가족 등의 도움에 의존하는 경향이 강해짐

출처: 박재간 외 (2011).

3) 퇴직으로 인한 생활 변화

은퇴는 직업 또는 노동현장에서의 이탈을 의미하는 요소가 강한 반면, 퇴직은 고용상태의 직위나 직위와 관련된 역할이 중지된 것을 의미하는 차이가 있다. 은퇴로 인한 역할상실을 초래하는 퇴직은 다음과 같은 생활의 변화를 불러일으킬 수 있다(권중돈, 2022).

(1) 수입 감소

일반적으로 퇴직자들이 가장 불안해하는 요소일 수 있다. 노후자금을 충분히 준비하지 않은 경우 연금을 받는다 하더라도 일반적으로 현역으로 일할 때보다 수입이 감소하기 쉽다. 반면 지출은 유지되거나 자녀의 결혼 등으로 증가할 가능성이 높다. 때문에 충분한 노후자금을 준비하지 못하면 퇴직을 기점으로 수입 감소에 따른 경제적 어려움을 경험하게 된다.

(2) 건강 악화

퇴직 이후 신체적 건강과 정신적 건강이 악화될 가능성이 높아진다. 퇴직 전과 비교하여 퇴직 후에 건강상에 변화가 없는 경우도 있지만, 자연스러운 노화의 영향도 추가되어 건강상의 어려움을 겪기 쉬워진다.

(3) 사회관계망 축소

퇴직으로 인해 자신이 오랫동안 관계를 맺어온 직장동료와의 관계가 단절되거나 축소되어 사회적 소외감과 고독을 경험하기 쉬운 환경으로 변화된다. 그러나 사회관계망이 풍부한 사람은 이러한 경험을 하지 않을 수도 있다.

(4) 사회적 지위 상실

퇴직을 기점으로 자신의 정체성을 지탱하여 왔던 직업의 지위를 상실하게 되어 부정적 자아개념을 형성하기 쉬워지며, 이런 부정적 자아개념은 삶에 대한 만족을 저하시킬 우려도 있다.

(5) 성별 역할 변화

전통적으로 남성에게 기대되던 경제적 수입창출, 여성에게 기대되는 가정 내 돌봄 등의 역할이 존재한다. 하지만 퇴직 이후에는 남성과 여성의 구별 없이 양성적 역할을 수행하는 경향이 높아진다고 한다.

4) 은퇴 적응 이론

은퇴 이후의 적응과 관련해서 다음과 같은 다양한 이론이 등장하였다(Virginia, 2008).

(1) 역할이론

슈트라이브와 슈나이더(Streib & Schneider, 1971)는 은퇴 적응을 이해하는 데 역할이론의 개념을 처음 적용하였다. 역할이론에서는 사회는 행동과 태도에 대한 기대와 규범을 규정하는 여러 가지 역할로 구성된다고 보았다. 인간은 각자가 가지는 여러 가지 역할로 구성된다고 주장하며, 일련의 역할은 개인 존재의 완성이라고 주장하였다. 따라서 은퇴로 인한 역할 상실은 노년기의 삶에 불안이나 우울을 초래할 수 있고, 자아존중감을 위협하기도 한다.

은퇴는 자의적이든 아니든 간에 역할축소를 가져온다. 따라서 노년기 은퇴 이후의 새로운 역할에 대한 모색이 필요하다. 왜냐하면, 노년기에 상실된 역할을 대체할 수 없게 되면 사회적 정체감과 자아존중감의 혼란이 초래되기 때문이다.

(2) 단절이론

단절이론은 중년에 가졌던 다양한 역할로부터 어쩔 수 없이 물러서고 삶의 활동수준이나 소속감이 줄어들어 노년기에는 자신에게 몰두하게 된다는 것이다. 단절이란 직장과 가정에서 덜 힘들고 덜 자의적이며 수평적인 동료관계를 선호하는 쪽으로 변한다는 것을 의미한다. 특히 남성은 여성에 비해 적응문제에 부딪히기 쉽다.

(3) 활동이론

노년기에도 높은 수준의 활동을 함으로써 은퇴를 비롯한 노년기의 삶에 잘 적응할 수 있다는 이론이다. 활동이론에서는 은퇴 이후에도 다양한 사회활동이나 모임에서 활발한 활동을 하는 사람이 그렇지 않은 사람보다 잘 적응하고 행복한 삶을 산다고 주장한다.

(4) 지속이론

인간은 성인기 이후에 자아상이나 성격, 생활습관 등이 거의 유지되기 때문에 노년기에도 이전과 같은 방식으로 생활한다고 본다. 즉 지속이론에서는 은퇴 이후에도 자신의 고유한 생활습관이나 성격, 행동을 유지하는 것이 바람직하다고 본다.

(5) 위기이론

위기이론에서 은퇴라는 위기는 병리적인 것이 아니라는 전제에서 출발한다. 변화는 상황적이고 개인적인 면이 강하다고 보기 때문에 은퇴 기간의 적응 문제를 이해하는 데 도움이 된다.

5) 은퇴 적응을 위한 노후준비

은퇴 이후의 적응의 문제는 개개인의 문제일 뿐 아니라 사회문제이기도 하다. 영국의 사회철학자 라슬렛(Laslett)은 〈표 6-2〉와 같이 인생을 4기로 나누어 설명하고 있다. 라슬렛이 설명하듯 퇴직 이후의 인생 3기와 죽음을 준비하는 인생 4기가 있는 만큼 은퇴 이후의 삶에 대한 준비가 필요하다.

〈표 6-2〉 인생 단계와 단계별 주요 과업

인생단계	주요 내용
제1기(출생~학업 마무리까지의 단계)	의존과 교육 및 훈련
제2기(취업~퇴직 전 단계)	경제적 독립과 사회적 의무의 수행
제3기(퇴직 후~건강하게 지내는 시기)	자기성취 및 성공적 노후(Successful Aging)를 목표
제4기(건강 악화~죽음에 이르는 단계)	죽음의 질(Quality of Death) 지향

출처: Laslett (1991) 중 발췌.

특히 평균수명이 길어지면서 은퇴 후 시간이 길어졌기 때문에 노후준비의 필요성이 더욱 현실적인 문제가 되었다. 노후준비는 은퇴를 앞둔 장년만이 대상이 아니라 모두가 준비해야 하며, 단순한 생활자금뿐 아니라 건강한 생활습관, 여가활동, 풍부한 대인관계를 준비해야 성공적인 노후를 맞이할 수 있다(박창제, 2009).

국민연금공단은 노후준비지원법에 근거하여 국민 모두가 체계적인 노후준비를 할 수 있도록 〈표 6-3〉에 제시한 것처럼 노후생활의 4대 영역인 재무, 건강, 여가, 대인관계에 대한 체계적인 종합서비스를 제공하고 있다(국민연금공단 중앙노후준비지원센터 홈페이지).

〈표 6-3〉 국민연금공단의 영역별 노후준비 서비스

구분	주요 내용
재무	맞춤형 재무설계부터 연금, 보험 등 재무정보 제공
건강	질병예방부터 건강관리, 스트레스 해소법 등 건강 실천정보 제공
여가	여행, 평생교육, 취미활동, 자원봉사 등 여가를 즐길 수 있는 정보 제공
대인관계	건강한 소통방법부터 지역사회 내 상담기관 정보 제공

〈표 6-4〉 국민연금공단의 노후준비 서비스 내용

구분	주요 내용
진단	노후준비 종합진단지 작성을 통해 개인의 노후준비 상태를 종합적으로 진단. 노후준비 종합진단지는 재무, 건강, 여가활동, 대인관계 분야 지표로 구성됨
상담	진단결과에 따라 노후준비 취약점을 파악하고, 재무영역과 비재무영역(건강, 여가, 대인관계)에 대한 맞춤형 상담 제공
교육	노후준비 전문강사가 제공하는 재무, 건강, 여가, 대인관계 등의 주제별 맞춤형 강의를 통해 노후준비에 대한 다양한 정보 제공
관계기관 연계	노후준비를 위한 타 기관 서비스 이용이나 심층상담이 필요한 경우 해당 기관으로 연계하거나 정보를 제공
사후관리	노후준비에 대한 실질적인 행태 변화가 이루어질 수 있도록 상담 시 설정한 실천과제 이행 여부 점검 및 추가 정보 제공

2. 은퇴 관련 상담 시 주의할 점

1) 은퇴 관련 영역별 상담

앞서 살펴본 은퇴준비 관련 영역별로 상담 시 주의하여야 할 점을 살펴보면 다음과 같다(김미혜 외, 2012).

(1) 재무영역

노후준비의 가장 핵심영역이라 할 수 있다. 재무영역은 은퇴 이후 필요한 생활자금과 관련된 준비 정도로 노후자금준비의 충분성과 구성 기준에 따라 4가지 유형으로 분류할 수 있다. 노후준비가 충분한 공적연금형(10.1%),

노후준비가 부족한 공적연금형(46.5%), 노후준비가 충분한 사적자산형(27.1%), 노후준비가 부족한 사적자산형(16.4%)이다.

재무영역과 관련된 상담전략은 다음과 같은 점을 고려해 볼 수 있다.

① 은퇴 전 소득수준과 비교하여 적정한 생활비 수준을 정하도록 목표를 제시한다.

은퇴 이후에도 은퇴 전 생활수준을 유지하기를 원하면 은퇴 후 필요한 소득수준을 얼마로 잡는 것이 좋을지 고려해야 한다. 즉 소득대체율을 기준으로 고려해야 한다. 소득대체율은 은퇴 후 필요한 생활비 규모를 은퇴 전 평균소득으로 나눈 것이다. 예를 들어 은퇴 전 월 평균소득이 250만원인 사람이 은퇴 후 생활비로 월 200만원이 필요하다면 소득대체율은 80%(200만원÷250만원)가 된다.

② 노인가구의 평균지출 규모를 가이드라인으로 제시한다.

많은 경우 현재 생활비에 대한 정확한 정보를 가지고 있지 않을 뿐 아니라 향후 노후생활비로 얼마가 적정한지에 대한 기준이 부족하다. 국민연금연구원에 따르면 우리나라 중고령자의 적정 노후생활비로 부부기준 평균 268만원, 개인기준 평균 165만원이 필요하다고 나타났다(손성동, 2023). 단, 연령과 거주지역별로 달라질 수 있는데, 연령이 높아질수록 생활비는 줄어들고 지역별로는 서울(가장 생활비가 많이 드는 지역)-광역시-도 순으로 생활비가 높은 것으로 나타났다. 또한 배우자 유무, 자녀와의 동거 유무에 따라서도 생활비가 달라질 수 있다.

③ 은퇴 생활 기간을 하나로 보지 않고, 시기를 나누어 자금을 준비한다.

은퇴 후에도 활동기, 회상기, 간호기로 시기를 구분할 수 있다. 활동기는 은퇴 후 10년 정도의 시간을 말하며, 그동안 미뤄두었던 여행, 취미생활 등의 활동을 하는 시기로 비교적 생활비가 많이 드는 시기이다. 회상기는 70대에 들어선 이후를 말하며 활동량이 줄어들고 소비도 감소하는 시기이다. 간호기는 통상 70대 후반부터 시작되며, 건강상의 문제로 고액의 치료비, 간병비가 필요할 수 있다. 의료비 지출로 생활비가 많이 필요한 시기로 생각할 수 있다.

④ 연간 지출표를 활용하여 보다 명확한 노후생활비를 추정한다.

보다 정확한 노후생활비의 규모를 알고자 하는 경우에는 현재 연간지출표(주거비, 식비, 교통비, 의류비, 의료비, 문화생활비, 교육비 등)를 작성하고, 은퇴 후 예상되는 지출 항목을 비교해 보게 하여 구체적인 은퇴 후 필요한 생활비를 추정하도록 도와준다.

(2) 건강영역

노년기에는 만성질환으로 신체기능에 제한이 오기 쉽기 때문에, 정기적인 건강검진을 실시하고 건강한 식습관과 운동실천이 중요하다. 건강과 관련한 생활실천은 건강군 실천형(52.0%), 건강군 비실천형(27.6%), 건강주의군 실천형(11.5%), 건강주의군 비실천형(9.0%)으로 나눌 수 있다.

건강영역의 상담전략은 다음과 같다.

① 건강 유지를 위해 노력한다.

성공적인 노후생활을 위해 건강관리가 필수적이다. 노인성 질환을 예방하기 위한 노력을 해야 하며, 특히 노년 초기 발생하는 질환에 대해 노화현상으로 받아들이고 방치하기보다 적극적인 관리 및 검진이 필요하다.

② 노인성 질환에 대비한다.

노인성 질환 중 특히 뇌혈관, 심혈관질환에 대한 관리가 필요하다. 또한 대표적인 만성질환인 치매, 난청, 백내장, 골다공증, 전립선 비대, 요실금 등에 대한 대비와 관리가 필요하다.

③ 정기적으로 건강검진을 한다.

우리나라 건강보험제도 중 건강검진의 우수성은 이미 해외에도 잘 알려져 있다. 꾸준한 건강검진을 통해 암 등의 질병을 조기에 발견하고 치료하는 것이 건강 유지의 중요한 행동이다.

④ 노인성 우울을 주의한다.

중년기에 호르몬 변화, 다양한 스트레스에 대한 반응으로 우울이 찾아오기 쉽다. 우울증 또한 방치하지 말고 적극적인 치료와 상담을 통해 조기에 관리하는 것이 필요하다.

(3) 여가영역

여가활동은 건강증진, 사회적 관계망 형성 및 유지, 생활만족감 증진, 자기유용성 확대 등 노년기 삶에 긍정적 효과를 줄 수 있다. 특히 여가시간에 사회에 기여하는 봉사활동은 노인에 대한 이미지를 긍정적으로 보여주는 효과가 있기 때문에 여가활동에 대한 노인 당사자와 사회의 관심이 필요하다. 우리나라 노인의 여가활동 관여 정도와 적극성 정도에 따라 다음과 같은 유형으로 분류할 수 있다. 저관여-소극적 여가 유형(43.3%), 저관여-적극적 여가 유형(7.1%), 고관여-소극적 여가 유형(15.7%), 고관여-적극적 여가 유형(34.0%)이다.

여가영역의 상담전략을 살펴보면 다음과 같다.

① 은퇴 이후에 갑자기 여가생활을 하는 것보다 미리 여가활동에 대한 정보를 알아보고 배워두는 준비가 필요하다.

은퇴 전에 여가활동에 관련된 정보를 미리 가지고 있는 경우, 은퇴 이후 자신에게 맞는 여가활동을 풍부하게 가질 수 있다.

② 여가활동 선택의 기준은 자신의 성격이나 신체나이 등을 고려하여 선택하는 것이 좋다.

자신의 몸에 무리가 가지 않고 몰입하기 쉬운 여가활동을 선택하면 오랫동안 지속할 수 있다. 몰입하기 쉬운 대표적 활동은 정원 가꾸기, 요리, 독서, 스포츠, 게임 등이 있다.

③ 지역사회 봉사활동과 같은 생산적인 여가활동 계획도 바람직하다.

휴가 중심의 여가활동도 좋지만 보다 적극적이고 활동적으로 보내는 방법으로 자원봉사활동이 있다. 자원봉사활동은 개인 차원에서도 사회적 차원에서도 의미 있는 활동이다.

④ 가족과의 여가활동뿐 아니라 동호인들과 하는 여가활동도 계획해 보면 좋다.

은퇴 이후 축소되는 관계망을 유지하기 위해서는 새로운 사람을 만날 수 있는 동호회 활동도 바람직하다.

⑤ 일과 여가를 함께 할 수 있는 아이템을 찾아보는 것도 도움이 된다.

일의 연장선상에서 여가활동을 하면 굳이 시간을 내지 않아도 되는 장점이 있다. 하지만 자칫 여가의 긍정적 효과를 반감시킬 수도 있다.

(4) 대인관계영역

대인관계영역은 정서적 지지, 물질적 지원, 서비스 및 정보를 제공받는 관계를 의미한다. 노년기는 배우자, 자녀, 부모와 같은 일차적 비공식관계와 친족관계나 친구, 이웃과 같은 이차적 비공식관계로 나눌 수 있다. 대인관계의 유형은 고립형(0.5%), 친족 중심형(56.4%), 소규모 다층형(2.2%), 대규모 다층형(37.9%)으로 구분할 수 있다.

대인관계영역에서는 배우자, 자녀, 형제자매, 친구 및 이웃별로 다음과 같은 상담전략을 가지고 상담한다. 먼저 배우자관계에서는 다음과 같은 전략을 중심으로 상담한다.

① 은퇴 전과 후의 생활패턴의 변화에 대비가 필요하다.
② 은퇴 후 부부의 역할 변화를 예측하고 준비하여야 한다.
③ 은퇴 후 부부관계에서 서로의 친밀감, 동료의식, 애정표현 등을 지속적으로 보여줘야 한다.
④ 노년기 부부간 친밀감을 위해 성적 접촉도 필요하다.
⑤ 배우자의 입장에서 생각하는 습관을 가지도록 한다.
⑥ 노년기에 배우자와의 이별에 대한 대비도 필요하다.
⑦ 현명한 부부관계를 유지하기 위해, 대화의 시간을 가지고, 여가시간을 가지며, 따뜻한 관심을 말(언어)로 표현하는 행복습관을 가진다.

다음으로 자녀와의 관계에서는 다음과 같은 전략을 중심으로 상담한다.
① 자녀의 결혼으로 인한 독립 이후에도 부모와 자녀 간 상호 호혜적인 관계를 유지한다.
② 자녀세대를 이해하기 위한 노력을 한다.

③ 자녀와의 동거보다 시설 거주를 대안으로 생각해 둔다.
④ 돌봄이 필요한 시기가 오면 지역 내 돌봄서비스 이용을 고려한다.
⑤ 자녀의 결혼 등으로 변화되는 가족관계를 염두에 두고 준비한다.

형제자매와의 관계에서는 다음과 같은 점을 고려하여 상담한다.
① 멀리 떨어져 살고 있는 형제자매관계에서 발생하는 정서적 거리감을 극복하기 위한 방법을 고민한다.
② 형제자매관계에서도 상호 호혜적인 관계를 유지하는 것이 중요하다.
③ 부모 부양과 상속에 대해서 서로 대화를 통해 규칙을 정하는 것이 바람직하다.
④ 형제자매 이외의 다른 관계와도 균형을 유지하는 것이 필요하다.

마지막으로 친구 이웃관계에서 상담전략을 살펴보면 다음과 같다.
① 현재 친구 및 이웃관계의 패턴을 분석하고, 지속적인 모임을 통해 관계를 잘 유지하고 은퇴 이후 확장시킬 수 있는 계기를 마련한다.
② 노인복지관, 종교 모임 등을 통해 동년배들과의 교류를 유지, 증진시킬 수 있도록 한다.
③ 친구 목록을 만들어 연락을 하여, 친밀한 관계 형성을 한다.

2) 은퇴상담의 모델

일반적으로 은퇴상담에서는 다음과 같은 세 가지 단계의 모델을 적용한다(Virginia, 2008: 122).

(1) 경청 단계

은퇴자들이 상담자에게 도움을 받고자 하는 경우, 은퇴 문제에 관해 누군가와 함께 이야기하고 대화에 몰입할 수 있는 안정되고 안전한 상황을 찾는다. 경청 단계에서 상담자는 언어적 교류를 통해 라포와 신뢰를 형성하는 것이 1차 목표이다.

은퇴자들의 마음을 이해하려고 하고, 격려하여야 하며, 상담자가 지나치게 전문적인 언행을 하게 되면 거리감을 느끼게 되므로 주의한다. 또한 신체적인 고통을 호소한다면 편하게 받아주어 내담자가 자신의 감정을 잘 다스리고 조절할 수 있도록 도와주어야 한다.

경청 단계에서는 진실된 마음으로 상담하는 것이 중요하다. 성공적으로 공감하고, 진실된 마음으로 내담자를 잘 수용한 상담자는 내담자의 감정을 더욱 잘 끌어낼 수 있다.

(2) 평가 단계

은퇴자들이 자신의 시각에서 자신의 언어로 표현할 기회를 가진 이후 상담자는 평가 단계로 들어간다. 즉 내담자가 가지고 있는 은퇴와 관련된 문제를 몇몇 분야로 나누어 평가해야 한다.

은퇴 문제나 은퇴 위기의 심각성, 내담자가 가지고 있는 내적 및 외적 자원, 그리고 은퇴과정의 단계에 대해 분석하고 평가하는 것이다. 평가 단계에서는 의도된 질문을 던지기도 하고, 어떤 선택이 가능한지, 해결책이 무엇인지에 대해 탐색할 수 있다.

(3) 개입 단계

개입 단계에는 비지시적 접근방법과 협력적 접근방법이 있다. 비지시적 접근방법은 상담자가 강점이 있으며 사회적 지지체계가 있는 상태로 경미한 어려움이 있는 경우에 유용하다. 반면, 협력적 접근방식은 문제가 더 심각하고 문제를 해결하기 위해 상담자가 변화를 이끌어 내어야 하는 경우에 필요한 방법이다. 즉, 내담자 스스로 문제를 해결하기 어려운 경우에 적용한다.

3) 은퇴상담의 실제

(1) 방향과 목표설정

은퇴상담을 위해서는 방향과 목표설정이 중요하다. 구체적으로 비전, 정체성, 가치, 재능활용, 관계, 환경 측면에서 내담자의 욕구를 파악하고 그 욕구를 바탕으로 상담목표를 설정한다. 구체적으로 다음 여섯 가지 사항을 염두에 둔다(장선철 · 김남원, 2018).

1. 진정으로 원하는 것이 무엇인가?
2. 나는 누구이며 어떤 사람이고 싶은가?
3. 나에게 정말 중요한 것이 무엇인가?
4. 더 하고자 하는 것과 덜 하고자 하는 것은 무엇인가?
5. 은퇴 이후 나에게 중요한 역할을 해 줄 사람이 누구인가?
6. 은퇴 이후 나에게 어떤 환경이 필요한가?

(2) 은퇴상담의 단계

은퇴상담은 4단계로 나누어 생각할 수 있다.

① 변화와 전환에 대한 인식 파악하기

은퇴로 인한 변화와 전환에 대해 내담자의 인식이 어떠한지 파악하고 평가한다. 변화를 기피하거나 변화를 선호하는 형태로 나눌 수 있다.

② 새로운 정체성 발굴하기

은퇴는 경제적 수입 감소와 더불어 다양한 변화를 초래한다. 따라서 은퇴 이후의 삶을 설계하는 과정에서 새로운 자신의 정체성 확립이 필요하다.

③ 은퇴 이후의 인생 설계하기

은퇴 이후의 인생 설계에서 핵심주제를 발견하는 과정이다. 본인이 바라는 미래 그려 보기, 머릿속 그림을 글로 표현하기, 원하는 인생계획을 만들기 작업으로 표현하기 등이 가능하다.

④ 비전 실현하기

새롭게 확립된 정체성과 인생설계를 실제로 실행하는 단계이다. 다음 사항을 유의하도록 상담한다.

1. 소속감을 느낄 수 있는 곳을 찾아라.
2. 생각과 감정을 가족과 공유하라.
3. 감사하는 연습을 하라.
4. 가족관계를 점검하라.
5. 공감하는 연습을 하라.
6. 각자의 공간을 제공하고 피드백을 받아라.
7. 새로운 습관을 만들고, 긍정적으로 생각하라.

3. 상담 사례

■ 내담자의 기본 사항

67세 남성. 배우자와 거주. 2명의 자녀는 결혼하여 독립함.

■ 호소하는 내용

저는 대학을 졸업하자마자 ○○은행에 취업했어요. 28년이 넘도록 은행원 생활을 했습니다. 은퇴 직전에는 지점장으로 근무했는데, 고객유치 실적으로 엄청난 스트레스를 받고 있었어요. 그때 마침 명예퇴직 바람이 불어서, 퇴직 유혹이 오더라고요. 그래서 스트레스 받던 차에 퇴직하고 말았어요. 퇴직 자금도 6억 이상 준비해둬서 큰 어려움은 없을 거라고 생각했지요. 퇴직 직전에는 그동안 못했던 취미생활도 할 수 있을 거 같아 꿈에 부풀어 있었어요.

첫해에는 진짜 너무 좋았습니다. 그동안 일 때문에 못 만나던 학창시절 친구도 만나고, 골프에 등산, 낚시도 즐겼지요. 가끔 와이프와 해외여행도 다녀오고 좋은 시간을 보냈어요. 그런데 시간이 지나면서 와이프의 태도가 변했어요. 벌지도 않으면서 너무 놀러 다니고 돈을 많이 쓴다고 잔소리를 시작했어요. '자식들한테 좀 남겨주고 가야지 다 쓰고 갈 거냐'는 거예요. 저는 자식들 물려줘도 크게 도움 안 될 거니 우리 돈은 우리가 쓰고 가자고 생각하는데, 집사람은 생각이 다르더라고요. 그러면서 골프 치러 나가기도 눈치 보이고, 아무것도 하고 싶지 않아지더군요. 한 일 년은 집에서 두문불출하고 살았어요. 그러다 보니 소화도 안 되고 사는 게 재미 없어졌어요. 동네 내과 병원에 가서 상담을 받았더니, 정신과 상담을 받아보라고 하니, 어이가 없더라고요. 요새는 술을 안 먹으면 잠도 못자고 심각해졌어요. 사는 게 너무 허무하고 앞으로도 어떻게 살아야 하나 막막합니다.

■ 내담자의 감정과 생각 파악하기

■ 내담자 감정에 공감하는 방법

■ 내담자의 문제 파악

■ 상담목표

■ 해결방안들

출처: 김애순 (2008). 노인상담 사례 재정리. p.103.

참고문헌

공무원연금공단 (2020). 은퇴설계의 필요성. 은퇴지원교육(사회공헌21차) 교육집.

권중돈 (2022). **노인복지론(8판)**. 학지사.

김미혜, 정순돌, 김동엽, 남순현, 김보람, 이상아 (2012). **노후설계 상담콘텐츠 연구 · 개발**. 국민연금공단 · 이화여자대학교 사회복지전문대학원.

김봉환 (2014). 은퇴상담의 현황과 전망. **상담학연구, 15**(1): 301-320.

김애순 (2008). **장 · 노년상담**. 시그마프레스.

김혜경, 김지혜 (2020). 노인의 노후준비가 생활만족도에 미치는 영향: 사회적지지 및 죽음불안과의 관련성을 중심으로. **한국콘텐츠학회지, 20**(10): 449-457.

김희수 (2022). **노인상담의 이해**. 동문사.

박재간, 손홍숙, 박정희, 이호선, 최정윤, 백상창, 정문자, 손화희, 박충선, 이성희 (2011). **노인상담론**. 공동체.

박창제 (2009). 중 · 고령자의 경제적 노후준비와 결정요인. **한국사회복지학, 60**(3): 275-297.

손성동 (2023.6). **건강보험웹진, 293**. 건강보험공단.

신규수 (2018). 노후준비상담서비스의 행태변화 효과 및 영향요인 분석. **노인복지연구, 73**(3): 7-27.

원영희, 전혜정, 김주현, 한은주, 이호선, 김원경, 정미경, 김미령, 손화희, 이민홍, 배나래, 김유진, 한국노년학포럼 (2015). **노인복지상담**. 공동체.

이영희 (1992). **산업사회와 노동문제**. 비봉출판사.

이호선 (2012). **노인상담**. 학지사.

장선철, 김남원 (2018). **노인상담**. 동문사.

정미경 (2017). **행복한 노년의 삶을 위한 노인상담**. 시그마프레스.

정순돌, 김혜경, 박화옥, 김범중, 곽민영, 양옥남 (2020). **노인복지학**. 공동체.

한혜경 (2013). **나는 매일 은퇴를 꿈꾼다**. 샘터.

한혜경 (2015). **나는 품위 있게 나이 들고 싶다**. 샘터.

홍백위, 이소정, 박미희 (2012). 고령사회대응을 위한 노후준비지표 개발. 보건복지부.

Laslett, P. (1991). *A fresh map of life: the emergence of the third age*. Harvard University Press.

Thorson, J. A. (2000). *Aging in the ching society* (2nd Ed.) Pennsylvania: Brunner/Mazel.

Virginia E. R. (2008). **은퇴상담**. 이장호 외 공역. 학지사.

국민연금공단 중앙노후준비지원센터 https://csa.nps.or.kr/

Chapter 07

노인부부와 가족관계

Counseling Older Adults

CHAPTER

07 노인부부와 가족관계

1. 노인부부와 가족관계의 특성

1) 개념

가족은 혼인, 혈연, 입양 등으로 맺어진 사회조직의 기초단위이며 중요한 사회집단이다. 가족은 사회의 기본 구성단위이면서 관계적 측면에서 중요한 영향을 미친다. 이를 두 가지 측면에서 살펴보면 다음과 같다. 첫째, 가족은 사람들과의 직접적인 관계의 측면에서 개인의 삶과 행동에 깊은 영향을 미친다. 둘째, 모든 가족은 특별한 상호작용 유형을 발전시키고 이러한 상호작용의 경험은 다른 사람과의 관계에 영향을 미친다(서혜경 외, 2013). 특히 우리나라는 전통적으로 가족주의의 이념을 매우 중시한 사회로 노년기의 가족관계가 생활 전반에 미치는 파급효과가 매우 크다.

노인부부는 일반적으로 부부 중 한 사람이라도 만 60세가 넘는 경우를 의미한다(김재엽 외, 1998). 평균수명이 증가하고 노년기가 길어지면서 노인만 함께 사는 노인부부 가구의 비율이 자녀동거 가구를 추월하여 가장 높게 나타나고 있다. 이러한 가족형태의 변화는 가족의 역할에도 변화를 불러일으킨다.

2) 노인부부와 가족관계의 특성

옛말에 '늙으면 마누라밖에 없다'는 말이 있다. 이는 노년기에 배우자가 얼마나 중요한 위치를 차지하는지를 알 수 있는 말이다. 노인부부만 사는 가정이 많아지면서 다음과 같은 어려움을 겪게 된다.

(1) 가정생활 스트레스

가정생활 스트레스는 가정생활과 스트레스를 합쳐서 만든 용어로, 가족의 일상생활이나 역할과부하, 가족관계 및 생활에서의 어려움 등 가정에서 생활하면서 발생하는 지각된 반응으로서의 스트레스(Strain)로 볼 수 있다. 스트레스는 부부 간의 갈등을 유발하며 이혼율을 증가시키는 원인으로 지목된다. 가정생활에서의 스트레스는 개인이 갖고 있는 생활스트레스와 비슷하지만, 가정이라는 공동생활에서 발생하는 것이기 때문에 차별성을 갖는다(김수진, 2019).

할 일이 너무 많은 것과 같이 역할의 과부하, 가족 간의 관계에서 오는 갈등이나 가정 내 역할 갈등, 재정적 의무 등과 같이 역할에 얽매일 수밖에 없는 것 등의 가정생활 및 부부관계와 관련되어 있는 사회적 역할의 구조는 스트레스와 밀접한 관계를 맺는다.

(2) 부부 간의 권력구조

부부 사이에서의 스트레스는 부부의 권력 유형에 따라 차이가 있다. 부부의 권력 유형이 남편 우위형일 경우 가장 많은 스트레스를 겪으며, 이 경우 남편은 자신에게 주어지는 과도한 기대역할로 인해, 부인은 수직적이고 종속적인 관계로 인해 스트레스를 많이 받는다. 반면 평등형일 경우 가장 낮은 스트레스를 경험하는데, 이 경우 아내는 의사결정에 있어서 보다 많은 권한을 가지고 있고 남편과 함께 사회경제적인 역할을 분담하는 경향을 보여서 상대적으로 낮은 스트레스를 경험한다(김재엽 외, 1998).

(3) 부부갈등과 황혼이혼

황혼이혼은 오랜 결혼생활과정에서 누적된 배우자에 대한 실망감과 다양한 갈등이 표출된 사회적 현상이다. 이혼에 대한 사회적 인식은 '개인의 삶 실패'라는 부정적인 면과 억압되었던 잠재력과 능력을 발전시킬 수 있는 '성장의 기회'가 되기도 한다는 긍정적인 면이 공존하고 있다. 그러나 그동안 우리 사회는 유교문화의 영향으로 인해 결혼생활의 안정과 유지에 대한 사회적 가치를 강조해 왔으며, 노인세대는 이러한 가치를 내면화한 세대로서 이혼에 대한 부정적 인식이 매우 강하다. 이로 인해 황혼이혼 후 삶을 재정립하고 성장해 나가는 데 어려움이 발생할 수 있다(유순희 · 정민자, 2018).

(4) 졸혼

이혼이라는 상황에 대한 편견을 희석시키기 위해 '졸혼'이라는 용어가 등장하기도 하였다. '졸혼'은 나이 든 부부가 이혼하지 않으면서도 각자 자신의 여생을 자유롭게 살며 즐기기 위해 등장한 신풍속이다. 이러한 졸혼은 사회적 거부감이 적으며 배우자 간의 논의와 협의로 인해 성립된다. 대체로 졸혼 욕구와 의향은 남편보다는 아내에게서 강한 것으로 보이며, 최종 결정권은 남편에게 더 부여된 것으로 보인다. 이는 가족부양자로서의 남편이 주요한 경제권을 가지기 때문이다. 따라서 많은 경우, 아내가 졸혼을 제안 혹은 요청하고, 그 실현은 남편의 동조나 승인에 따라 이루어진다(김정석 · 김미선, 2020).

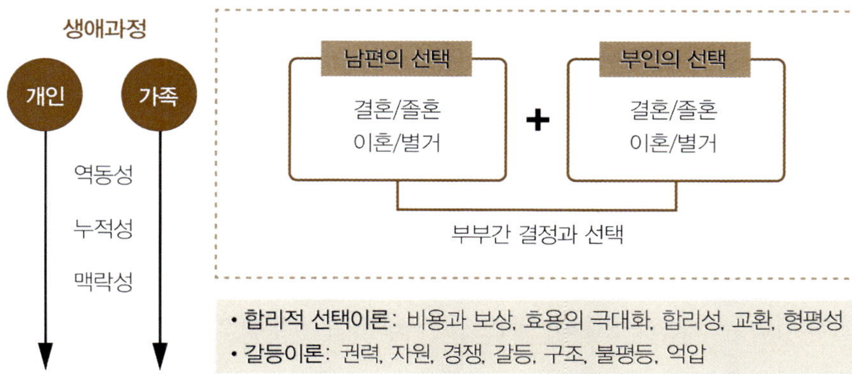

[그림 7-1] 졸혼의 미시적 기제

출처: 김정석 · 김미선 (2020).

생애과정이론에 따르면 결혼과 가족생활은 개인과 가족의 평생에 걸쳐 일어나는 역동적인 과정으로, 현재의 상태와 변화는 이전 상황이 누적된 결과이다. 또한 개인과 가족의 생활경험은 사회적, 문화적, 역사적 맥락과 환경에 의해 영향을 받는다.

부부는 졸혼이라는 대안을 선택하는 데 따르는 비용과 보상을 각자의 입장에서 생각하고, 그 효용이 현재의 결혼보다 크다고 판단될 경우 이를 행위로 옮기려고 할 것이다. 각 배우자는 자신의 자원(물질적, 비물질적)을 가지고 사회적 교환에 참여하게 되는데, 여기에는 호혜성의 규범이 작동된다(김정석, 2007).

갈등이론의 틀은 부부간의 불평등한 지위와 자원배분에 주목한다. 경쟁과 갈등은 집단 간 불평등과 억압을 초래한다. 부부관계에서도 자원과 권력은 불평등하게 배분되며 갈등을 발생시킨다. 갈등의 조정은 자원이 많은 배우자에게 유리한 방식으로 이루어진다(김정석 · 김미선, 2020).

3) 노인 가족관계의 상담 이슈

(1) 고부갈등과 장서갈등

시어머니와 며느리 사이에서 발생하는 갈등을 '고부갈등', 장인장모와 사위의 갈등을 '장서갈등'이라고 한다(장선철 · 김남원, 2018). '고부'와 '장서'는 결혼이라는 과정을 통해 새롭게 만들어지는 부모와 자녀의 관계로 법적인 가족관계이다.

한국적 고부갈등은 다음과 같은 유형으로 나누어 볼 수 있다(구자경, 1999; 임사랑, 2012).

- **권력구조적 갈등**: 현대사회에서 며느리의 지위가 올라감에 따라 나타난다.
- **역할구조적 갈등**: 고부간의 역할에 대한 상호기대와 수행의 불일치로 나타난다.
- **애정구조적 갈등**: 한 남자를 두고 아들과 남편을 빼앗는 침략자, 경쟁자로서 갈등을 하게 된다.
- **생활구조적 갈등**: 고부간의 자라온 생활환경, 세대차이, 성격차이로 인

해 발생된다.

- 경제적 이해 갈등: 나이 든 부모는 아들 부부에게 의존하게 되고, 며느리는 자신에게 어느 정도 이익이 될 때 부모를 모시려고 하기 때문에 발생된다.

한국의 전통적인 가부장적 문화에서 '고부갈등'은 일반가정에서도 지금까지 이어지고 있는 대표적인 가족갈등이며, 국제결혼의 증가로 인해 다문화 가정에서도 고부갈등이 중요한 이슈가 되고 있다. 결혼이주여성의 배우자 가족인 시부모와의 갈등은 다문화 가정의 이혼과 별거의 주된 원인으로 지목되고 있다(정선주, 2020).

전통적으로 며느리의 시집살이로 대변되는 가부장 사회에서 고부갈등은 오랜 문제이지만, 여성의 지위가 회복되고 사회진출이 활발해지면서 '장서갈등' 역시 급부상했다. 장서갈등은 맞벌이 부부 증가와 여성의 사회 진출 증가, 주택난 등의 사유로 처가를 중심으로 한 수정확대가족이 보편화되는 것과 관련된다. 장모와 사위의 관계에서 대면접촉 상황이 증가하고 직접대화방식이 증가하는 상호교환 기회가 늘면서 장모와 사위의 갈등도 증가하고 있다(이호선, 2020). 장모의 발언권이 강해지면서 사위의 생활습관, 성격을 지적하거나 딸의 입장에서 사위의 의사결정권을 무시하고 일방적으로 강요하거나 사위의 경제력을 타인과 비교하는 등의 갈등적 태도가 나타난다(전세송 외, 2011).

이호선(2020)은 장모의 장서갈등-회복과정에 나타는 작용/상호작용을 시간의 흐름에 따라 [그림 7-2]와 같이 정리하였다. 이에 따르면 장모가 경험한 장서갈등-회복과정은 사위와 갈등촉발, 외부 노력과 개인적 노력, 갈등회복국면, 갈등회복경험의 5단계로 나타났으며 이 과정은 순환적 구조를 갖는다.

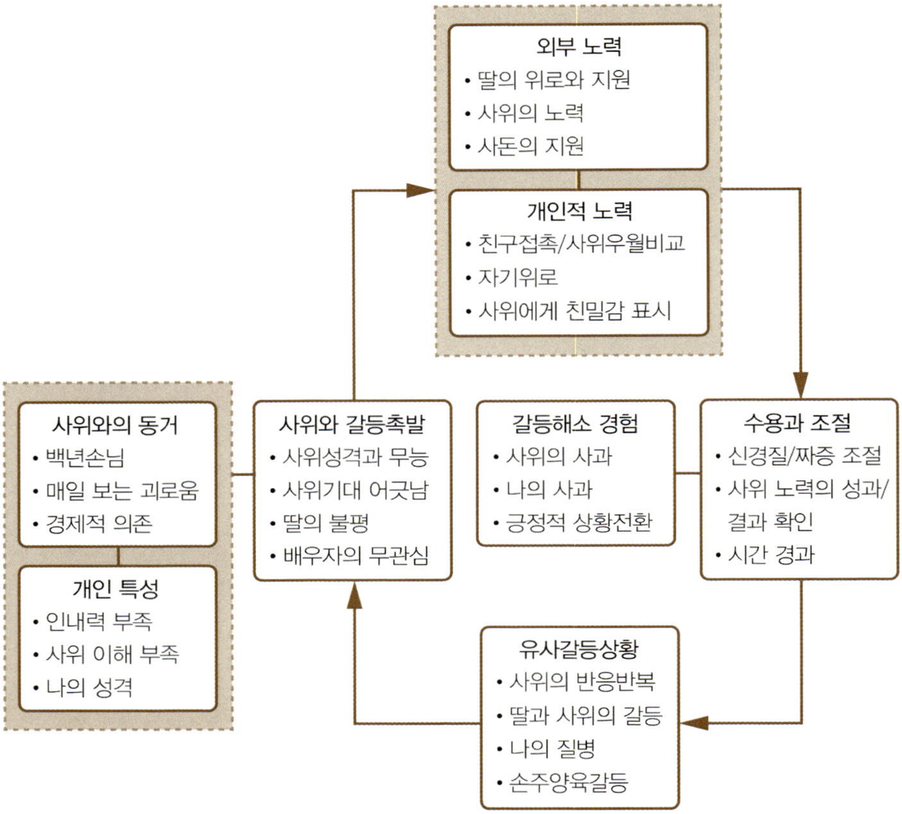

[그림 7-2] 장모의 장서갈등-회복과정 모형

출처: 이호선 (2020).

(2) 캥거루족

부모와 함께 거주하며 부모에게 의존하고 있는 젊은 세대를 캥거루족이라 한다(최연실, 2014). 캥거루족은 청년층의 교육연한이 증가하고 취업난과 더불어 만혼현상이 확대되는 사회적 변화로 인해 독립이 지연되면서 증가하고 있다. 독립하여 따로 생활하는 자녀와 달리 부모와 동거하며 일상에서 빈번하게 상호작용하는 캥거루족은 부모의 생활에 활발히 영향을 미치게 된다(강유진, 2016). 캥거루족 가구의 증가는 부모가 자녀를 위해 수고하고 헌신하는 가족주의와 가족 간의 관계를 중시하는 관계주의 등의 한국의 문화적 특성과 관계가 있는데(강현선, 2018), 캥거루족의 범위를 확대하여 혼인 여부와 무관하게 부모와 함께 사는 세대를 포함하거나, 부모와의 동거 여부와 관계없이 부모로부터 경제적 지원을 받는 자녀를 캥거루족으로 본 경우도 있다(김인혜 · 여정성, 2020). 캥거루족의 부모는 심리적 만족이 낮다고 보고되고 있으며(강유진, 2016), 한편으로는 성인과 부모의 관계에 대한 만족도가 전반적으로 높은 수준이라는 연구 결과도 존재한다(이영분 외, 2011). 보다 세부적으로 가족관계, 사회적 친분관계, 주거환경, 전반적 생활, 직업, 여가생활, 건강만족도는 높으나, 가족의 수입 만족에 대해서는 낮은 결과를 보여준 연구도 있다(김인혜 · 여정성, 2020).

(3) 조손가족

조손가족은 부모 세대가 제외된 조부모와 손자녀로 이루어진 가족이며, 부모의 세대가 없이 구성된 가족으로, 부모 세대를 건너뛴 조손가족의 경우 부모 세대의 공백으로 인해 40~60세 이상의 연령차이로 세대차이가 존재한다.

조손가족이 느끼는 세대차이는 다음과 같다(정순둘 외, 2023).

- 가족의 의미: 조부모는 자녀처럼 돌보는 책임감을 지니고 있는 반면 손자녀는 조부모의 돌봄에 감사하면서도 조손가족이라는 부끄러움을 가진다.
- 경제적 관념: 꼭 필요한 지출만 해야 하고 손자녀를 끝까지 돌봐야 한

다는 가치관을 가진 조부모와 갖고 싶은 것은 꼭 사고 싶으며, 조부모를 돌봐야 한다는 사실은 인지하지만 자신 없어 하는 손자녀의 가치갈등이 존재한다.

- 돌봄의 가치관: 조부모는 양육기술 없이 옛날 방식으로 엄히 대하는 반면, 손자녀들은 조부모의 방식이 싫고, 코드가 맞지 않고 공감이 되지 않음으로 인해 점차 대화가 단절되어 간다.

이러한 세대차이로 인해 가족생활의 어려움이 발생하는데, 손자녀의 발달 단계별로 학업지원, 진로지원, 정보사용역량 등에서 어려움을 겪고, 주변으로부터 고립되어감으로써 정서적 외로움을 겪으며, 세대를 건너 뛴 돌봄의 한계를 느끼는 등의 어려움을 겪는 것으로 나타났다(정순둘 외, 2023).

특히 저소득층의 조손가족의 조부모들은 젊은 시절부터 저소득, 저학력, 열악한 주거 및 지역사회 환경, 심체 · 심리적 자원의 부족 등 다차원적인 소외로 사회의 주류적 흐름에 동참하지 못하였다. 때문에 조손가족의 시작점에 대해 자녀가족의 해체가 아닌 부모세대 그 이전부터 계속된 생애과정의 축적된 결과로 보기도 한다. 이 과정을 설명하면 다음과 같다(한경혜 외, 2009).

❖ 과정

부모세대의 가난 → 자녀의 학업중단이나 경제적 파산, 혼전 동거 및 출산 → 갈등 상황에 직면 → 손쉬운 방법으로 양육책임을 부모에게 전가하고 가출 또는 이혼 감행 → 손자녀의 양육이 조부모에게 넘어감 → 조부모는 손자녀를 양육하면서 육체적 · 정서적 · 경제적 어려움과 사회관계망의 축소 경험

2. 노인부부와 가족관계 상담 시 주의점

1) 상담의 목표

(1) 가족 간 의사소통 개선

효과적인 의사소통은 가족 간 갈등을 해소하고 관계를 강화하는 데 핵심적인 역할을 한다. 가족 간에 서로의 감정과 생각을 나누고 서로 간의 오해를 줄임으로써 긍정적인 상호작용을 증가시킬 수 있도록 한다. 특히 부모와 자녀가 함께 사는 경우 세대차이로 인해 오해가 생길 수 있는 부분을 적극적으로 의사소통할 수 있도록 지원한다.

(2) 권력구조의 조정

사회 변화에 맞추어 노인부부 간의 권력구조가 변화할 수 있으며, 상호존중과 평등한 관계를 구축하기 위한 노력을 지지한다.

(3) 부부 친밀감 회복 및 유지

노년기에 신체적, 정서적 노화로 인해 부부 간 친밀감이 감소할 경우 상담을 통해 서로의 필요와 욕구를 이해하고 친밀감을 회복할 수 있도록 하는 방법을 찾는다.

(4) 가족갈등 해결 및 스트레스 관리

노인부부 및 가족이 직면한 다양한 갈등상황을 효과적으로 해결하고 문제해결능력을 향상시킨다. 가정생활에서의 다양한 스트레스에 대해 부부가 함께 문제를 해결하고 긍정적인 관계를 유지할 수 있도록 돕는다.

(5) 황혼이혼 예방 및 대처

황혼이혼은 노년기 부부에게 경제적 · 심리적으로 큰 영향을 미칠 수 있으므로, 상담을 통해 이혼을 고려하게 된 원인을 파악하고 관계를 회복하거나 원만한 이혼과정을 거칠 수 있도록 지원한다.

(6) 삶의 만족도 향상

상담을 통해 가족 간의 관계를 강화하고 노인의 삶의 만족도를 높인다.

2) 상담 시 알아야 할 정보

우리나라 노인복지법에서는 노인상담을 위해 각 시 · 군 · 구에 노인복지상담원을 두도록 규정하고 있으며, 노인들이 많이 이용하는 대표적인 노인여가시설인 노인복지관의 경우 노인에 대한 각종 상담을 기본사업으로 제공하도록 하고 있다.

(1) 서울시 어르신상담센터

서울시 거주의 60세 이상 어르신과 그 가족을 대상으로 심리정서상담을 제공한다. 가족갈등상담은 중요한 상담 주제 중 하나이며, 부부 및 부모자녀, 기타 가족에 대한 개별상담을 진행한다.

(2) 경기도 사회서비스원 노인종합상담센터

경기도는 전국 최초 '경기도 노인종합상담센터 설치 및 운영 조례'를 제정하여, 2024년 12월 현재 도내 어르신과 가족들이 언제, 어디서든 전문심리상담 및 종합상담을 받을 수 있도록 도센터 24시간 노인온(ON-溫), 베이비부머 마음돌봄 전화상담과 31개 시 · 군 63개소 노인상담센터에 노인전문상담사를 배치하여 운영하고 있다.

3) 상담 시 주의해야 할 점

가족상담을 경험한 경우 오히려 상담서비스에 대한 도움 인식이 부정적이라는 연구결과가 있다. 노인과 가족이 함께하거나 혹은 가족만을 대상으로 하는 상담을 진행하는 데 있어서 세심한 주의가 필요한 것으로 보인다. 가족과 함께 있을 때의 노인은 개인으로서 보여지는 모습과 다를 수 있으며, 가족상담을 결정하는 데 있어서 노인의 자기결정권 등이 침해받지 않는지 등을 면밀하게 고려해야 한다(김수진 · 최성문, 2022).

노인의 문제 변화는 노인의 내면이나 외부에서 발생하기보다는 내담자가 자신이 처한 상황과 관계를 맺는 방법에서 발생한다. 이에 내담자가 환경을 변화시키고, 이렇게 변화된 환경이 다시 내담자의 행동에 영향을 미친다는 것에 대해 이해하고 상담을 진행해야 한다(최광현, 2007).

3. 상담 사례

■ 내담자의 기본 사항

고부갈등으로 인해 손자녀 양육을 전담하고 있는 74세 여성 노인

■ 호소하는 구체적 내용

74세인 이 할머니(가명)는 지나치게 참견하고 간섭하였던 시어머니 밑에서 어려움을 당하다가 과부가 되어 두 남매를 키웠으며 현재 아들집에서 살고 있다. 할머니는 현재 다리가 불편해서 힘들어 하면서 아들집의 거의 모든 살림을 담당하고 있다. 아들 부부는 현재 결혼생활 16년째로 두 형제를 두고 있다. 아들은 어머니에 대한 책임감으로 언제나 어머니 편을 들며 어머니의 모든 뜻을 따르고 있다. 반면에 며느리는 지나치게 살림에 간섭하고 자녀 양육방식에까지 참견을 하는 시어머니에 대해 처음에는 갈등을 표현하며 자신의 뜻대로 살림과 자녀 양육을 하려고 시도하였다. 그러나 남편이 언제나 어머니 편만을 일방적으로 따르는 것을 보고 실망하고 어머니에게 모든 가정살림과 자녀교육의 책임마저 넘겨주고 교회 일에 몰두하였다. 며느리는 언제나 교회에 가 있으며 가능한 집에 있으려 하지 않았다. 현재 며느리는 교회 안에서 목회자와 성도들에게 대단히 인정받는 평신도 사역자가 되었다. 가족 안에 문제가 드러나게 된 것은 이 할머니와 손자들과의 갈등에서였다. 현재 두 손자는 초등학교 5학년, 6학년생으로 학교에서 돌아와 집에 오면 언제나 두 손자를 맞는 사람은 할머니였다. 할머니가 식사를 차려주는 등 두 손자를 돌보았다. 살림과 자녀교육을 넘겨받은 이 할머니는 이들 손자들에게 할머니가 아닌 양육자로서 역할을 했으며, 이것은 두 손자에게 반발을 일으키게 했다. 어머니가 아닌 할머니의 잔소리와 참견, 공부에 대한 충고는 이들에게 스트레스가 되었으며 할머니와 두 손자와의 갈등은 심각하게 진행되어 두 손자는 할머니를 보려고 하지 않고, 할머니 역시 자신의 수고와 노력을 몰라주는 손자들에게 서운함을 느꼈다. 마침 다리의 통증이 심해지면서 신체적 증상의 호소와 더불어 우울증과 무기력감을 호소하였다.

■ 내담자의 감정과 생각 파악하기

■ 내담자 감정에 공감하는 방법 나열하기

■ 내담자의 문제 파악

■ 상담목표

■ 해결방안들

출처: 최광현 (2007). pp.247-248.

참고문헌

강유진 (2016). 부모동거 미혼성인자녀의 부모자녀관계의 질과 관련요인. **한국지역사회생활과 학회지, 27**(3): 387–403.

강현선 (2018). 성인기자녀의 부모의존 동거에 대한 사례 연구. **한국기독교상담학회지, 29**(3): 9–52.

구자경 (1999). 시어머니와 며느리가 지각하는 고부간의 갈등. 이화여자대학교 석사학위논문.

김수진 (2019). 사회적 배제, 가정생활 스트레스, 우울의 종단적 관계: 노인부부가구의 성별차이를 중심으로. 이화여자대학교 박사학위논문.

김수진, 최성문 (2022). 노인의 상담서비스 도움 인식 수준과 영향요인. **슈퍼비전과 실천연구, 7**: 51–78.

김인혜, 여정성 (2020). 캥거루족 부모와 비캥거루족 부모의 생활만족도 비교연구. **소비자학연구, 31**(1): 222–242.

김재엽, 김동배, 최선희 (1998). 노인부부의 스트레스와 갈등, 우울증, 그리고 권력. **한국노년학, 18**(3): 103–122.

김정석 (2007). 고령화의 주요 사회이론과 담론. **한국노년학, 27**(3): 667–690.

김정석, 김미선 (2020). 졸혼(卒婚)에 대한 사회학적 단상: 졸혼의 정의, 특성, 기제 및 전망. **한국인구학, 43**(4): 99–114.

서혜경, 정순둘, 최광현 (2013). **노인상담–기본기술과 과정**. 학지사.

유순희, 정민자 (2018). 황혼이혼 결정과정에 관한 연구. **가정과삶의질연구, 36**(2): 54–71.

이영분, 이용우, 최희정, 이화영 (2011). 한국사회의 부모 의존 독신성인에 대한 탐색적 연구. **한국가족복지학, 31**: 5–30.

이호선 (2020). 장모의 장서갈등 경험. **노년교육연구, 6**(2): 55–77.

임사랑 (2012). 다문화가정 시어머니의 고부갈등 요인에 관한 연구: 순천시를 중심으로. 전남대학교 석사학위논문.

장선철, 김남원 (2018). **노인상담**. 동문사.

전세송, 김수경, 전귀연 (2011). 장모–사위 간 관계 변인이 사위의 관계 만족도 및 부정적 지각에 미치는 영향. *Family and Environment Research, 49*(7): 123–133.

정선주 (2020). 다문화가정의 고부갈등 양상: EBS 〈다문화고부열전〉에 나타난 고부갈등을 중심으로. **다문화사회연구, 13**(3): 145-195.

정순둘, 정세미, 송보가, 박화옥 (2023). 세대를 건너뛴 양육에서 조손가족의 삶의 경험 – 세대 차이와 어려움. **한국가족복지학, 70**(3): 5-38.

최광현 (2007). 노인 내담자를 위한 체계적 가족상담적 접근. **한국기독교상담학회지, 14**(-): 235-259.

최연실 (2014). 성인자녀의 부모 동거 현황 및 분석틀의 탐색. **한국가정관리학회지, 32**(4): 75-89.

한경혜, 주지현, 정다겸 (2009). 생애과정 관점에서 본 저소득층 조손가족 조부모의 사회적 배제 경험과 적응. **한국가족복지학, 26**(-): 87-121.

Chapter 08

노인의 성과 범죄

CHAPTER

08 노인의 성과 범죄

1. 노인의 성과 범죄의 특성

1) 노인의 성

사회적으로 노인의 성에 관한 논의는 금기시되는 경향이 있어 대다수의 노인은 전통적인 유교적, 가부장적 가치관 속에 감추고, 인내하며 살아가는 음지의 성문화가 지속되고 있다(나동석 외, 2011). 노인의 노후생활에서 성은 사회의 부정적인 시각으로 인해 제한적으로 인식됨으로써(신선화 외, 2014), 결국 노인은 사회적으로 탈 성적인 존재, 혹은 무성적인 존재로 인식되었다. 그러나 노인의 성적 욕구는 '잊혀진 건강기능(Forgotten aspect of functional health)'이라고 불리며(Steinke, 1997), 나이가 들어도 유지되는 경향이 있다. 노인들도 성적 욕구를 표현하고 친밀한 관계를 맺을 권리가 있다. 21세기를 살아가는 노인들은 과거의 노인들과 비교할 때 성에 대한 매우 다른 인식과 태도를 지니고 있다. 노인들의 성적 욕망과 쾌락이 가시화되고 있으며 성적 주체로서 위치를 더욱 확고히 하고 있다(Lindau et al., 2007).

(1) 유배우자의 성(이현심, 2014)

① 성적 욕구를 느끼지만, 점점 감소되는 느낌을 받는다.
② 배우자와 성적 욕구를 해결한다.
③ 성생활을 계속하고 싶다.
④ 부부니까 의무로 한다.
⑤ 성생활은 삶의 활력소이다.
⑥ 성생활 후 배우자와의 관계가 부드러워지고 심리적으로 안정감이 든다.
⑦ 젊은 시절에 비해 성생활의 만족도가 점점 감소된다.
⑧ 성기능이 약화되어 성생활이 제한된다.

(2) 무배우자의 성(최은영 · 하주영, 2014)

① 지역사회 거주 노인의 경우 배우자 유무와 상관없이 성생활 인식 정도가 비슷하다.
② 성생활 욕구, 성생활 태도, 성생활 중요도가 유배우자에 비해 더 높게 나타나기도 한다.
③ 외향적으로 성과 관련된 표현을 하든 내면적으로 성적 충동을 엄격히 억제하든, 성욕구에 대해 적극적으로 행동을 취하는 것을 의미하는 성욕구 대처행동은 보통 이하로 나타났다.
④ 현재 이성교제를 하는 경우 성생활 인식이 높게 나타난다.

(3) 노인의 성생활의 어려움

① 남성 노인의 성생활은 약물 사용과 건강상태에 의해 많은 영향을 받으며(Avis, 2000), 발기장애를 가장 많이 겪는다. 여성 노인의 경우는 질액 부족, 오르가슴 감소, 성적인 흥미 감소와 같은 문제가 가장 많이 나타났다(Laumann et al., 2005).

② 노인의 성적 장애는 우울장애를 유발하는 원인이 되기도 하지만 성기능장애의 치료는 우울의 감소와 더불어 삶의 질을 향상시키는 역할을 한다(Sediman & Roose, 2000).

(4) 노인의 성범죄

노인은 때때로 성적 범죄의 피해자가 되기도 하는데 상대적으로 취약한 여성 노인이 위험에 노출될 가능성이 더 높다. 노인세대는 성적인 행위에 대한 여성의 정조를 강조하던 세대이므로 성범죄에 있어 다른 세대에 비해 수치심을 느낄 가능성이 더 크고, 범죄 사실이 밝혀지더라도 숨길 가능성이 높다.

반대로 노인은 성범죄의 가해자가 되기도 한다. 노인의 성범죄는 65세 이상의 노인이 고의 혹은 과실로 타인의 신체적 · 심리적 성적 침해 행위로서 형벌 법규의 범죄 구성요건에 해당하는 강간, 유사강간, 강제추행, 기타 강간 · 강제추행 등의 위법한 행위를 가리킨다(이은주 · 차시환, 2021).

2) 노인범죄

(1) 개념

범죄에 대한 개념적 정의는 국가가 가지고 있는 정치, 사회, 그리고 형벌체제에 따라서 다르게 적용되고 정의된다(이은주 · 차시환, 2021).

① 정치학적 범죄: 직접 또는 간접적으로 정치세력에 영향을 미칠 수 있는 행위를 의미한다.
② 사회학적 범죄: 현재 사회질서를 유지하는 데 영향을 미치는 반사회적 행동으로 정의한다(허경미, 2018).
③ 법률학적 범죄: 형사법령이 규정한 행위를 위반한 행위이며, 그 유형과 범행 수법, 그에 대한 처벌의 방법, 적용 범위 등이 이미 명문화되어 있는 행위를 의미한다(김재민, 2018).

(2) 노인범죄의 특성

노인범죄는 다른 연령대와 구별되는 특성을 지니며, 피해자로 인식되기도 하지만 가해자가 되는 양면적 지위 특성을 가진다. 노인은 사회적인 주지위에서 은퇴를 경험하고, 사회로부터 점점 고립되고, 친구 또는 배우자를 사별하는 등의 경험을 하게 된다. 이때 발생하는 감정적 어려움은 우울증 등으로 발현하여 노인을 매력적인 범행대상으로 보이게 한다.

한편, 2026년 초고령사회로의 진입으로 노인인구가 증가함에 따라 '황혼범죄'라고 불리는 노인에 의한 범죄가 늘어나고 있는 것도 사실이다. 의료기술의 눈부신 발전과 개인의 생활양식 차이에 따라 노화에 있어서 개인차를 더욱 크게 만들었다. 과거에는 노인의 신체기능의 퇴화, 정신적 탄력성이나 의지력의 퇴화, 핵가족화로 인한 소외감, 퇴직으로 인한 사회적 고립 등의 심리적 변화, 사회와의 접촉 감소 등으로 범법의 기회가 적어진다고 간주되었다(주재진, 2011). 그러나 점차 범죄의 유형도 다양화되고 청소년층이나 장년의 범죄에 못지않은 폭력성과 대담성을 보여주고 있다(조용철, 2008).

(3) 피해자의 특징

노인들은 신체적 정신적으로 취약함으로 인해 범죄의 피해자로 선택되기 쉽다. 특히 사회적으로 고립되어 있는 노인의 경우 이웃주민들의 도움을 받기 어렵고, 피해 사실이 있어도 노출되기 쉽지 않다.

① **사기범죄 피해**: 노인들은 때때로 사기범죄의 주된 대상이 되고, 이러한 주제로 상담을 요청하는 경우가 많다. 노인들은 정보를 획득하는데 상대적으로 취약한 경향이 있으며, 온라인의 정보가 풍부한 현대사회에서 이를 활용하는 데 익숙하지 않다. 때문에 금융사기나 전화사기 등에 노출되기 쉽다. 가정을 방문하여 비싼 건강식품을 판매하고 연락이 두절된다거나, 노인들을 집단으로 모아 레크리에이션 등으로 현혹한 후 필요 없는 물건을 사게 하기도 한다.

② **폭력의 위협에 취약**: 폭력의 위협은 노인들을 힘들게 하고, 육체적이고 물리적인 방어능력이 취약하여 폭력범죄 피해를 당할 가능성이 높다.

③ **재산범죄에 취약**: 노인은 다른 연령층에 비해 재산범죄에 대응능력이 떨어지며, 이 때문에 종종 신종 수법에 의한 지능적인 범죄에 피해를 입는다(심혜인, 2022).

(4) 가해자의 특징

노인 가해자의 범죄는 주로 경제적 어려움, 정신적 질환, 사회적 고립 등과 밀접한 연관이 있다. 노년기에 접어들며 직면하는 신체적, 정신적 약화는 범죄 동기에 영향을 미칠 수 있다.

① **경제적 어려움과 범죄**: 노인은 경제적 취약성을 자주 경험하며, 이로 인해 절도, 사기 등의 경제적 범죄에 가담하게 되는 경우가 많다. 경제적 문제는 특히 혼자 사는 노인이나 가족의 지원을 받지 못하는 경우에 심각해지며, 이는 범죄로 이어질 수 있다.

② **정신적 질환과 범죄**: 치매와 같은 정신적 질환을 앓고 있는 노인은 자신의 행동을 제어하기 어려워 폭력적인 행동을 할 가능성이 높다. 이러한 행동은 때때로 범죄로 이어지며, 이는 주로 가까운 가족이나 이웃을 대상으로 한다.

③ **사회적 고립과 범죄**: 사회적 고립은 노인의 심리적 상태를 악화시키며, 이는 우울증, 불안 등으로 이어져 공격적인 행동을 유발할 수 있다. 이러한 심리적 불안정은 가정 내 폭력이나 공공장소에서의 난폭한 행동으로 나타날 수 있다.

(5) 노인범죄의 현황

2023년 2분기 '분기별 범죄동향리포트'에 따르면 2023년 2분기 기준 전체 범죄에서 고령범죄자 비율은 10.2%로 나타났으며, 그중 가장 높은 범죄 유형은 재산범죄(11.0%)이고, 교통범죄(10.6%), 폭력범죄(9.4%) 순으로 높았으며, 강력범죄(5.7%)의 고령범죄자 비율이 가장 낮은 것으로 나타났다.

2021~2023년 2분기까지의 범죄 유형별 고령범죄자 비율은 강력범죄의 경우 지속적으로 감소한 반면, 폭력범죄는 지속적으로 증가하였다.

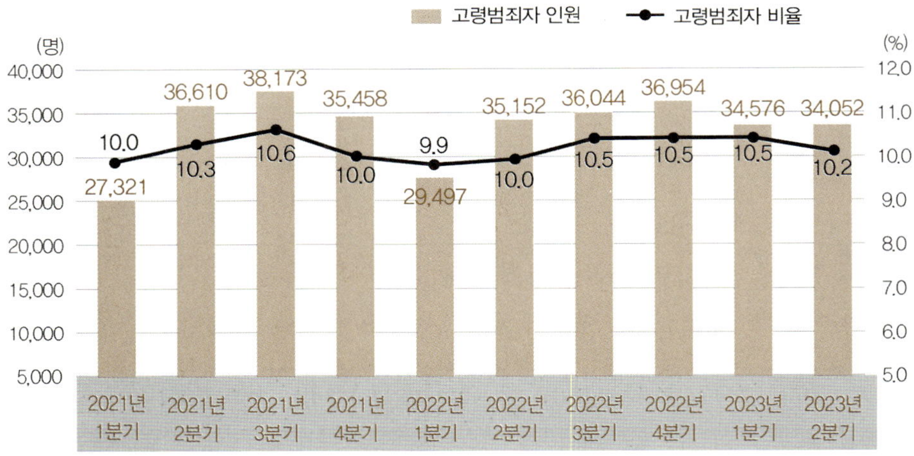

[그림 8-1] 전체 범죄의 분기별 고령범죄자 인원수 및 비율

출처: 분기별 범죄동향리포트 제27호, 2023년 2분기.

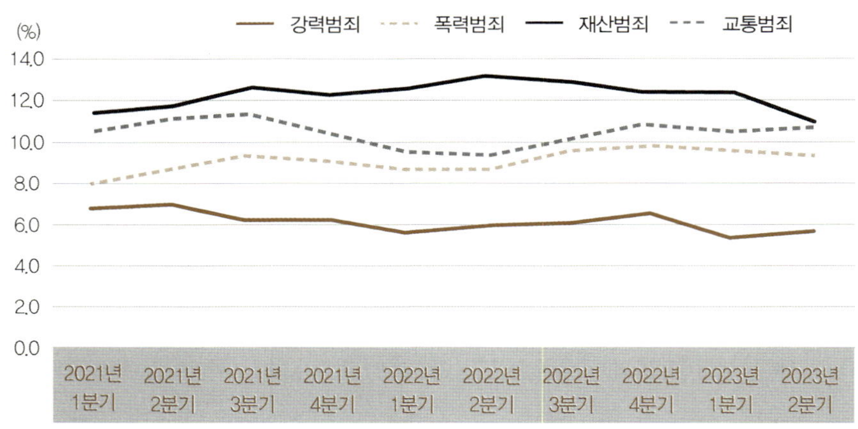

[그림 8-2] 주요 범죄군의 분기별 고령범죄자 비율

(6) 노인범죄/성범죄의 원인

① 노인범죄/성범죄 피해의 원인

노인의 범죄에 대한 원인 중 취약성과 관련하여 신체적 취약성, 사회적 취약성, 경제적 취약성으로 분류할 수 있다(심혜인, 2022).

- 신체적 취약성: 범죄에 대응하고, 범죄로부터 회복할 수 있는 신체적 조건 또는 능력 수준이 미약한 것이다. 대표적인 취약한 신체적 특성으로는 성별과 연령으로 볼 수 있다.
- 사회적 취약성: 개인의 사회적 상태를 바탕으로 지각하는 범죄 두려움 수준으로 설명할 수 있다. 학력, 주거지 상황 등이 사회적 취약성의 주요 변수로 활용된다.
- 경제적 취약성: 경제적 수준과 범죄 피해 경험은 필요충분조건은 아니나, 경제적 수준이 낮은 경우 범죄 피해를 경험할 가능성이 증가할 수 있다.

노인의 외부활동 증가와 관련하여 범죄 피해가 증가한다고 보는 의견도 있다(허경미, 2006). 노인의 외출이 증가하면 외부의 범죄자를 접할 가능성이 증가하며, 고가의 귀금속이나 재화 등으로 인해 범죄자에게 매력적인 표적이 될 가능성이 높다는 의견이다.

지역 특성과 관련이 높다는 의견도 있다(Akers et al., 1987). 도시에서는 범죄 피해가 적지만, 상대적으로 시골이나 농촌지역에서는 범죄 피해가 더 높다.

사회유대이론에 근거하여 배우자 또는 친구의 죽음을 경험한 노인, 은퇴 또는 실직을 경험한 노인, 또는 사회적으로 고립된 노인이 타인과의 감정적 애착형성에서 어려움을 느끼며, 이는 개인의 비공식적 사회 통제력을 약화시킴으로써 성범죄에 쉽게 노출된다는 의견도 있다(이은주 · 차시환, 2021).

② 노인범죄/성범죄 가해의 원인

■ 신체적 원인

신체적인 노화는 건강 악화, 자기중심적 경향, 방어기재의 사용, 욕구불만, 사회부적응, 경쟁 도태와 직업적 역할 상실 등의 신체적 요인이 발생되고 이러한 신체적 동기들은 범행동기와 연결되어 노인범죄가 발생하게 된다(윤두환 · 양혜경, 2019).

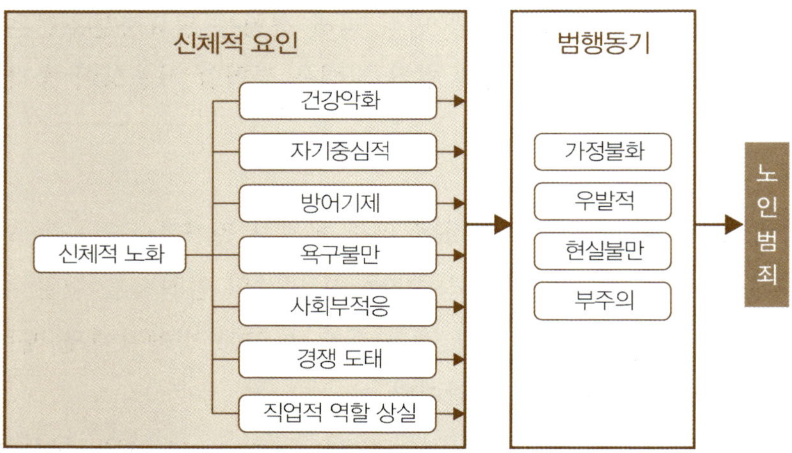

[그림 8-3] 노인범죄의 신체적 원인

■ 심리적 원인

노인의 사회적 은퇴, 배우자 및 친구와 주변인의 죽음, 가족과의 유리, 감정의 둔화, 불안, 우울, 의존적 경향, 패배감, 소외감, 고립, 고집, 증오심, 애착, 집착, 이상행동 등과 같은 심리적인 요인이 범행 동기로 작동되어 결국 노인범죄의 원인이 된다(윤두환 · 양혜경, 2019).

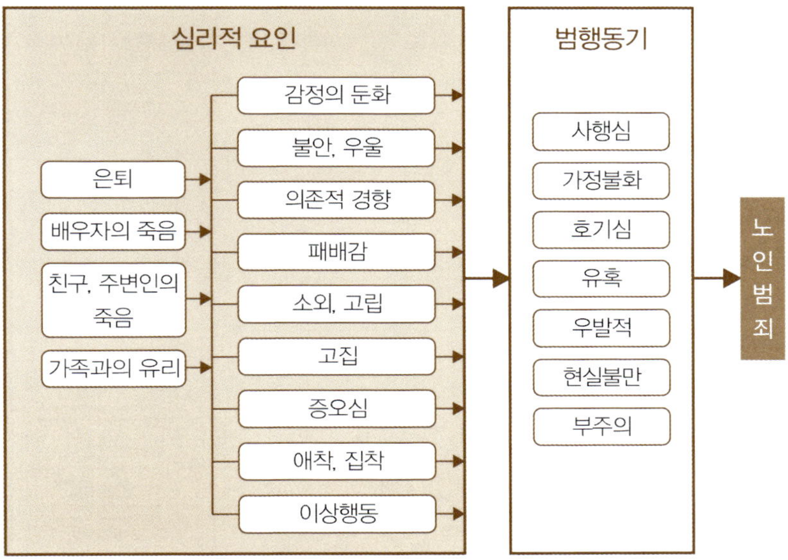

[그림 8-4] 노인범죄의 심리적 원인

■ 사회적 요인

의료 및 보건기술의 발전과 생산기술의 변화 및 생산체계의 변화는 노동인구의 증가를 통해 퇴직을 촉진한다. 그리고 교육의 대중화는 사회화의 가치 차이를 발생시켜 세대 간의 고립을 유도한다. 또한 현대의 도시화는 핵가족화를 유발하고 이는 부양·보호 해제와 사회적 거리감을 발생시키며, 공간적 고립을 통해 사회적 고립과 소외를 양산한다. 이러한 사회적 요인들이 노인의 활동 위축과 좌절, 불만족, 보상심리 등으로 이어져 범행동기를 유발시키고 다시 노인범죄로 연결되게 된다(윤두환·양혜경, 2019).

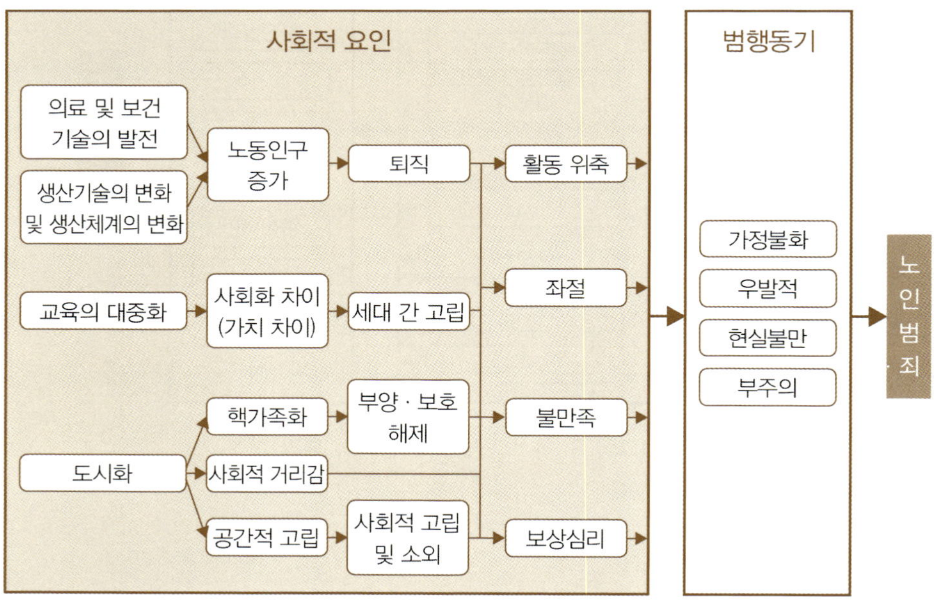

[그림 8-5] 노인범죄의 사회적 원인

■ 경제적 요인

의료 및 보건기술의 발전은 노인의 수명연장에 기여하고, 사회적 퇴직은 수입 감소로 나타난다. 또한 핵가족화는 부양 · 보호의 배제와 연결되어 빈곤으로 이어진다. 빈곤한 노인은 근로연장을 하게 되므로 피로가 쌓이고, 무력감과 함께 생활고를 겪으며, 심지어는 자발적 감옥을 선택하기도 한다. 이러한 경제적 요인들은 노인의 범행 동기와 관련되어 노인범죄에 이른다.

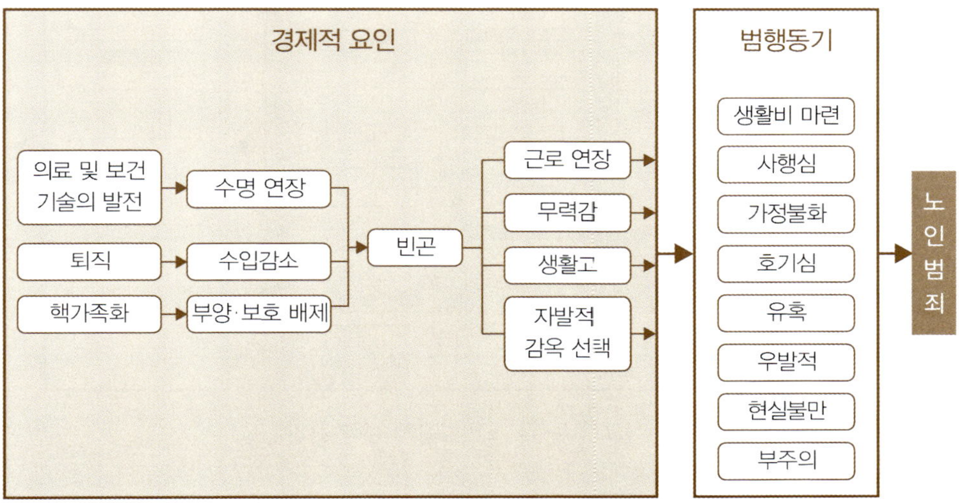

[그림 8-6] 노인범죄의 경제적 원인

■ 성적 요인

노인은 정서적 무료함과 나태 등으로 인한 자극 추구를 성적 욕구로 표출시키기도 하며, 때로는 성적 불만과 함께 관계 형성의 부재를 가져오게 된다. 이와 같은 성적 욕구들은 범행동기와 연결되어 노인범죄를 유발시킨다.

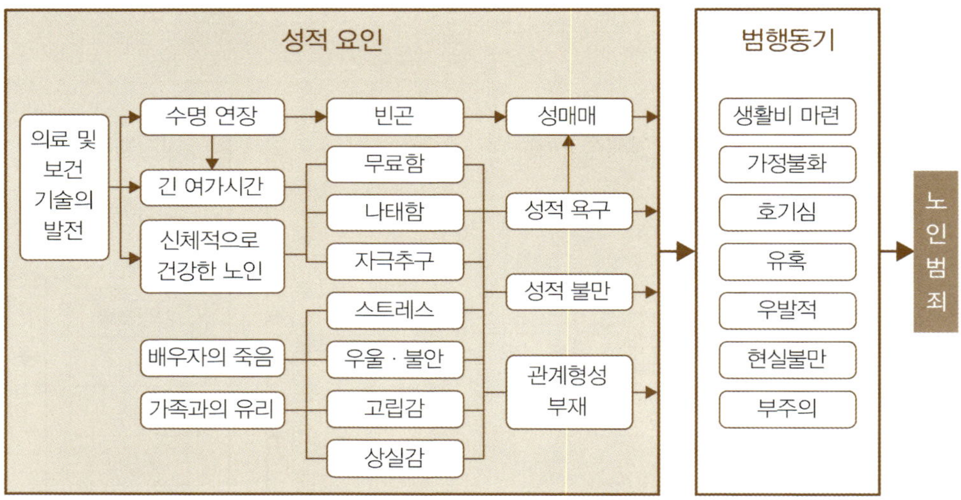

[그림 8-7] 노인범죄의 성적 원인

■ 관습적 사회규범의 붕괴

사회적 무질서나 무규범 상태로 인한 관습적 사회규범의 붕괴가 노인범죄의 원인이라는 의견도 있다(Sugie, 2017). 아노미 이론을 바탕으로 개인에 대한 사회통제력을 약화시킬 뿐만 아니라 사회 구성원 간의 유대 및 사회적 통합을 약화시킴으로써 개인이 쉽게 범죄에 노출될 수 있다는 것이다.

■ 스트레스

스트레스로 인한 긴장으로 노인범죄가 발생한다는 의견도 있다(이은주 · 차시환, 2021). 자신의 의지와 상관없이 발생되는 상황이 개인에게 스트레스를 주게 되고, 이러한 스트레스 상황을 극복하는 과정에서 긴장이 발생한다. 이러한 긴장을 해소하기 위한 방법으로 범죄를 선택한다고 이해할 수 있다. 이러한 관점에서 노인의 경우 개인의 의지와 상관없이 은퇴 또는 실직 등으로 인한 사회적 소외감, 건강상 문제, 성적 기능 저하, 배우자의 사망 등과 같은 부정적 자극의 발생이 노인들에게 스트레스 상황을 발생시키고, 이러한 상황이 지속됨으로써 긴장은 해결되지 못한 채 남아있게 되고, 이러한 긴장을 해소하기 위한 방법으로 성범죄를 선택한다고 할 수 있다.

2. 노인의 성과 범죄 상담 시 주의점

1) 노인의 성상담의 목표

성에 대한 긍정적인 태도를 가질수록 삶의 만족도가 높아지므로 노인의 삶의 질을 높이기 위해서는 성태도에 대한 인식 개선이 필요하다. 또한 성에 대한 욕구가 발생했을 때 사회문화적 환경과 개인의 신체적, 심리적 특성 및 성 가치관에 맞게 자신의 성욕구에 대응할 수 있도록 지원한다.

2) 노인의 범죄상담의 목표

- 노인의 안전 확보: 노인이 당한 범죄를 파악하고 범죄로부터 신체적, 심리적 안정을 도모한다.
- 피해자에 대한 대변과 옹호: 범죄 피해자가 2차 가해를 당하지 않도록 피해자에 대한 대변과 옹호를 진행한다.
- 가해자의 재범방지: 노인범죄의 재발률을 낮추고 유사범죄의 발생을 막는다.

3) 상담 시 알아야 할 정보

(1) 노인의 성

서울특별시 고령친화도시 구현을 위한 노인복지 기본조례에는 노인의 성인식 개선사업을 추가해 노인에게 올바른 성지식에 대한 정보 제공 및 인식 교육을 통해 건전한 성문화를 조성하도록 하는 내용을 담고 있다(글로벌이코노믹, 2023).

■ 찾아가는 노인성인지교육사업

경기도 사회서비스원의 노인종합상담센터에서는 노인성인지교육사를 위촉하고 찾아가는 노인성인지교육사업을 추진한다. 노인성인지교육은 노인의 성희롱과 성범죄 예방, 노년의 건강한 성생활 교육을 통한 성평등한 소통으로 노인, 노인가족, 더 나아가 지역공동체의 삶의 질 향상에 목적을 두고 있다(아주경제, 2023).

(2) 노인의 범죄

「형의 집행 및 수용자의 처우에 관한 법률」 제54조 제1항에서는 “소장은 노인수용자에 대하여 나이 · 건강상태 등을 고려하여 그 처우에 있어 적정한 배려를 하여야 한다”고 규정하고, 「형의 집행 및 수용자의 처우에 관한 법률」 시행규칙 제43조부터 제48조에서는 노인수형자에 대한 특별한 보호를 규정하고 있다. 즉, 노인수형자의 처우를 전담하는 노인수형자 전담교정시설에는 편의시설을 갖추어야 하며, 별도의 공동휴게실과 노인이 선호하는 오락용품 등을 갖추도록 하고 있다(시행규칙 제43조).

(3) 한국법무보호복지공단

노인 출소자에 대한 갱생보호로 숙식제공(6개월)을 제공하고 있다. 현실적으로 노인에게 직업훈련 내지 취업알선 등이 곤란한 경우가 대부분인 관계로 민간갱생보호법인이 생계가 곤란한 노인 출소자에 대한 보호 및 지원을 대신하고 있다(강경래, 2021).

(2) 상담 시 주의해야 할 점

대부분의 사람은 자신의 성 문제를 타인에게 말하는 것을 꺼리는 경향이 있으며, 노인은 사회의 부정적인 시선으로 인해 상담자에게도 이 주제에 대해 드러내지 않으려 하는 경향이 강하다. 따라서, 상담자는 노인을 공감하고 이해하는 태도를 가지고 노인을 비판하지 않으며, 속마음을 이야기할 수 있도록 노인을 지속적으로 격려해야 한다.

노인의 범죄 특성은 노인의 경제적, 정신적, 사회적 상황과 깊은 연관이 있다. 범죄의 가해자나 피해자로서 노인은 고유한 취약성을 가지며, 이를 해결하기 위해서는 사회적 지원과 제도적 보완이 필수적이다. 노인의 범죄 예방을 위해서는 경제적 안정, 정신건강관리, 사회적 고립 해소를 위한 정책적 접근이 요구된다.

범죄 피해 이후에도 노인은 다른 연령층에 비해 대인범죄와 재산범죄 모두에서 피해회복수준이 더 심각한 것으로 나타났다(심혜인, 2022). 이러한 특성을 바탕으로 노인범죄 피해자를 다그치지 않고 회복의 시간이 필요함을 인정해야 한다.

3. 상담 사례

■ 내담자의 기본 사항

충청남도에 혼자 거주하는 75세 여성 노인. 1남1녀의 자녀를 두고 있으나 모두 먼 거리에 위치하여 외로움을 많이 느낀다.

■ 호소하는 구체적 내용(범죄 피해자)

어느 날 옆집 A 할머니가 집에 찾아와 혼자 심심하게 있지 말고 같이 놀러 나가자고 하더라고. 따라 나갔지. 그런데 어디 시장에 건물 안쪽으로 들어가더라고. 거기 우리 동네 노인들은 다 와 있는 거 같더라고. 거기 젊은 사람들이 있는데 같이 신나게 노래 부르고 놀고, 말도 얼마나 재미있게 하는지 몰라. 나 화장지도 받았어. 그런데 이 사람들이 온열장판을 파는 거야. 내가 여기저기 쑤시는 데가 많아서 너무 필요해 보이는 거야. 그래서 봤더니 백만원이 넘더라고. 덜컥 계약을 하고 집에 오는데, 이 이야기를 며칠 후에 딸한테 했더니 그게 사기라고 그러는데. 겁이 덜컥 나더라고. 이걸 어쩌면 좋아.

■ 내담자 감정에 공감하는 방법 나열하기

■ 내담자의 문제 파악

■ 상담목표

■ 해결방안들

참고문헌

강경래 (2021). 노인범죄자의 재범방지에 관한 연구 – 일본의 특별조정제도의 시사점을 중심으로. **한국범죄정보연구, 7**(1): 1–27.

글로벌이코노믹 (2023). 최기찬 서울시의원 "노인 성(性)문제, 공론화시킬 때". https://m.g-enews.com/view.php?ud=202309111345092993f83bf132e7_1 (2024.12.31. 추출)

김재민 (2018). **범죄학 이론**. 박영사.

나동석, 김영대 (2011). 노인의 성생활과 성태도가 삶의 만족도에 미치는 영향. **노인복지연구, 0**(52): 185–203.

박형민 (2023). 분기별 범죄동향 리포트 제27호(2023년 2분기). 한국형사 · 법무정책연구원.

신선화, 박효정 (2014). 노인의 성태도가 성생활에 미치는 영향. **성인간호학회지, 26**(3): 320–329.

심혜인 (2022). 노인의 범죄 피해 예측요인 연구. **한국범죄심리연구, 18**(1): 69–86.

아주경제 (2023). 경기도사회서비스원, 찾아가는 노인성인지교육 사업 전개. https://m.ajunews.com/view/20230306102833743#_mobwcvr (2024.12.31. 추출)

윤두환, 양혜경 (2019). 노인범죄 실태와 복지적 대책 방안에 관한 연구. **矯正研究, 29**(1): 89–120.

이은주, 차시환 (2021). 노인 성범죄자 현황 및 원인에 관한 연구. **한국범죄심리연구, 17**(4): 157–176.

이현심 (2014). 유배우자 노인의 성생활 현상에 관한 비교. **한국지역사회복지학, 0**(51): 103–125.

조용철 (2008). 노인범죄의 동향과 심리. **한국범죄심리연구, 4**(2): 227–257.

주재진 (2011). 범죄에 있어서 노인의 양면적 지위특성에 관한 연구. **한국범죄심리연구, 7**(1): 179–204.

최은영, 하주영 (2014). 무배우자 노인의 일반적 특성에 따른 성생활 인식과 성 욕구 대처행동. **성인간호학회지, 26**(1): 58–66.

허경미 (2004). 노인의 범죄 피해 특징 및 대책에 관한 연구. **한국공안행정학회보, 17**: 423–452.

허경미 (2006). 도시노인의 범죄 피해에 관한 연구. **한국피해자학회**, 14(2): 1–34.
허경미 (2018). **현대사회와 범죄**. 박영사.

Akers, R. L., La Greca, A. J., Sellers, C., & Cochran, J. (1987). Fear of crime and victimization among the elderly in different types of communities. *Criminology, 25*(3), 487–506.

Avis, N. (2000). "Sexual function and aging in men and women: community and population-based studies." *Journal of gender Specific Medicine, 3*(2): 37–41.

Laumann, E., Nicolost, A. Glasser, D., Paik, D. Gingell, G. Moreita, E., & Wang, T. (2005). "Sexual problems among women and men age 40–80y : Prevalence and correlates identified in the global study of sexual attitude and behaviors." *International Journal of Impotence Research, 17*: 39–57.

Lindau, S., Schumm, L., Laumann, E., Levinson, W., O'Muircheartaigh, C., & Waite, L. (2007). "A study of sexuality and health among older adults in the United States." *New England Journal of Medicine, 357*(8): 762–774.

Sediman, S., & Roose, S. (2000). "The relationship between depression and erectile dysfunction." *Current Psychiatry Reports, 2*: 201–205.

Steinke, E. (1997). "Sexuality in aging : implications for nursing facility staff." *Journal of Continuing Education in Nursing, 28*(2): 59–63.

Sugie, Naomi F. (2017). When the Elderly Turn to P etty Crime: Increasing Elderly Arrest Rates in a Aging Population. *International Criminal Justice Review, 27*(1): 20–21.

Chapter 09

만성질환과 건강상담

CHAPTER

09 만성질환과 건강상담

1. 노인건강의 실태

1) 노인건강의 실태

우리나라 노인의 건강 수준을 만성질환 유병률, 주관적 건강평가, 일상생활 수행능력별로 살펴보면 다음과 같다(보건복지부, 한국보건사회연구원, 2020).

(1) 만성질환 유병률

전국노인실태조사 결과 중 만성질환 유병률은 노인의 건강상태를 객관적으로 보여주는 대표적인 지표이다. 각 만성질환의 유무를 통해 알아보는 2020년 만성질환 유병률을 살펴보면, 전체 노인의 84%가 3개월 이상 지속적으로 앓고 있으며 의사의 진단을 받은 1개 이상의 만성질환이 있다고 응답하였다. 1개의 만성질환 보유자는 29.2%, 2개의 만성질환을 가진 노인은 27.1%, 3개 이상의 만성질환을 가진 노인은 27.8%로 높은 비율을 보였다. 2개 이상의 만성질환을 가진 복합이환자는 54.9%로 나타났으며, 평균 만성질환 수는 1.9개인 것으로 나타났다.

(2) 주관적 건강평가

병원에서 진단받은 질환이 아니라 본인이 스스로 평가하는 건강수준, 즉 주관적 건강평가는 특히 노년기 건강수준을 측정하는 주요한 지표로 알려져 있다(염지혜 외, 2012; 신경림 · 김정선, 2004). 2020년 노인실태조사 결과, 주관적 건강평가에서 평소 건강상태가 '매우 건강하다'고 평가한 노인은 4.5%, '건강한 편이다' 44.8%, '그저 그렇다' 30.8%, '건강이 나쁜 편이다' 17.6%, '건강이 매우 나쁘다' 2.3%로 나타났다. 객관적 건강지표인 만성질환 유병률과 비교하여 주관적 건강평가로 살펴본 건강수준이 상대적으로 좋은 것을 알 수 있다.

(3) 일상생활수행능력 및 수단적 일상생활수행능력

일상생활수행능력(ADL: Activity of Daily Living)은 일상생활에서 타인의 도움 없이 신체활동이 얼마나 독립적인지를 측정하는 건강지표이다. 〈표 9-1〉에 2020년 노인실태조사 결과에 나타난 각 신체활동의 독립 정도를 제시하였다. 일상생활에서 '목욕 또는 샤워하기'의 도움을 필요로 하는 비율이 가장 높게 나타났다.

〈표 9-1〉 노인의 일상생활수행능력 정도

특성	완전자립	부분도움	완전도움	계(명)
옷 입기 (옷 꺼내기, 단추 · 지퍼, 벨트)	97.0	2.4	0.6	100.0(10.097)
세수, 양치질, 머리감기	96.9	2.4	0.6	100.0(10.097)
목욕 또는 샤워하기 (욕조 드나들기, 때밀기, 샤워)	95.0	3.7	1.3	100.0(10.097)
차려 놓은 음식 먹기	97.8	1.9	0.4	100.0(10.097)
누웠다 일어나 방 밖으로 나가기	97.4	2.1	0.5	100.0(10.097)
화장실 출입과 대소변 후 닦고 옷 입기	97.8	1.8	0.5	100.0(10.097)
대소변 조절하기	98.1	1.3	0.7	100.0(10.097)

수단적 일상생활수행능력(IADL: Instrumental ADL)은 일상생활을 하는데 필요한 도구 등을 사용할 수 있는 능력을 알아보는 지표이다. 〈표 9-2〉에 나타난 것처럼 일상생활수행능력보다 완전자립의 비율이 떨어지며, '식사준비' 및 '교통수단 이용하기'의 완전자립 비율이 상대적으로 낮게 나타나, 누군가의 도움이 필요한 노인의 비율이 높았다.

〈표 9-2〉 노인의 수단적 일상생활수행능력 정도

특성	완전자립	부분도움 적은	부분도움 많은	완전도움	계(명)
몸단장 (빗질, 화장, 면도, 손톱 · 발톱 깎기)	96.6	2.8		0.6	100.0(10.097)
집안일 (실내청소, 설거지, 침구정리, 집안정리 정돈 등)	93.1	4.5		2.4	100.0(10.097)
식사준비 (음식 재료준비, 요리, 상차리기)	92.1	5.2		2.7	100.0(10.097)
빨래 (손이나 세탁기로 세탁 후 널어 말리기 포함)	93.2	4.2		2.6	100.0(10.097)

제시간에 정해진 양의 약 챙겨 먹기	96.5	2.6		1.0	100.0(10.097)
금전관리(용돈, 통장관리, 재산관리)	93.6	4.5		2.0	100.0(10.097)
근거리 외출하기(가까운 거리 걸어서)	94.6	3.5		1.9	100.0(10.097)
물건 구매 결정, 돈 지불, 거스름돈 받기	95.4	2.1	1.4	1.1	100.0(10.097)
전화 걸고 받기	96.0	2.2	1.1	0.7	100.0(10.097)
교통수단 이용하기(대중교통, 개인 차)	92.1	3.4	2.3	2.2	100.0(10.097)

(4) 노인의 주요 사망원인질환

2022년 기준 우리나라 노인의 사망원인별 질환을 살펴보면, 1순위는 악성신생물(암), 2순위는 심장질환, 3순위는 코로나 등으로 나타났다(통계청, 2023). 따라서 건강한 생활습관을 통해 암을 비롯한 다양한 질병을 예방하는 것이 중요하며, 특히 노인의 주요 사망원인이 되는 암을 조기에 발견할 수 있도록 정기적인 건강검진을 통해 관리하는 것이 필요하다.

[그림 9-1] 노인의 사망원인별 질환

출처: 통계청 (2023). 2022년 사망원인통계.

2) 노화에 따른 신체변화

인간의 노화에 따른 각 신체계통별 변화를 살펴보면 다음과 같다(요양보호사 양성 표준교재, 2024).

(1) 소화기계

소화기계는 음식이 들어와서 배설되는 과정에 관여하는 신체계통으로 구강, 인후, 식도, 위, 소장, 대장을 포함한다. 노화과정에서 소화기계는 다음과 같은 변화를 보인다.

① 맛을 느끼는 세포 수가 감소하고 후각기능의 저하로 미각이 저하되기도 한다. 짠맛과 단맛에 둔해지고 반면 쓴맛은 잘 느끼게 된다.
② 충치, 치아의 결손 등으로 음식을 씹는 것이 어려워진다.
③ 소화를 돕는 타액, 위액분비의 감소로 소화능력이 저하된다.
④ 씹기 기능이 저하되어 영양상태가 불량해질 수 있고, 식이섬유 섭취가 부족하면 변비가 발생하기 쉽다.
⑤ 전반적인 소화기능이 저하되어, 가스가 치기 쉽고, 변비, 설사, 구토 증상이 나타난다.
⑥ 췌장의 소화효소 생산 저하로 지방의 흡수능력이 떨어지기 쉽다.
⑦ 췌장의 호르몬 분비 감소로 당내성이 떨어져 당뇨에 걸리기 쉽다.
⑧ 직장벽의 탄력성이 감소하고 항문 괄약근의 기능이 저하되어 변실금이 발생할 수 있다.
⑨ 간 기능이 떨어져 약물대사와 약물제거능력이 저하된다.

대표적인 소화기계통의 주요 질환은 변비, 설사, 위염, 위궤양, 위암, 대장암 등이 있다.

(2) 호흡기계

호흡기계는 공기를 폐로 전달하는 공간과 통로의 신체계통이다. 비강, 인두, 후두, 기관, 기관지, 폐가 호흡기계통에 해당된다. 노화에 따른 호흡기계의 변화는 다음과 같이 요약할 수 있다.

① 신체조직 내 수분함유량의 감소로 인해 콧속 점막이 건조하기 쉽고 이로 인해 공기를 효과적으로 흡입하기 힘들다.
② 폐포의 탄력성 저하, 폐 순환량 감소로 폐활량이 줄어든다. 이로 인해 숨이 차게 된다.
③ 호흡근육의 위축과 근력 약화로 호흡 증가 시 피로해지기 쉽다.
④ 기침반사와 섬모운동 저하로 미세물질을 걸러내는 기능이 저하된다.
⑤ 기관지 내 분비물이 증가하고 호흡기계 감염이 쉽게 일어난다.

노년기에 나타나는 호흡기계 주요 질환은 독감(인플루엔자), 만성 기관지염, 폐렴, 천식, 폐결핵이 있다.

(3) 심혈관계

심혈관계는 혈액, 심장, 혈관으로 구성되며, 혈액순환을 통해 신체 내에 산소와 영양소를 공급하고, 대사 이후에는 노폐물을 배출하는 작용을 담당한다. 노화에 따른 심혈관계의 변화는 다음과 같이 요약할 수 있다.

① 심장은 나이가 들면서 근육이 두꺼워져 탄력성이 저하된다.
② 최대 심박출량과 심박동수가 감소한다.
③ 말초혈관으로부터 심장으로 가는 혈액의 순환이 감소된다.
④ 누워 있다가 갑자기 일어나거나 하는 경우 기립성 저혈압이 발생하기 쉽다.
⑤ 정맥의 약화로 하지부종과 하지정맥류가 생기기 쉽다.

노년기에 나타나는 심혈관계의 주요 질환으로는 고혈압, 동맥경화증, 심부전 등이 있다.

(4) 근골격계

근육이나 힘줄, 인대, 연골, 뼈 등의 조직으로 구성된 근골격계는 노화에 따라 다음과 같은 특성을 보인다.

① 추간판이 줄어들어 신장이 줄어든다.
② 등뼈가 굽어 머리를 낮추면서 가슴을 향하여 보게 된다.
③ 뼈의 질량이 감소하여 골격이 작아지며 작은 충격에도 골절이 생기기 쉽다.
④ 하악골이 쇠약해져 치아상실이 쉬워진다.
⑤ 근긴장도와 근육량의 저하로 신체활동과 운동능력이 떨어지기 쉽다.
⑥ 근육경련과 근육피로를 자주 느낀다. 인대 등이 탄력을 잃어 관절운동 제한이 나타난다.
⑦ 어깨는 좁아지고 반대로 골반은 커진다.

⑧ 관절면이 마모되어 염증, 통증, 기형이 나타날 수 있다.
⑨ 팔, 다리의 지방은 감소하는데 엉덩이와 허리의 피하지방은 증가하여 전형적인 노인체형을 보인다.

근골격계의 대표적인 질환은 퇴행성관절염, 골다공증, 고관절골절 등이 있다.

(5) 비뇨생식기계

비뇨기계의 기관은 신장, 요관, 방광과 요도로 이루어졌으며, 노폐물 제거의 기능을 담당한다. 생식기계는 여성은 난소, 난관, 자궁, 질로 이루어지며 남성은 음낭, 고환, 부고환, 음경, 전립선으로 구성된다.

여성 노인은 비뇨생식기계 노화에 따른 다음과 같은 특성을 보인다.

① 여성호르몬 감소에 따라 난소가 작아지고 기능이 쇠퇴한다.
② 질벽이 얇아지고 탄력성이 줄어들어 성교 시 통증이 생기기 쉽다.
③ 유방과 유방근육이 위축되어 가슴이 처지고 작아진다.
④ 질 수축 및 분비물 저하로 질염이 발생하기 쉽다.
⑤ 빈뇨증, 요실금, 야뇨증이 발생한다.

남성 노인의 노화에 따른 비뇨생식기계 특성은 다음과 같다.

① 남성호르몬 감소에 따라 음경이 발기되는 데 더 많은 자극이 필요하고 시간이 오래 걸린다.

② 대부분의 남성 노인은 전립선 비대를 경험한다.
③ 잔뇨량이 늘어나고, 자주 소변을 보게 된다. 또한 소변줄기가 가늘어 진다.

대표적인 비뇨생식기계통의 질환은 요실금과 남성의 전립선비대증을 들 수 있다.

(6) 피부계

인간의 피부는 표피와 진피, 피하조직의 세 층으로 구성되어 있으며, 미생물과 탈수로부터 신체를 보호하고 체온을 조절하는 기능을 담당한다. 노화에 따른 피부계 특성은 다음과 같다.

① 피하지방 감소로 기온에 민감해진다.
② 피부가 건조하기 쉽고 표피가 얇아져 탄력성이 감소한다.
③ 피하조직의 감소로 저체온, 오한, 압박에 대한 손상위험이 커진다.
④ 피하지방 감소와 수분소실로 건조해지기 쉽고, 주름이 생기며, 눈꺼풀이 늘어지고 이중턱이 생긴다.
⑤ 발톱이나 손톱이 두꺼워지고, 세로줄이 생기기 쉬우며 잘 부서진다.
⑥ 검버섯 등이 생기며 노인성 반점인 갈색 반점이 생긴다.
⑦ 머리카락이 가늘어지고 모근의 멜라닌 생성 세포가 줄어들어 탈색이 되기 쉽다.
⑧ 상처회복이 지연되고 궤양이 생기기 쉽다.

대표적인 피부계 질환은 욕창, 피부건조증, 대상포진, 옴 등이 있다.

(7) 신경계

우리 신체의 신경계는 신체기능을 조절하고, 정보를 처리하는 역할을 담당한다. 노화에 따른 신경계의 변화는 다음과 같다.

① 신경세포의 기능이 저하된다.
② 근육의 긴장과 자극반응성의 저하로 신체활동이 감소된다.
③ 감각이 둔화되기 쉽다.
④ 정서조절이 불안정해진다.
⑤ 운동부족으로 인해 불면증, 수면장애를 일으키기 쉽다.
⑥ 단기기억이 감소하기 쉽고 장기기억은 대체로 유지된다.
⑦ 앞으로 구부린 자세가 되고, 걸음걸이가 느리고 발을 끄는 경향을 보인다.
⑧ 균형을 유지하는 능력과 신체를 바르게 유지하는 능력이 저하된다.

주요 신경계 질환으로는 치매, 뇌졸중, 파킨슨병 등이 있다.

(8) 감각기계

우리 몸의 감각기계는 뇌신경을 통하여 중추신경계에 연결되어 있으며, 환경을 파악하고 정보를 수집하는 기능을 담당한다. 감각기별 노화에 따른 변화는 다음과 같다.

① 시각: 색의 식별능력이 둔화되어 같은 계열의 색은 구별이 어려워진다. 노안이 오며, 눈부심의 증가, 시력저하, 빛 순응의 저하를 보인다.
② 청각: 노인성 난청이 오기 쉬우며, 여성보다 남성에게서 흔하게 나타

난다.

③ 미각: 맛에 대한 감지능력의 저하로 조미료를 많이 넣는 음식을 선호하게 된다.

④ 후각: 후각세포의 감소로 인해 후각기능이 떨어질 수 있다.

⑤ 촉각: 통증 호소는 증가하지만, 통증에 대한 민감성은 감소하여 둔감한 반응을 보이기 쉽다.

대표적인 질환은 녹내장, 백내장, 노인성 난청이 있다.

(9) 내분비계

내분비계는 호르몬 조절을 담당하는 기능을 담당한다. 성장, 발달, 대사, 에너지 생성으로 체액과 전해질, 혈압과 맥박, 근육, 지방 등을 유지하는 기능을 하게 된다. 내분비계의 노화에 따른 변화는 다음과 같은 것을 들 수 있다.

① 당대사 및 갑상선 분비 호르몬, 에스트로겐 분비가 감소한다.

② 포도당 대사능력과 인슐린에 대한 민감성이 감소하여 쉽게 고혈당 상태가 된다.

③ 췌장의 인슐린 분비가 느리고 분비량이 불충분해진다.

④ 공복혈당이 상승하기 쉽다.

⑤ 갑상선 크기가 줄고, 호르몬 분비도 다소 감소한다.

⑥ 근육량 감소로 인해 기초대사율이 감소한다.

대표적인 질환은 당뇨병, 갑상선기능저하증, 갑상선기능항진증이 있다.

3) 노인성 질환의 특징

노인의 건강과 관련된 이해를 위해 노인성 질환의 대표적인 특징을 살펴보면 다음과 같다(김혜경 · 백경원, 2018).

(1) 만성 퇴행성질환 비중이 높다

노년기에는 치매를 비롯한 고혈압, 당뇨, 관절염, 골다공증 등의 만성 퇴행성질환의 비율이 높아진다. 이러한 질환이 원인이 되어 사망에 이르기 쉽다. 또한 신체질환뿐 아니라 치매를 비롯한 뇌기능 이상에 의한 질환이나 우울증 등과 같은 정신질환의 비중이 높아지고 있기 때문에 정신질환에 대한 정기검진도 유념해서 진행해야 한다.

(2) 여러 가지 질환이 공존하고, 증상이 다양하다

노인은 한 가지 이상의 여러 가지 만성질환을 가지고 있는 경우가 많은데 이로 인해 나타나는 증상 또한 다양해진다. 질환이 원인이 되어 나타나는 증상뿐 아니라 노화에 따른 증상이 혼재하여 나타나기도 하여 정확한 진단을 내리기 어려워진다. 대표적으로 당뇨병으로 인한 합병증으로 신부전, 망막증 등이 나타날 수 있으며, 동맥경화로 인해 뇌졸중이나 치매가 발생할 수 있다. 이런 특징으로 인해 새로운 질환이 발생하여도 원래 가지고 있는 질환의 증상과 유사하여 진단이 늦어지기도 한다.

(3) 꾸준한 관리와 치료가 필요하다

만성 퇴행성질환은 생활 속에서 꾸준한 치료가 요구된다. 완치가 불가능한 고혈압이나 당뇨병 같은 경우는 약물복용뿐 아니라 식사, 운동 등의 생활습관을 통한 생활요법이 병행되어야 하기 때문에 더욱 관리가 중요하다.

(4) 개별화된 관리가 필요하다

노화는 누구에게나 발생하지만, 노화의 진행 정도는 개인에 따라 차이가 나고 질병 발생도 개인차가 현저하게 나타난다. 또한 질병의 발생과 진행 정도와 더불어 치료과정의 효과도 개인마다 다르게 나타나기 때문에 개인의 특성에 맞게 관리되어야 한다.

(5) 증상이 비전형적이다

해당 질환의 증상이 전형적이지 않기 때문에 노인의 경우 새로운 질환의 진단이 늦어지기 쉽다. 예를 들면 당뇨병의 전형적인 증상인 다음, 다식, 다뇨의 증상이 노인에게 나타나지 않는 경우도 있어 진단이 늦어지기 쉽다. 시각이나 청각의 기능이 떨어지면 의사소통에 문제가 있어 진단이 늦어지는 경우도 있다.

(6) 약물 부작용이 나타나기 쉽다

앞서 언급한 것처럼 여러 가지 질환이 공존하기 때문에 사용되는 약물치료의 부작용이 노년기에는 나타나기 쉽다. 철저한 약물관리로 부작용을 최소화하도록 신경을 써야 한다.

(7) 치료방법에 대한 반응이 비전형적이다

노화로 인한 신장 기능의 약화로 약물대사능력이 떨어지기 쉽다. 즉 치료에 대한 전반적인 반응이 전형적으로 나타나지 않는 경우가 많다. 이러한 노인성 질환의 특성을 고려한 치료가 이루어져야 한다.

(8) 심리적, 사회경제적 요인을 고려해야 한다

질환은 심리적 및 사회경제적 요인이 관련되기 쉽다. 따라서 이러한 요인을 고려한 치료가 필요하다. 예를 들면 독거노인의 경우 외로움이라는 사회적 요인으로 인해 우울이나 불안감이 증가될 수 있다. 경제적 어려움으로 인해 균형잡힌 식사를 하지 못하는 경제적 요인으로 노인질환의 예후가 나빠지기도 한다는 점을 고려해야 한다.

2. 노인 건강관련 상담 시 주의할 점

1) 노인의 신체적 건강관련 상담 시 주의할 점

노년기 건강관련 상담자는 다음 사항을 고려하여 상담을 진행한다(이호선, 2012: 286).

(1) 사용할 수 있는 기능을 최대한 사용하도록 권유한다

신체적 건강에 문제가 있는 경우, 문제에 초점을 맞추어 다른 사용 가능한 신체를 사용하지 않으려 조심하는 경향이 있다. 하지만 신체기능을 사용하지 않으면 더 이상 사용할 수 없는 노인증후군(geriatric syndrome)이 올 수 있기 때문에 사용 가능한 신체를 최대한 사용하도록 상담한다.

또한 일부 장애가 발생하더라도 나머지 기능을 강화하도록 노력해야 독립적인 생활이 가능하기 때문에 이를 기억하고 내담자를 격려하고 지지한다.

(2) 주어진 상황에 익숙해지도록 한다

신체적 장애가 발생하면 그만큼 일상생활에서는 의존적이 되기 쉽다. 식사하기부터 목욕하기, 외출하기 등을 독립적으로 할 수 없게 되면, 가족을 비롯한 타인의 도움이 필요하다. 도움을 받는 것은 그만큼 노인의 자존심, 자립심, 독립심에 손상을 가져올 수 있다. 또한 도움을 주는 가족이나 돌봄제공자는 부담이 될 수 있다. 따라서 가능한 주어진 신체 상황에 익숙해지도록 환경을 만들어주는 것이 필요하다.

(3) 감정을 조절할 수 있도록 돕는다

상담자는 내담자의 건강상태를 파악한 다음에는 내담자의 고통과 경험에 대해 충분히 들어주고 공감할 필요가 있다. 공감과정을 통해 내담자가 느끼는 고통을 함께 나눌 수 있다. 내담자의 감정을 상담자는 천천히, 서두르지 않고, 애정을 담아 지혜롭게 살펴보아야 한다.

(4) 자신감을 갖도록 격려한다

건강상의 문제로 의존적인 상태의 노인은 자존심에 손상이 오기 쉽고, 내담자는 자존심 때문에 상담자의 도움을 수용하기 어려울 수 있다. 도움이 필요하면서도 도움을 제공하는 사람에게 불편한 감정을 표현하기도 하므로, 노인이 고집을 피우고 도움을 거부할 경우 자신감 결여를 생각해 보아야 한다. 따라서 상담자는 내담자가 다른 사람의 도움에 대해 감사함을 표현하고 자신의 감정을 충분히 드러낼 수 있도록 노력해야 한다. 자신을 솔직히 드러내고 나면 비로소 자신감이 회복될 수 있다.

2) 노인의 스트레스 관리 시 주의할 점

스트레스는 신체질환을 일으킬 뿐 아니라 심리적 문제를 일으킨다. 스트레스로 인한 경제적 손실도 상당한 것으로 보고되고 있다. 노년기에는 은퇴, 건강상의 문제, 사별 등과 같은 사건들로 인해 스트레스에 노출되는 특징이 있다. 노인의 스트레스 관리를 위한 상담 시 다음과 같은 대처방법을 참고할 수 있다.

① 해결해야 할 문제를 절대성이나 당위성의 입장에서 보지 않고, 선호하는 것으로 바꾸어 생각하도록 조언한다.

② 불확실한 문제에 대해 성급한 결론을 미리 내리지 않도록 상담하고, 만약 실수를 하더라도 인간이면 누구나 실수할 수 있다는 것을 인정하도록 돕는다.

③ 반면, 변화하는 문제를 미리 예상하여 스트레스 상황을 줄이도록 조언한다.

④ 나이 든 본인의 모습과 가치를 인정하도록 도와준다.

3. 상담 사례

■ 내담자의 기본 사항

충남 거주 72세 여성. 남편과는 10년 전 사별. 최근 신체 건강 염려증이 심각하고, 친하게 지내는 이웃 할머니의 사망으로 우울감도 높은 편임

■ 호소하는 구체적 내용

작년까지만 해도 건강에 큰 문제가 없고 건강하다고 자부하며 지냈는데, 최근 여기저기 신경 쓰이는 증상이 많고, 기억력도 떨어져 깜박하는 일이 잦아졌어요. 건강하게 남은 생을 잘 보낼 수 있을지 걱정이 되어 잠을 잘 잘 수 없습니다. 자녀는 아들 2명에 딸이 1명 있는데, 특히 딸은 관내에 거주하고 있어 수시로 가족과 함께 방문하여 필요한 것을 사주기도 하고, 음식을 만들어 주기도 해서 고마운 자식입니다.

남편이 치매를 앓다가 고생하고 세상을 떠나 혹시 나도 치매가 오면 어떻게 하나 걱정도 되고, 몸이 성하지 않은 채로 지내면 자식들 고생시킬까봐 걱정을 하다 보면 더 입맛도 없고, 몸도 움직여야 되는데 귀찮고….

■ 내담자의 감정과 생각 파악하기

■ 내담자 감정에 공감하는 방법 나열하기

■ 내담자의 문제 파악

■ 상담목표

■ 해결방안들

출처: 담당 저자 상담 사례에서 발췌.

참고문헌

김혜경, 백경원 (2018). **100세 시대의 노년기 건강**. 신정.

보건복지부 (2024). 요양보호사양성 표준교재.

보건복지부, 한국보건사회연구원 (2020). 2020년도 노인실태조사.

신경림, 김정선 (2004). 도시지역 여성 노인의 건강관심도, 주관적 건강평가, 건강상태 및 건강증진행위와의 관계연구. **대한간호학회지, 34**(5): 869-880.

염지혜, 박준식, 김동현 (2012). 노인의 주관적 건강평가 관련요인에 관한 연구: 남녀 차이를 중심으로. **한국노년학, 32**(4): 101-118.

이호선 (2012). **노인상담(2판)**. 학지사.

통계청 (2023). 2022 고령자 통계.

Chapter 10

노인 우울증과 자살상담

CHAPTER

10 노인 우울증과 자살상담

1. 노인 우울증 및 자살의 실태와 특성

다수의 선행연구에서 상담을 통해 노인의 우울 감소 및 자살예방에 효과를 보인 연구결과(김은주, 2013; 김은주 외, 2016; 박종원 · 정혜숙, 2018; 정관용, 2017)를 발표하고 있다. 이 장에서는 노인 우울증과 자살에 대해 이해하고, 상담 시 주의해야 할 점을 알아본다.

1) 노인 우울의 이해

노화에 따라 신체적 질병이 늘어나고, 은퇴로 인한 수입 감소 및 사회적 고립, 배우자나 가까운 사람과의 사별 등의 경험은 노년기에 우울증상이 나타나도록 하기에 충분하다. 특히 우울증 경향은 노년기 전반에 걸쳐 나타나기 때문에 더욱 간과할 수 없는 해결과제(김혜경 · 백경원, 2018)라 할 수 있는데, 일반적으로 노년기 우울을 정상적인 노화과정으로 오해하는 경향이 우울 치료에 부정적인 결과를 초래하고 있다(Anderson, 2001; 김희수, 2022).

2) 노인 우울증의 증상

노인에게 나타나는 대표적인 우울증상은 다음과 같다(원영희 외, 2015).

- 계속되는 우울, 불안, 공포감
- 절망적인 느낌, 염세적 사고
- 죄책감, 무가치감, 혹은 무기력감
- 불면, 아침에 일찍 깨거나 과다한 수면
- 식욕감소나 체중감소, 과식이나 체중증가
- 힘이 없고, 피로하며 몸이 처지는 기분
- 죽음이나 자살에 대한 생각, 자살 기도
- 가슴이 답답하고 초조감, 쉽게 짜증남
- 집중력 및 기억력 저하, 의사결정의 어려움
- 두통, 소화기장애, 만성통증 등 치료효과가 잘 나타나지 않는 계속되는 신체증상
- 즐거운 일이나 취미생활에서 의욕 및 흥미 상실

한편, 노년기 우울은 일반 대상자의 우울과 유사하게 우울감정, 불면, 식욕부진 등과 같은 우울증 고유의 증상을 보이지만, 특히 다음과 같은 특징

적 우울증상을 보이므로 이해가 필요하다(大森, 2000).

(1) 불안과 초조감

노인 우울증 환자는 불안과 초조감으로 인해 계속 앉아 있기 힘들어 실내에서 왔다 갔다 하기도 하고, 머리나 손목을 쥐어뜯기도 한다. 경우에 따라서는 신음소리를 내기도 하며, 말을 걸어도 응답하지 못하고 혼돈상태에 빠지게 된다.

(2) 히스테리 증상

신체증상, 불면증, 식욕부진 등을 과다하게 호소하여 히스테리 증상으로 오해받기 쉽다.

(3) 신체적 호소

다양한 신체적 불쾌감, 불편함, 통증을 호소하고 반면 정신증상을 호소하지 않는 경우에는 신체적 가면우울증에 해당하는 경우가 있다. 대표적 신체적 호소로는 구강 내 이상감각, 배설기관의 이상감각, 통증 등이 많으며, 전신권태감, 요통, 흉통 등을 호소하는 경우도 있다.

(4) 망상 경향의 강화

우울증의 3대 망상에 해당하는 심기망상(불치병에 걸려 곧 죽을 거라고 확신하는 망상), 빈곤망상(돈이 한 푼도 없어 삶의 희망, 미래에 대한 희망을 잃고, 비관하며 자책하는 망상), 죄업망상(돌이킬 수 없는 죄를 지어 가족과 주변에게 피해를 주고 경찰에 잡혀간다고 생각하는 망상)이 나타나기 쉽다. 그 외 피해망상, 죄를 많이 지었다고 자책하는 죄책망상, 절대로 죽지 않는다고 생각하는 불사망상 등이 나타나기도 한다.

(5) 우울로 인한 가성치매

우울증이 있는 노인은 정신운동기능에 문제가 생겨 치매환자로 오해받기도 한다. 표정이 굳어 있고, 질문에 응답하지 않는 등의 증상이 나타나는데, 이는 우울증이 치료되면 치매로 오해받는 증상이 없어지기 때문에 가성치매라고 불린다.

(6) 의식장애

우울증으로 인한 착각, 환각, 불안이나 흥분상태를 동반하는 섬망이 생기기도 한다.

3) 노인 우울증의 원인 및 관련 요인

(1) 우울증의 원인

노년기 우울증의 원인은 매우 다양하지만 대부분의 경우 복합적인 요인에 의해 발생한다고 볼 수 있는데, 일반적으로 다음과 같은 생물학적, 심리적, 촉발적, 통합적 요인으로 설명할 수 있다(장선철 · 김남원, 2018).

① 생물학적 요인

생물학적 요인은 유전요인과 신경전달물질의 변화에 초점을 맞춘다. 즉 부모의 우울 성향이 강하면 다음 세대도 우울 성향이 강하다는 설명이다. 하지만 일반 대상자에 비해 유전적 원인에 의한 노인 우울증은 많지 않다는 연구도 있다.

② 심리적 요인

심리적 요인은 노화와 더불어 경험하는 심리적 위축감, 사회적 역할상실 등을 의미한다. 노인이 되면서 젊었을 때와 비교해서 자신감이 줄어들고 수동적이며 의존적인 자신의 모습을 발견하고 우울감을 느낄 수 있다. 이러한 우울감이 만성화되어 우울증으로 심각해지기도 한다.

③ 촉발적 요인

촉발적 요인은 심리적 요인과도 연관성이 있다. 노년기에 스트레스를 유발시키는 은퇴, 건강 악화, 배우자와의 사별 등의 생활사건(lief events)으로 인해 우울이 발생하는 경우가 많다.

④ 통합적 요인

우울의 발생 원인이 한 가지가 아닌 복합적인 경우로 보는 것이다. 앞서 설명한 생물학적 요인, 심리적 요인, 촉발적 요인이 상호작용하여 우울의 원인이 된다고 본다.

(2) 우울증의 관련 요인

노년기의 우울증에 관련된 요인으로는 연령, 건강상태, 사회경제적 상태, 배우자 유무 등과 같은 사회적 지지망, 종교 등 다양(김철규 · 박승미, 2012)하지만, 인구사회학적 특성, 건강요인, 경제상태, 사회적 지지 정도와 사회활동, 심리적 상태로 요약할 수 있다(김혜경 · 백경원, 2018). 다음에 설명하는 각각의 요인들이 독립적으로 우울에 영향을 미치기도 하지만, 서로 상호작용을 통하여 우울이 증가하기도 하고 감소하기도 한다.

① 인구사회학적 특성

노인의 성별, 연령, 교육 수준, 종교 유무, 배우자 유무 등과 같은 인구사회학적 특성에 따라 우울 정도가 다른 것으로 나타났다. 성별로는 남성에 비해 여성의 우울 수준이 높게 나타난다. 연령별로는 나이가 많아질수록 우울 수준이 높아지며, 교육 수준이 높고 종교가 있을수록, 또한 배우자가 있는 경우에 우울 수준이 낮은 것으로 보고된다.

② 건강요인

건강요인은 우울감에 가장 큰 영향을 미치는 요인으로 밝혀지고 있다(강희숙 · 김근조, 2010). 건강요인은 주관적으로 평가한 건강상태, 일상생활수행능력, 질병의 유무 등이다. 특히 주관적으로 평가한 건강상태는 노인 우울과 직결되는 것으로 나타났으며, 자신의 신체적 건강 수준이 좋다고 인식할수록 우울 정도가 낮은 것으로 보고된다.

③ 경제상태

일반적으로 경제적인 어려움은 건강상의 문제 등과 관련하여 우울 정도에 영향을 미치는 것으로 알려져 있다. 남성과 여성 모두 월수입이 낮은 집단의 우울 정도가 월수입이 높은 집단에 비해 높은 것으로 나타났다(김영숙 · 서경현, 2002).

④ 사회적 지지 정도와 사회활동

다수의 연구에서 사회적 지지가 높은 노인일수록 우울 정도가 낮은 것으로 보고된다. 또한 사회활동 참여가 활발한 노인일수록 우울 정도가 낮게 나타나고 있다.

⑤ 심리적 상태

노인의 고독감, 삶의 만족도과 같은 심리적 상태도 우울에 영향을 미치는 요인으로 알려져 있다. 고독감이 낮고 삶에 대한 만족이 높을수록 우울 성향이 낮은 것으로 보고된다.

4) 노인 우울증의 검사

노인성 우울의 특징은 다른 연령집단에 비해 인지적, 신체적 문제와 함께 나타나기 쉽다는 것이다(정미경, 2017). 기억이 가물가물하다와 같은 인지적 문제와 더불어 온몸이 아프다, 밥맛이 없다 등과 같은 신체적 문제가 동시에 나타나는 경향이 있다(김동기 · 김은미, 2010).

노인의 우울 정도를 측정하는 대표적인 도구는 CES-D(Center for Epidemiologic Studies Depression Scale)와 단축형 GDS-K(Korea- Geriatric Depression Scale)가 있다. CES-D는 우울증상의 주요 요소인 우울한 기분, 죄의식이나 가치 없는 느낌, 무기력감과 절망감, 정신운동의 지체, 식욕 상실과 수면장애에 이르기까지 우울증의 주요 범주를 포함하고 있다. 점수가 높을수록 우울증상이 심한 것을 의미하며 일반적으로 16점 이상인 경우 우울증상이 있다고 간주한다.

〈표 10-1〉 CES-D 우울 척도

지난 1주 동안의 나의 기분	극히 드물게 1일 이하	가끔 1~2일	자주 3~4일	거의 대부분 5~7일
1. 평소에 아무렇지도 않던 일들이 귀찮게 느껴졌다.				
2. 먹고 싶지 않았다; 입맛이 없었다.				
3. 가족이나 친구가 도와주더라도 울적한 기분을 떨쳐버릴 수 없었다.				
4. 다른 사람들만큼 능력이 있다고 느꼈다. *				
5. 무슨 일을 하든 정신을 집중하기가 힘들었다.				
6. 우울했다.				
7. 하는 일마다 힘들게 느껴졌다.				
8. 미래에 대해 희망적으로 느꼈다. *				
9. 내 인생은 실패작이라는 생각이 들었다.				
10. 두려움을 느꼈다.				
11. 잠을 설쳤다; 잠을 잘 이루지 못했다.				
12. 행복했다. *				
13. 평소보다 말을 적게 했다; 말수가 줄었다.				
14. 세상에 홀로 있는 듯한 외로움을 느꼈다.				
15. 사람들이 나에게 차갑게 대하는 것 같았다.				
16. 생활이 즐거웠다. *				
17. 갑자기 울음이 나왔다.				
18. 슬픔을 느꼈다.				
19. 사람들이 나를 싫어하는 것 같았다.				
20. 도무지 무엇을 시작할 기운이 나질 않았다.				

* 역코딩 문항

단축형 GDS-K는 CES-D에 비해 문항이 적고 선택지가 예, 아니오로 되어 있어 간편하여 짧은 시간에 검사가 가능한 장점이 있다. 0~5점은 우울성향이 없는 정상상태이고, 5~9점은 경증의 우울상태, 10점 이상은 중증의 심한 우울증상이 있는 것으로 평가한다.

〈표 10-2〉 단축형 GDS-K 우울척도

지난 1주 동안의 나의 기분	예	아니오
1. 당신은 평소 자신의 생활에 만족합니까?		
2. 당신은 활동과 흥미가 많이 저하되었습니까? *		
3. 당신은 앞날에 대해서 희망적입니까?		
4. 당신은 대배분의 시간을 맑은 정신으로 지냅니까?		
5. 당신은 대부분의 시간이 행복하다고 느낍니까?		
6. 당신은 지금 살아 있다는 것이 아름답다고 생각합니까?		
7. 당신은 가끔 답답하고 우울하다고 느낍니까? *		
8. 당신은 지금 자신의 인생이 매우 가치가 없다고 느낍니까? *		
9. 당신의 인생이 매우 흥미롭다고 느낍니까?		
10. 당신은 활력이 충만하다고 느낍니까?		
11. 당신은 자주 사소한 일에 마음의 동요를 느낍니까? *		
12. 당신은 자주 울고 싶다고 느낍니까? *		
13. 당신은 아침에 일어나는 것이 즐겁습니까?		
14. 당신은 결정을 내리는 것이 수월합니까?		
15. 당신의 마음이 이전처럼 편안합니까?		

* 역코딩 문항

5) 노인 자살의 개념과 실태

자살(suicide)이란 어떠한 수단과 방법으로 행위자가 자신의 죽음을 초래할 의도를 가지고 스스로 목숨을 끊는 행위를 말한다(한국자살예방협회,

2009). 노인 자살은 이런 행위를 하여 노인이 스스로 목숨을 끊는 것을 말한다.

우리나라는 높은 노인빈곤율을 비롯하여 노년기 생활에 다양한 어려움이 존재하기 때문에 노인 자살이 심각한 수준을 보이고 있다. [그림 10-1]에 나타낸 2022년 연령대별로 자살률을 살펴보면, 70대와 특히 80대의 자살률은 인구 10만 명당 60.6명으로 나타나 심각한 수준임을 알 수 있다.

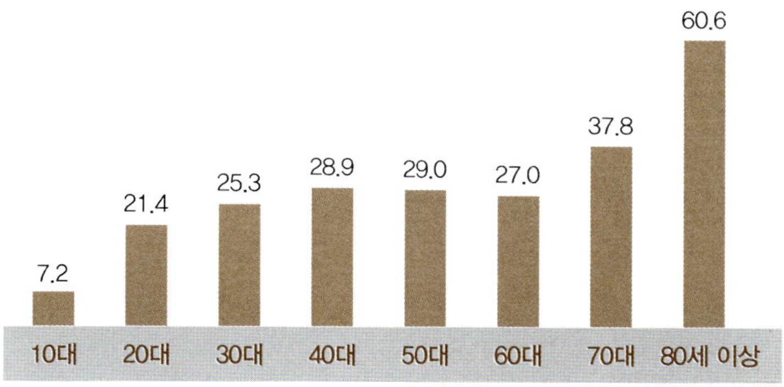

[그림 10-1] 2022년 연령대별 자살률

출처: 2024 자살예방백서.

연령대별로 OECD 회원국과 비교한 우리나라 자살률은 OECD 회원국 평균을 훨씬 웃돌고 있고 10대를 제외한 모든 연령대에서 가장 높은 비율을 보이고 있어 심각한 수준이다.

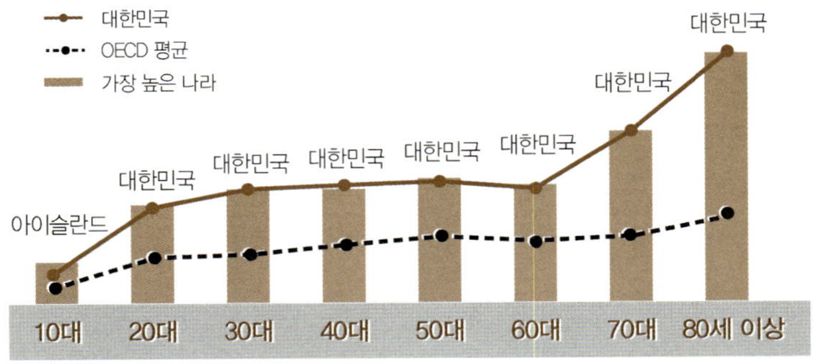

[그림 10-2] OECD 회원국 연령별 자살률

출처: 2024 자살예방백서.

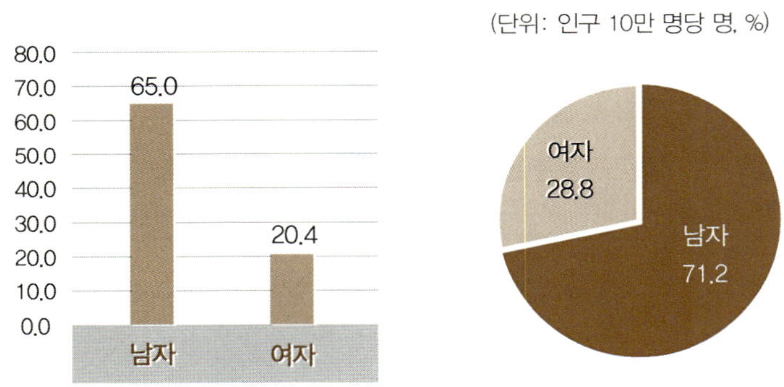

[그림 10-3] 2022년 성별 노인(65세 이상) 자살 현황

출처: 2024 자살예방백서.

2022년 기준 노인의 전체 자살사망자 중 남자가 차지하는 비율은 71.2%, 여자는 28.8%였다. 노인의 남녀 간 자살률 성비는 남자가 여자보다 3.2배 높았으며, 전체 연령의 성비(2.3배)에 비해 높은 수치로 나타났다. 이는 특히 남성 노인의 자살을 예방하기 위한 노력이 더욱 필요함을 알 수 있는 수치이다.

6) 노인 자살의 위험요인

노인 자살은 여러 가지 요인이 복합적으로 작용하는 경우가 대부분이다. 구체적인 요인은 다음과 같다.

(1) 우울증

노인 자살의 가장 큰 원인에 해당된다. 65세 이상 노인의 5~10%가 우울증에 노출되어 있는 것으로 나타났으며, 우울증 환자의 70%가 자살시도를 하는 것으로 나타난다. 우울증의 치료효과는 좋지만, 노인 우울증 환자가 치료받을 가능성이 낮은 것이 문제라고 볼 수 있다.

(2) 치매

뇌기능 손상이 동반되는 치매는 초기에는 노인 우울증과 유사한 증상을 보인다. 치매가 악화되면 가족갈등이나 배우자와의 동반자살 같은 문제를 발생시킬 수 있다.

(3) 음주

노인 10명 중 1명이 매일 음주(알코올)에 노출되어 있는 것으로 나타나며, 노인 자살자의 50%는 술 취한 상태에서 자살을 시도한 것으로 나타났다. 30~40대 연령층에 비해 노인은 음주에 더욱 취약한데, 그 이유는 체지방률 증가와 수분량 감소로 인한 알코올 분해능력이 저하되기 때문이다. 또한 음주로 인한 중추신경계의 판단력, 감정, 기억력에 문제가 발생하기 때문에 자살의 위험요인이 된다.

(4) 신체질환

노인 10명 중 2명 이상이 신체적 질환의 문제로 자살하는 것으로 밝혀지고 있다. 특히 통증이 수반되는 만성질환을 앓거나, 걷기, 보기, 듣기 등의 장애가 있을 경우 비관하여 자살을 시도하는 위험이 높다고 한다.

7) 자살예방상담전화(109)

「자살예방 및 생명존중문화 조성을 위한 법률」 제13조에 따라 설치된 자살예방상담전화(109)는 자살 위험자에게 정보 제공과 안내뿐만 아니라 위험상황 등 위기신호를 조기에 발굴하여 그 상황으로부터 벗어날 수 있도록 진행하는 전문상담전화이다.

[그림 10-4]에 자살예방상담전화(109)의 체계를 제시하였다. 자살 위험상황을 즉시 차단하고 응급개입(경찰, 소방)과 서비스 제공기관(자살예방센터, 정신건강복지센터, 통합사례관리체계)으로 연계함으로써 자살예방정책에 기여하고 있다. 언제, 어디서나 자살 관련 상담이 가능한 자살예방전문상담전화(109)는 '삶의 희망이 보이지 않을 때 연락주세요. 더 이상 혼자가 아닙니다. 당신 곁엔 1393'이라는 슬로건으로 2018년 12월 27일 개통하여 운영하였다. 그후 2024년도 1월 1일 기억하기 쉽고 긴급성을 담은 세 자리 번호 '109'로 개편하여 365일 24시간 무료로 운영을 지속하고 있다.

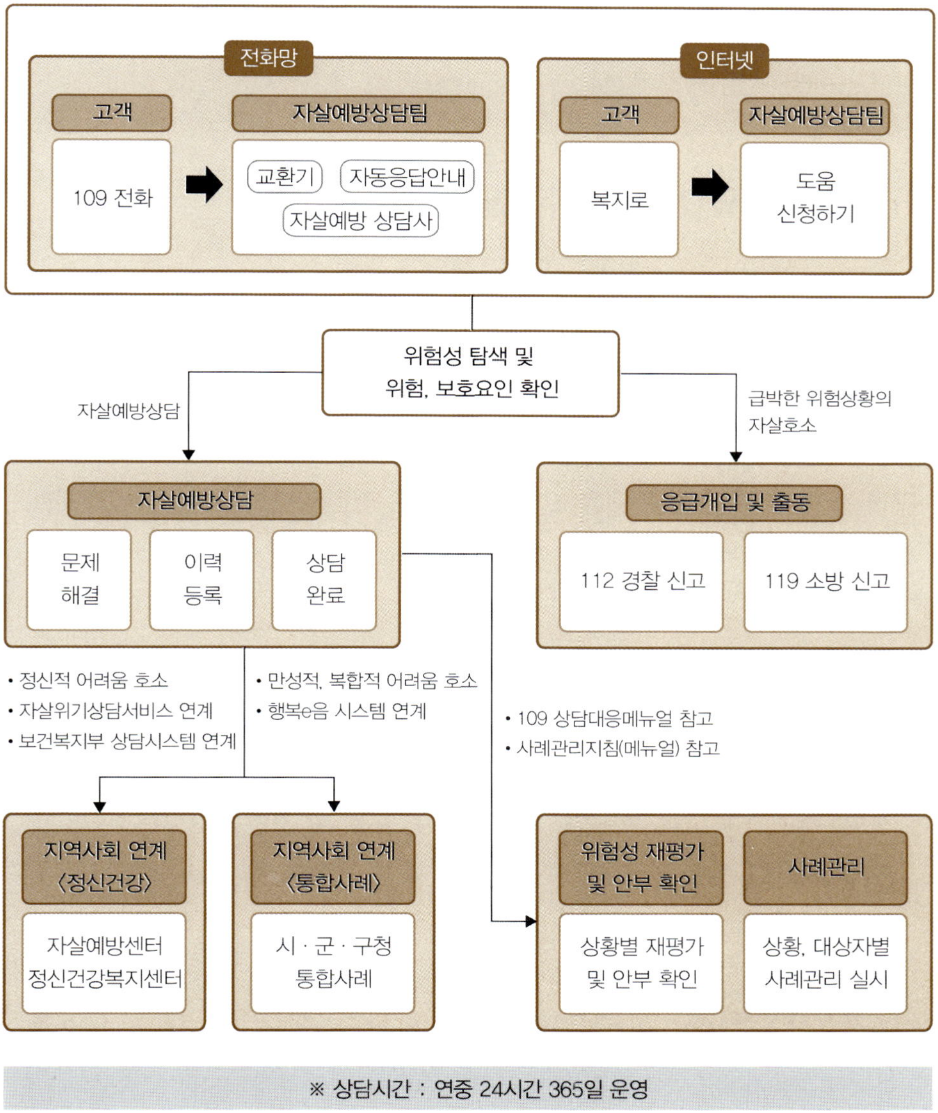

[그림 10-4] 자살예방과 상담전화 상담 체계

출처: 2024 자살예방백서.

2. 노년기 우울 및 자살상담 시 주의점

1) 우울 치료와 상담 시 주의할 점

(1) 우울증상담과 치료

우울증이 상담만으로 호전되지 않을 경우에는 정신과 병원 진료를 통한 항우울제 약물복용이 필요하다. 특히, 몇 주간 상담을 진행하였음에도 불구하고 다음과 같은 증상을 보이는 노인은 정신과 전문의에게 의뢰하여야 한다(이호선, 2005).

- 지속적인 슬픔과 즐거움 경험에 진전이 없을 경우
- 상담 동안 5kg 이상의 체중감소나 10kg 이상의 체중증가를 보일 경우
- 불면이나 지나친 수면시간을 보일 경우
- 지나친 피로감을 호소하거나 움직임이 더딘 경우
- 눈에 띄게 만사를 귀찮아하거나, 심하게 짜증을 내거나 심각한 수준으로 부산한 경우
- 이상한 생각이나 망상을 하는 경우
- 자살사고를 하거나 죽으려고 하는 경우

약물복용을 하는 경우에도 상담치료를 병행하기도 한다. 우울증을 위한 다양한 심리치료방법이 있지만, 대표적으로 인지치료와 집단상담에 대해 알아보면 다음과 같다.

(2) 인지치료

인지치료(cognitive therapy)는 우울증을 유발하고 증상을 가중시키는 요인에 대해 알아보고 자신이 가지고 있는 부정적 사고와 행동에 대한 생각과 태도를 바꾸도록 격려하는 방법이다. 예를 들면, '나는 이제 늙고 쓸모없는 인간이다', '나에게 미래는 없고 이렇게 살아 뭐하나' 등의 부정적인 사고를 객관적이지도 않고 논리적이지도 않으며 유용하지 않다고 깨닫게 하여 긍정적인 사고를 변화되도록 도움을 주는 방법이다(원영희 외, 2015).

인지치료의 기본적인 과정은 다음과 같다(Beck et al., 1979; 서혜경 외, 2006; 정미경, 2017).

① 노인이 호소하는 우울증상에 대해 정서적, 행동적, 신체적 문제별로 명료화, 구체화하여 노인과 함께 치료 목표를 설정한다.

② 문제가 되는 사고와 문제 감정을 파악한다. 노인이 생활 속에서 경험한 사건을 어떻게 해석하는지 살펴보고, 다음과 같이 질문할 수 있다. '어르신, 기분 나쁜 감정을 일으키게 한 일이나 생각, 상황은 무엇이었습니까?'

③ 비합리적인 자동적 사고를 찾아낸다. 생활과정에서 경험한 것을 노인이 어떻게 해석하였는지, 부정적 사고 내용에 대해 객관성, 논리성, 유용성을 다음과 같이 질문하여 찾아낸다. '어떤 성격이나 장면이 마음에 스쳐갔습니까? 그것들을 얼마나 믿었습니까?', '이런 생각을 한 증거는 무엇입니까?(객관성 탐색)', '이런 생각이 논리적입니까?(논리성 탐색)', '이런 생각이 나에게 무슨 도움이 된다고 생각하십니까?(유용성 탐색)'

④ 생활사건에 대한 보다 객관적이고 타당한 대안적 해석을 탐색한다.

대안적이고 합리적 반응을 탐색하여 사고를 바꾼 결과 우울증상이 완화되고 있는지 살펴본다. 긍정적 사고로 변화된 부분은 계속해서 격려하고 지지한다.

(3) 집단상담

노인의 특성에 따라 다양한 집단상담을 통한 효과가 입증되고 있다(권미애 외, 2019). 집단상담은 비슷한 처지에 있는 다양한 인간관계의 경험을 통해 치료 효과를 보는 것으로, 여성 우울증 노인을 대상으로 한 이야기치료 프로그램의 예를 살펴보면 〈표 10-4〉와 같다(고정은, 2016). 이 프로그램을 통해 참여 노인들이 나이 들고, 건강하지 못하고, 약물에 의존하고, 가족들에게 보호받지 못하는 외로운 노인이라는 부정적인 정체성이 프로그램을 통해 자신에 대해 어려운 상황 속에서 생존과 극복을 위해 노력한 어머니, 사회적 관계 안에서 중요한 역할을 수행한 사람, 지난 삶 속에서 의미 있는 결과를 성취한 노인으로 재평가되는 결과를 확인하였다.

〈표 10-4〉 우울증 노인 대상 이야기치료 집단상담 프로그램

회기	상담목표	상담내용
1	관계 형성	• Ice-breaking, 내담자 간 자기소개 • 상담참여의 개인적 의미, 기대하는 것들 나누기
2	자신의 정체성 탐색과 외재화	• 나는 누구인가, 어떤 경험을 가지고 있나 등의 정체성 관련 내용 탐색 • 현재 자신의 심리적 상태 표현하기
3	정체성 영역 탐색	• 이야기치료 질문 1: 무엇을 중요하게 생각하고 살아왔나? • 이야기치료 질문 2: 무엇을 가치 있게 생각하고, 경험해 왔나? • 이야기치료 질문 3: 그 경험에 대해 나는 어떤 입장인가? 어떻게 평가하고 있나? 어떻게 평가하고 싶은가?

4	선호하는 정체성으로 대안적 이야기 쓰기	• 새로운 정체성으로 나의 이야기 다시 구성하기 • 내가 희망하는 나의 미래에 대해 이야기하기 • 현재의 자신의 심리적 상태 다시 표현해 보기
5	외부 증인	• 외부 증인: 다른 참여자에게 나의 반영 말하기 → 다른 사람의 반영을 듣고 나의 반영 말하기

출처: 고정은 (2016). p.32.

2) 자살상담 시 주의할 점

(1) 자살 위험징후

노인 자살과 관련된 위험징후는 4가지로 요약할 수 있다.

① 상황적 단서

노인 삶의 상황이 자살 위험신호로 나타난다고 생각되는지가 상황적 단서이다. 예로 신체적, 사회적, 경제적 자원의 상실이 여기에 속한다.

② 감정적 단서

노인의 감정의 변화에서 찾아보는 단서로, 큰 감정의 기복, 눈물, 표정 등을 통해 파악할 수 있다.

③ 행동적 단서

노인의 일상생활에서 나타나는 자살 위험징후로, 수면양상, 과한 음주, 혼자 있으려고 하는 행동, 불결한 위생상태로 내버려두는 행동이 여기에 속한다.

④ 언어적 단서

노인이 언어로 구체적인 표현을 한다. 예로, 나는 죽어야 하는 사람이다, 가족의 부담이 되기 싫다, 살아서 뭐하나 등을 자주 언급한다.

(2) 자살에 대한 잘못된 편견(오해)

자살에 대한 잘못된 오해는 자살예방 및 상담의 장애물이 된다. 자살에 대한 잘못된 편견(오해)으로는 다음과 같은 것이 있다(원영희 외, 2015).

① 대부분의 자살은 하나의 갑작스러운 사건에 의해 발생한다

자살에 관여하는 사건 혹은 감정은 상당기간에 걸쳐 일어난다. 주변에서 관심을 가지고 살펴보면 이러한 현상을 확인할 수 있다.

② 대부분의 자살은 사전경고 없이 일어난다

자살사고가 있는 경우 말, 감정적 표현, 행동적 단서 등으로 주변에 경고 사인을 보낸다.

③ 자살의 위험이 있는 사람에게 자살에 대해 이야기하면 안 된다

자살에 대해 언급하는 것은 오히려 자살 위험을 감소시킨다. 따라서 직접적으로 자살에 대해 묻는 것이 바람직하다. 자살에 대해 묻는 것은 관심을 보여주는 행동이 되기 때문이다.

④ 자살에 대해 이야기하는 사람은 자살하지 않는다

자살을 시도하는 대부분의 사람은 행동으로 옮기기 전 단계에서 자신의 의지를 직간접적으로 이야기한다. 주변에서 이를 심각하게 받아들이고 대처가 필요하다.

⑤ 치명적 결과를 초래하지 않는 자살시도자에게 도움을 줄 필요가 없다

자살 시도 자체는 도움을 요청하는 행동으로 볼 수 있다. 이런 사인을 보낸 경우에도 도움을 제공하지 않는 것은 자살 위험을 증가시키는 결과가 된다.

⑥ 자살하는 사람은 정말 죽기를 원한다

자살 시도자의 대부분은 죽기 바로 직전까지 자신의 정확한 의사를 확신하지 못한다고 한다. 즉 일부 자살 시도자는 돌이킬 수 없는 선택을 한 셈이다.

⑦ 이전에 자살을 시도한 사람은 다시 자살을 시도하지 않을 것이다

자살을 시도했던 상당수의 사람이 본인이 가진 문제가 해결되지 않은 상태라면 다시 자살을 시도한다. 즉 이전 자살행동은 자살을 예측하는 주요 변수이다.

⑧ 자살을 시도하는 사람은 문제를 쉽게 해결하려고 한 선택이기 때문에, 도움받을 자격이 없다

자살시도자는 문제해결을 위한 자원이 고갈된 상태에서 현실에 적응하지 못한 한계상황의 사람이기 때문에, 이들은 자신의 상황을 누군가와 나누고자 하는 욕구를 가지고 있다.

(3) 자살상담 개입

일반적으로 자살상담 시 다음과 같은 절차에 따라 개입이 진행되어야 한다(이호선, 2005).

① 자살에 대해 스스로 탐색하도록 돕는다

자살사고가 있는 내담자는 자살에 대해 스스로 탐색할 기회를 가질 필요가 있다. 이를 위해 상담자는 판단하는 입장이 아니라 내담자를 지지하는 입장을 취한다. 내담자가 존중받고 있다고 느끼게 도와주고, 감정적 공감을 얻고 있음을 깨닫도록 한다. 또한 내담자가 자살하려는 이유에 대해서는 진지하게 받아들인다.

② 자살사고 가능성에 대해 직접 화법으로 질문한다

- 질문 1. 현재 자살 계획을 가지고 있습니까? 혹시 있다면 구체적으로 말씀해 주세요.
- 질문 2. 과거에 자살 시도 경험이 있습니까? 혹시 있다면 가족이나 지인의 자살을 목격한 경험이 있나요?
- 질문 3. 가정으로나 사회적으로 지지망이 형성되어 있습니까?
- 질문 4. 현재 더 이상 견딜 수 없는 상황이나 스트레스가 있습니까?
- 질문 5. 현재 알코올이나 약물을 남용하고 있습니까?

한편, 노인에게 자살에 대해 질문할 때는 다음의 단계를 고려한다.

- 단계 1. 지금처럼 사는 게 의미가 있는지, 죽는 게 더 나은지 묻는다.

  (그렇다고 생각하면↓)
- 단계 2. 죽음을 앞당길 생각이 있는지 묻는다.

(그렇다고 생각하면↓)

• 단계 3. 빠른 시일 내에 일을 시도할 것인지 묻는다.

(그렇다고 생각하면↓)

• 단계 4. 어떻게 실행에 옮길 것인지 묻는다.

(그렇다고 생각하면↓)

• 단계 5. 언제 실행에 옮길 것인지 묻는다.

단계 2~4에서 그렇다고 응답한 경우, 내담자의 안전을 위해 긴급히 행동을 취해야 하며, 정신과 전문의의 진료를 받도록 한다. 정신과 진료를 회피할 경우 내담자의 가족을 상담에 참여하도록 유도한다.

③ 자살 시도를 막도록 구체적으로 합의하고 실천하도록 돕는다

상담자는 자살사고 정도와 자살 가능성을 파악하고, 병원 등 타 기관에 의뢰할지 여부를 가족 및 보호자와 상의 후 결정해야 한다. 나아가, 내담자가 자살이나 자해를 하지 않겠다는 내용의 서약서 등을 받아 실천하도록 지지한다.

④ 알코올이나 약물의존의 경우, 이 문제부터 개입한다

내담자가 알코올이나 약물의존이 있는 경우에는 우선 이 문제부터 상담하고 개입해야 한다. 그 이유는 알코올이나 약물의존이 자살사고를 불러일으키는 경우가 허다하기 때문이다.

⑤ 감정표현을 격려하고 내담자 스스로에 대한 이해를 도와준다

심리적 아픔이나 본인의 가치를 인식하지 않는 경우 그 원인에 대해 스스로 통찰하는 것이 필요하다. 이런 시간을 통해 자신을 이해하는 것이 필요하다.

⑥ 자살과 관련된 내담자의 사고를 인식하고 탐색하도록 돕는다

내담자가 자살 이유와 현재 상황을 구두로 표현하게 하여, 자살사고 이면에 깔린 무력감과 무가치감을 강화하는 내담자의 사고를 깨닫게 하는 것이 필요하다.

⑦ 내담자의 개인적 장점과 자원을 탐색한다

상담자는 내담자가 가지고 있는 장점과 긍정적으로 작용할 자원을 탐색하고 평가한다. 내담자가 자살을 생각하게 된 가장 어려운 점이 무엇인지 파악하여 장점과 자원을 연결하여 어떻게 자살사고를 완화할 것인지 계획한다.

(4) 자살상담 기법

자살과 관련된 상담기법은 다음과 같은 것이 있다(김희수, 2022).

① 최소화(minimizing)

최소화는 의식적으로 노인 자신의 문제를 최소화하는 방법이다. 자신의 문제를 지나치게 심각하게 받아들이거나 과장되게 인지하지 않도록 도와주어 심리적 안정을 찾도록 한다.

② 비난하기(blaming)

내담자가 문제를 가지도록 유발하였다고 생각하는 상대나 상황을 비난하도록 유도하여 내담자 자신이 문제를 발생시킨 것이 아니라고 인식하도록 돕는다. 이는 내담자의 죄책감이나 무기력감을 감소시키는 데 도움이 된다.

③ 인지도 그리기(cognitive mapping)

노인 스스로 가지고 있는 지적 능력이나 호기심을 활용하여 자살문제에 대한 정보를 얻는 방법이다. 내담자가 자신의 신체적 증상, 느낌 등을 언어로 표현하게 하여 문제의 원인과 해결방법을 모색하도록 한다. 상담자는 내담자의 정보를 그림으로 제시하여 내담자 스스로는 자신의 사고과정을 인식하게 한다.

④ 전환(substitution)

내담자의 환경 특성을 긍정적으로 활용하는 기법이다. 예를 들어 내성적이고 우울한 내담자는 집에만 머물러 있거나 어두운 환경보다는 햇볕이 있는 외부에 노출되거나 사회활동을 통해 사람과의 접촉의 기회를 늘린다.

⑤ 회피(avoidance)

내담자가 문제 상황을 가능한 피하는 기법이다. 예를 들어 자녀와의 관계에 갈등이 생겨 이를 비관한 노인이라면 당분간 갈등관계의 자녀와 접촉하지 않도록 하여 스트레스를 줄이는 기법이다.

3. 상담 사례

1) 노인 우울증상담 사례

■ 내담자의 기본 사항

69세 여성, 남편과 거주. 아들 2명이 있지만 큰 아들은 행방불명, 작은 아들은 근처에 살고 있어 가끔 방문하지만 본인이 방에서 나오지 않아 대화가 거의 없음.

■ 생활상태 및 건강상태

집밖으로 나가지 않은 지 4개월이 넘었으며, 관절염 증상이 심해 보행이 어려움.

■ 호소하는 구체적 문제

나는 이렇게 살고 싶지 않아요. 우리 큰아들 한번 보고 죽는 게 내 소원이에요. 우리 아들은 공부도 잘하고, 참 착한 아들이었는데…. 그런데 9년 전에 지방에 간다고 나가서 돌아오지 않아요. 며느리도 아들이 어디로 갔는지 모르니까 몇 년 지나고 그냥 어디로 가버리고 나서 손주하고도 연락이 안 되고 있어요. 얼마나 속상하고 억울한지 몰라요. 내가 큰 잘못하고 산 것도 아닌데 왜 나한테 이런 일이 생기는지 모르겠어요. 밥은 먹어서 뭐하나 싶고, 살아서 뭐하나 하는 생각이 들어요. 몸도 이 모양이라 관절염으로 걷지도 못해요. 어디 나가면 다들 자식 자랑하는데 나는 그렇지 못하니 사람 만나기도 싫어요. 복지관도 안 가게 되더라고요. 가면 다 자식 자랑인데 장남이 이렇게 되니, 내 인생이 허무하고 실패한 것 같은 생각이 듭니다.

■ 내담자의 감정과 생각 파악하기

■ 내담자 감정에 공감하는 방법 나열하기

■ 내담자의 문제 파악

■ 상담목표

■ 해결방안들

출처: 이호선 (2005). 노인상담 사례. p.261.

2) 노인 자살상담 사례

■ 내담자의 기본 사항

경기도 거주 81세 남성. 부인과는 사별. 아들과의 문제로 자살사고가 있고 및 자살시도 경험 있음.

■ 호소하는 구체적 내용

10년 넘게, 아니 20년이 넘도록 아들이 욕설과 폭행을 계속하고 있습니다. 아내가 있을 때는 견딜만 했는데, 작년에 하늘로 가고 나니 너무 힘들어요. 며느리가 6년 전에 집을 나가고 난 후로 아들이 더 난폭해져서 아내와 도망갈까, 아님 죽을까도 생각했었어요. 그래도 생각해 보면 자식 남겨두고 먼저 죽는 것도 부모의 도리가 아닌 것 같아 참고 지냈어요. 주변 이웃들도 이런 상황을 다 알고 있어서 창피하고 부끄러워서 힘들어요. 그러다가 아내마저 저세상으로 가고 나니, 아내가 부럽고 야속합니다. 나도 가고 싶어요. 아내가 있는 곳에 가면 편할 것 같아서요. 목을 맨 적도 있었는데, 동네 아줌마가 저를 살려 냈어요. 그래서 이번엔 농약을 사놨어요. 아직 먹지는 않았지만, 꿈에서 아내가 자꾸 나타나 나를 부르며 빨리 오라고 하는 것 같아요. 곧 약을 먹을 생각입니다. 무섭기도 하지만, 저 세상을 가면 지금보다는 편할 것 같아요. 자식을 잘못 키운 죄, 아내를 지켜주지 못한 죄, 그 죄를 짊어지고 가는 게 맞다 싶습니다.

■ 내담자의 감정과 생각 파악하기

■ 내담자 감정에 공감하는 방법 나열하기

■ 내담자의 문제 파악

■ 상담목표

■ 해결방안들

출처: 이호선 (2005). 노인상담 사례. p.261.

참고문헌

강희숙, 김근조 (2000). 일부지역 노인들의 신체적 건강과 우울과의 관련성. **대한보건협회학술지, 16**(14): 451-459.

고정은 (2016). 우울감을 경험하고 있는 노인들의 이야기치료 집단상담. **가족과 가족치료, 24**(1): 27-46.

권미애, 김수진, 최성문, 박지현, 김신경 (2019). **인천시 노인상담 서비스 실태 및 욕구조사.** 인천광역시 고령사회 대응센터.

김동기, 김은미 (2010). **사회적응의 노인심리학.** 학지사.

김영숙, 서경현 (2002). 생활환경에 따른 한국노인들의 생활만족과 우울수준. **노인복지연구, 18**: 273-290.

김은주 (2013). 노인의 자살예방을 위한 교류분석적 집단상담 프로그램의 효과성에 관한 연구. **복지상담교육연구, 2**(1): 1-17.

김은주, 육성필, 조윤정 (2016). 독거노인의 우울과 자살생각에 대한 대인관계치료 기반 집단상담(IPT-G)의 효과. **한국노년학, 5**(1): 14-26.

김철규, 박승미 (2012). 지역사회에 거주하는 여성과 남성 노인의 우울 위험요인 비교. **대한간호학회지, 42**(1): 136-147.

김혜경, 백경원 (2018). **100세 시대의 노년기 건강.** 신정.

김희수 (2022). **노인상담의 이해.** 동문사.

박재간, 손홍숙, 박정희, 이호선, 최정윤, 백상창, 정문자, 손화희, 박충선, 이성희 (2011). **노인상담론.** 공동체.

박종원, 정혜숙 (2018). 자살 위험노인 동년배상담가의 상담경험에 관한 연구. **한국사회복지학, 70**(2): 197-222.

보건복지부, 중앙자살예방센터 (2018). 노인 자살예방 교육자료.

보건복지부, 한국생명존중희망재단 (2024). 2024 자살예방백서.

서혜경, 정순돌, 최광현 (2006). **노인상담.** 집문당.

원영희, 전혜정, 김주현, 한은주, 이호선, 김원경, 정미경, 김미령, 손화희, 이민홍, 배나래, 김유진 저 한국노년학포럼 (2015). **노인복지상담.** 공동체.

이호선 (2005). **노인상담(2판).** 학지사.

장선철, 김남원 (2018). **노인상담**. 동문사.

정관용 (2017). 고령사회의 노인상담이 우울감소와 자살예방에 미치는 효과예측에 관한 연구. 서울벤처대학원대학교 박사학위논문.

정미경 (2017). **행복한 노년의 삶을 위한 노인상담**. 시그마프레스.

한국자살예방협회 (2009). **자살의 이해와 예방**. 학지사.

大森健一 (2000). うつ病. 997-1001. **新老年**学(第2版). 折茂肇編. 東京: 東京大学出版会.

Anderson, D. N. (2001). Treating depression in old age: The reasons to be positive. *Age Aging, 30*, 13-17.

Beck et al. (1979). **우울증의 인지치료**. 원호택 외 공역. 학지사.

Chapter 11

치매와 치매가족상담

Counseling Older Adults

11 치매와 치매가족상담

1. 노인성치매의 이해

우리나라 국민은 평균수명의 급격한 연장으로 이전보다 훨씬 오래 살게 되었다. 그리고 그와 함께 치매나 신체적 질환으로 인해 누군가의 돌봄을 필요로 하는 상태의 노인, 즉 '요보호노인'의 인구도 증가하였다. 특히 치매로 인한 상담 필요성이 급증하고 있다. 이에 치매를 이해하고 상담 시 주의해야 할 점을 살펴보고자 한다.

1) 치매의 정의

치매는 노년기에 주로 발생하지만, 나이에 따라 50세 이후에 발생하는 초로기치매(presenile dementia)와 65세 이후 노년기에 발생하는 노인성치매

(senile dementia)로 나눌 수 있다(김혜경 · 백경원, 2018). 노인성치매는 뇌의 만성 혹은 진행성 질환으로 인해 나타나는 다양한 증후군(syndrome)이며, 기억력, 사고력, 지남력, 이해능력, 계산능력, 학습능력뿐 아니라 언어와 판단능력 등 다양한 기능이 저하하여 결국에는 누군가의 돌봄을 필요로 하는 노년기의 대표적인 정신장애로 정의할 수 있다(권중돈, 1995).

예전에는 치매를 망령, 노망이라고 불러왔고, 치매증상을 자연스러운 노화과정으로 받아들였다. 하지만 최근에는 치매를 뇌의 노화로 인한 질환으로 인식하고 있다. 또한 치매라는 용어는 한자로 어리석을 치(痴 혹은 癡)와 어리석을 매(呆)가 합쳐진 단어로, 용어 자체에 부정적이고 차별적인 요소가 포함되어 있다. 이러한 이유로 최근 일본에서 치매라는 용어가 조기발견과 조기진단을 저해하는 요소가 된다고 판단하고 '인지증' 혹은 '인지장애'라는 용어로 바꾸어 사용하고 있다(介護白書, 2007). 국내에서도 치매라는 용어 대신 '인지증' 혹은 '인지장애'로 사용하는 경우가 늘어나고 있다.

2) 치매의 종류

(1) 치매의 분류

① 알츠하이머형 치매

가장 흔한 치매 유형으로, 원인치료가 불가능한 질환이다. 독일인 의사 알츠하이머의 이름을 따서 붙인 병명으로, 기억에서부터 사고 및 행동의 장애까지 초래하는 뇌의 진행성, 퇴행성 질환이다. 원인은 정확히 알려져 있지 않지만, 위험인자로는 연령, 성, 치매가족력 및 두부손상 등이 있다. 서서히 진행되는 특징이 있으며, 초기에는 가벼운 건망증으로 시작해서 병의 진행과 더불어 언어구사력, 이해력, 읽고쓰기능력에 장애가 발생한다.

② 혈관성 치매

뇌출혈, 뇌경색 등 뇌혈관의 손상이 원인으로 나타나는 치매이다. 알츠하이머형 치매에 이어 두 번째로 흔한 유형이다. 위험인자는 고혈압, 당뇨, 고지혈증, 뇌졸중의 기왕력 등 뇌졸중의 위험인자가 해당한다. 혈관성치매 환자는 인지능력이나 정신능력이 나빠졌다가 호전되었다가 또 갑자기 나빠지는 등의 패턴을 보이기도 한다. 마비나 언어장애도 나타나기 쉬우며, 발병 이후 완치는 어렵지만 조기진단을 통해 치료를 지속하면 악화를 막을 수 있다.

③ 기타

알츠하이머형 치매와 혈관성 치매 이외에도 비율은 높지 않지만 파킨슨병에 의한 치매증상, 픽병, 헌팅턴병, 알코올 사용장애로 인한 치매, 루이소체치매 등이 있다.

(2) 치매노인의 심리

돌보는 사람을 힘들게 하고 치매노인 본인은 편할 것이라는 치매에 대한 잘못된 편견이 있다. 실제로는 만성적 불쾌감, 불안, 우울, 혼란, 감정변화, 과거와 현실의 혼돈 등 치매노인은 다양한 심리적 어려움에 노출되어 있다는 것을 이해해야 한다(박재간 외, 2011).

① 만성적 불쾌감

자신이 잊어버리고 싶은 것이 아님에도 치매로 인한 실수로 남들에게 질책과 비난을 받게 되어 불쾌감을 경험하며, 자존심이 상하기 쉽다. 특히 초기에 이러한 경험으로 스트레스가 많아진다.

② 불안

치매의 진행으로 시간이나 계절, 장소를 분명하게 기억하지 못하고 심지어 주변 사람도 알아보지 못하게 되면 치매노인은 불안이나 초조감을 느낄 수밖에 없다. 특히 중증으로 진행되기 전에 이러한 불안증상을 보이기 쉽다.

③ 우울

기억장애가 심해지면서 우울하거나 무기력해지기도 한다. 우울증상은 무감동, 수면장애, 절망감, 식욕저하뿐 아니라 자살충동을 일으키기도 하므로, 돌봄제공자의 세심한 관찰이 필요하다.

④ 혼란 및 혼돈

앞서 언급한 불안과도 연관성이 있지만, 장소와 시간에 대한 판단력이 저하되면서 혼란스러운 상태에 빠지게 된다. 일상생활에 필요한 기본적인 동작조차 스스로 할 수 없게 되면서 자신에 대한 혼란을 경험하게 된다. 또한 과거와 현재를 혼동하는 경우가 있는데 이런 경우에는 비난하기보다 심리적 안정을 취할 수 있도록 돕는 것이 필요하다.

⑤ 감정변화

치매는 노인에게 스트레스로 작용하며, 이는 경우에 따라 큰 폭의 감정변화를 초래한다. 감정변화로 인해 화를 내거나 폭력적 행동을 하는 경우가 생긴다.

⑥ 작화(作話)

끊어진 기억을 연결하기 위해 때로는 말을 만들어 내거나 없는 이야기를 하게 된다. 이는 치매로 인한 증상으로 이해하고 돌보는 가족 등이 오해하지 않는 것이 중요하다.

(3) 치매의 정신행동증상에 따른 유형과 돌봄방법

일본의 다케우치 다카히토(竹內孝仁)는 다년간 돌봄현장에서의 경험을 토대로 치매란 '실제 자신의 모습에 적응하지 못하는 상태'라고 정의하였다. 또한 실제 생활에서 관찰되는 생활상의 문제행동을 갈등형, 회귀형, 유리형 등 세 가지로 나누었다(大田 · 三好, 2005). 유형별 특징과 돌봄방법은 다음과 같다.

① 갈등형

갈등형이란 건망증이 있는 현실 속의 자신을 받아들일 수 없어 어떻게든 자신을 되찾으려 발버둥치는 유형을 말한다. 그러나 현실적으로 노화현상도, 신체적 장애도 회복할 수 없기 때문에 갈등이 생긴다. 흥분하여 소리를 지르거나 거칠고 난폭한 행동을 보이는 특징이 있다. 또한 정서불안을 보이기도 하며 이식(먹을 수 없는 것을 먹는 행동), 과식, 농변(대변을 손으로 만지는 행동)이 나타나기도 한다. 갈등형은 환자의 입장에서 보면 부당한 현실과의 싸움이라고 할 수 있다. 젊었을 때 학교 교사나 의사, 공무원 등 사회적 지위가 높았던 사람이 이 유형에 많이 속한다고 한다.

돌봄제공자는 가족돌봄에만 의존하지 말고 장기요양보험의 재가서비스인 주간보호센터를 이용해 보는 것도 필요하다. 또한 센터에서 귀가하면 '수고하셨습니다'라고 직장에서 돌아온 것처럼 칭찬하는 것도 좋은 방법이다. 중요한 것은 집안에서도 역할을 부여하여 그 역할에 대해 감사하고 칭찬하는 것이 좋다. 그리고 역할을 부여할 때는 의사 등과 같이 권위 있는 사람의 지시인 것처럼 하여 전달하는 것이 효과적인 경우가 많다. 대인관계를 만들거나 유지할 수 있도록 돌봄과정에서 노력할 필요가 있다.

② 회귀형

회귀형은 현실 속 자신을 인정하지 못한다는 점에서는 갈등형과 같지만, 갈등형이 현실에 머무르는 것과 다르게 회귀형은 과거의 자신으로 돌아가 자신을 되찾으려고 한다. 이 경우 과거는 '자신의 가장 좋았던 시절'이라는 점이 특징이다. 주로 배회라는 형태로 행동증상이 나타난다. 방향감각장애를 보일 때도 있으며 행복했던 과거 시절로 돌아가 그 시절을 바탕으로 지금의 현실세계를 재구성한다. 남성은 일, 여성은 육아나 가사 일을 열심히 한 사람이 이 유형에 속하는 경우가 많다고 한다.

회귀형 치매노인을 돌보는 과정에서 현재와 과거를 혼동하는 경우라도 틀린 것을 지적하기보다는 이야기에 귀 기울이고 받아들여 주는 것이 중요하다. 배회를 하려고 하는 경우 '그렇죠, 나가야 되는 거 맞죠'와 같이 맞장구쳐 주고 공감하는 것이 좋다. 배회에 동행하는 과정에서는 묵묵히 동행하기보다 얘기를 들어주는 것이 안정감을 줄 수 있다. 또한 배회증상을 보일 때 신경안정제 등의 약으로 해결하는 것은 오히려 증상을 악화시킬 수 있기 때문에 유의해야 한다.

③ 유리형

유리형은 자신을 현실로부터 분리한다는 점은 회귀형과 같다. 그러나 회귀형이 과거의 좋은 시절로 돌아가는 형태라면, 유리형은 과거도 현실도 아닌 자신만의 내부세계에 틀어박혀 자신을 지키려고 하는 형식이다. 스스로 식사를 하지 않으려 하고, 케어하는 사람이 입에 넣어 줘도 먹지 않는 등의 무위자폐증, 또는 혼잣말을 하는 증상을 보인다. 유리형은 이미 현실에 저항하는 것을 포기하고, 마음은 여기에 없는 상태이다. 젊은 시절 자기주장이 강하지 않은 성격이 유리형의 치매증상을 보이는 비율이 높다고 한다. 유리형은 의존적인 경향이 강하고 순응적인 성격이 많은 것으로 나타난다.

유리형 치매노인을 돌볼 때는 적절한 자극을 주고 스킨십을 시도하는 것이 바람직하다. 노화가 진행되어도 피부감각은 유지되기 때문에 악수나 어깨를 가볍게 두드리는 등의 스킨십은 안정감을 줄 수 있다.

3) 치매의 실태

(1) 치매노인 현황

세계적인 고령화로 인해 치매환자 수도 급격히 증가하고 있다. Alzheimer's Disease International(이하 ADI)에 따르면, 2018년 기준 전 세계 치매환자는 약 5,000만 명으로, 이는 2015년(치매환자 수 4,678만 명)에 비해 1.06배 증가한 수치이다. 치매환자 수는 2030년에는 약 7,500만 명, 2050년에는 약 13,150만 명에 이를 것으로 예상되며, 이는 2015년의 2.81배에 달하는 것이다.

국내 치매환자 수도 인구고령화와 맞물려 빠르게 증가하고 있다. 2018

년부터 2022년까지의 성별 및 연령별 치매환자 수의 추이를 [그림 11-1]에 제시하였다. 치매환자 수는 2018년 약 75만 명에서 2022년에는 약 95만 명으로 증가하였으며, 성별로는 남성은 약 37.7%, 여성은 62.3%를 보였다. 또한 연령이 높아질수록 치매환자 수는 증가하는 경향을 보인다(보건복지부, 국립중앙의료원, 중앙치매센터, 2024).

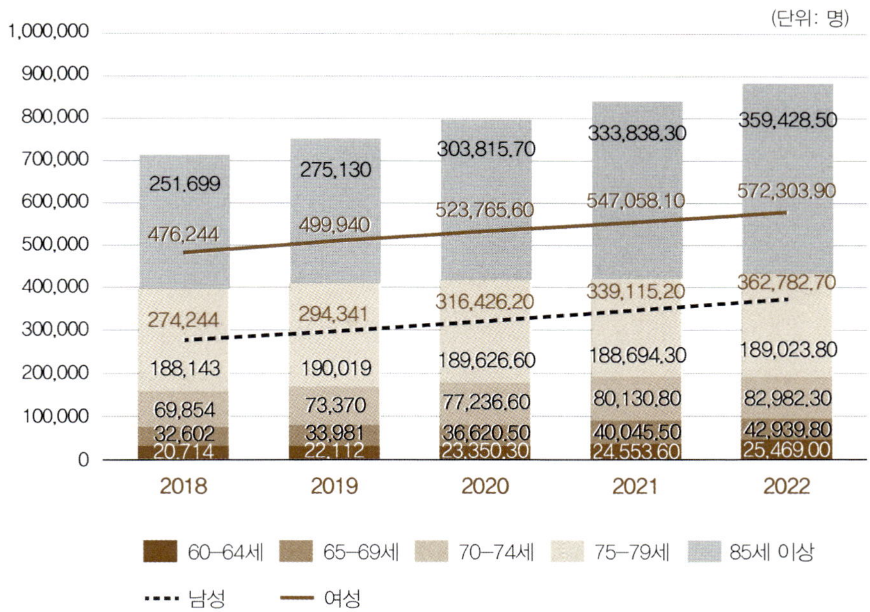

[그림 11-1] 성별·연령별 추정 치매환자 증가 추이(2018-2022)

출처: 보건복지부, 국립중앙의료원, 중앙치매센터 (2024).

(2) 치매 정책사업 및 상담사업

우리나라의 치매와 관련된 사업은 2012년 2월 제정 · 시행된 「치매관리법」에 근거한다. 또한 치매관리 전달체계는 [그림 11-2]와 같다. 중앙정부와 광역 및 기초지자체 단위의 치매 관련 계획을 조정 및 연계하고 국가치매관리사업을 효과적으로 수행할 수 있도록 중앙-광역-치매안심센터로 이어지는 인프라 및 전달체계를 구축하고 있다(보건복지부, 2024).

각 주체별 세부적인 역할은 〈표 11-1〉에 제시하였다.

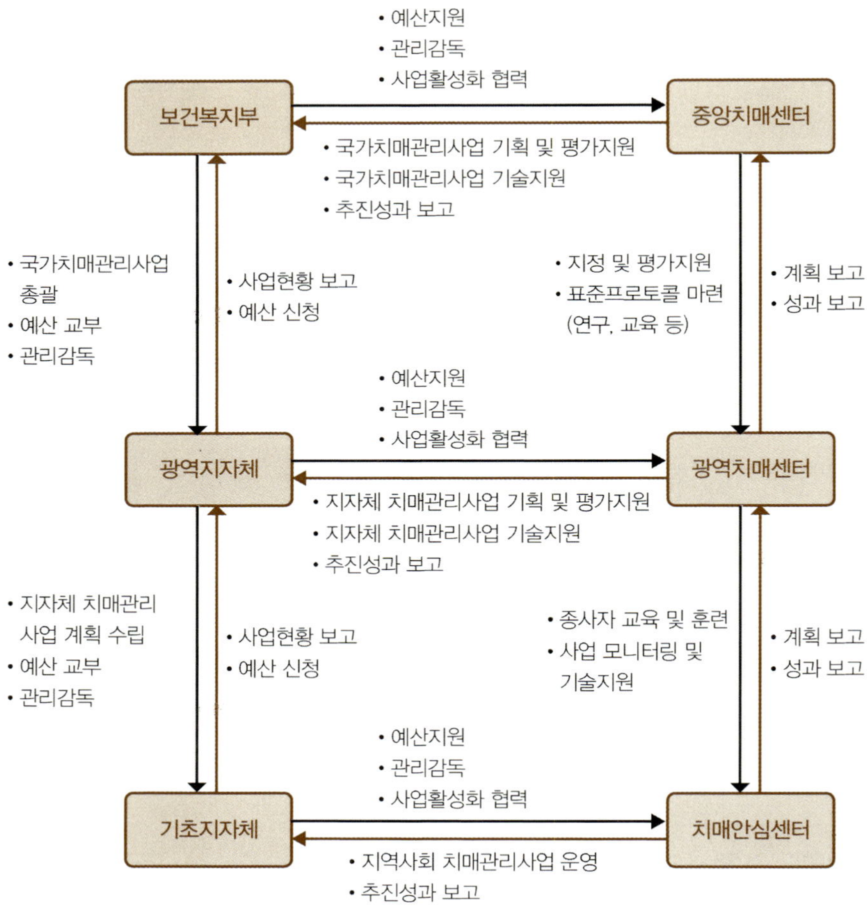

[그림 11-2] 치매관리 전달체계

〈표 11-1〉 치매관리 주체별 세부적인 역할

추진 주체	역 할
보건복지부	• 치매관리종합계획 수립 · 시행 및 평가 • 국가치매관리사업 총괄 및 전달체계 수립 및 관리 · 지원 • 중앙치매센터 설치 및 운영 • 광역치매센터 · 치매안심센터 예산 지원 및 지도 · 감독 • 광역치매센터 · 치매안심센터 운영지침 수립 • 성과평가를 통한 사업 질 관리 및 운영 효율화 도모
중앙치매센터	• 치매관리종합계획 수립 및 시행계획 추진실적 평가 지원 • 국가치매관리사업 기획 및 연구 • 치매관리사업수행기관 기술 지원 및 평가 지원 • 치매관리사업 운영지침 개발 및 보급 • 치매전문인력 종사자 교육 • 치매정보시스템 구축 · 운영 및 치매등록통계사업 지원 • 치매안심센터 업무 지원 • 치매 인식개선 교육 및 홍보
광역지자체 (시 · 도)	• 치매관리에 관한 시행계획 수립 · 시행 및 평가 • 지역치매관리사업 총괄 및 관리 · 지원 • 광역치매센터 설치 및 운영 • 광역치매센터 · 치매안심센터 행정적 · 재정적 관리 · 지원
광역치매센터	• 광역지자체의 치매관리시행계획 수립 및 시행 지원 • 지역치매관리사업 기획 및 연구 • 치매안심센터 및 노인복지시설 등의 사업수행을 위한 기술 지원 • 치매안심센터 성과평가 지원 • 치매전문인력 종사자 교육 • 치매공공후견사업 후견인 후보자 관리, 사업 담당자 교육 지원 등 • 지자체 내 치매 예방 · 치료 관련 기관 연계체계 마련 • 치매 예방 · 인식개선 교육 및 홍보
기초지자체 (시 · 군 · 구 보건소)	• 치매관리에 관한 시행계획 수립 · 시행 • 치매안심센터 설치 및 운영 • 치매안심센터 행정적 · 재정적 관리 · ㅈ원
치매안심센터	• 치매 관련 상담 및 조기검진 • 치매환자의 등록 · 관리 • 치매환자 사례관리(케어플랜), 자원연계 계획 수립 및 실시 • 치매환자쉼터 운영 • 치매환자 가족지원사업 • 장기요양인정신청 등의 대리 • 치매공공후견사업 실시(대상자 발굴, 후견심판청구 및 후견감독 등) • 치매 예방 · 인식개선 교육 및 홍보

일선 현장에서 치매 관련 상담업무를 담당하는 대표적인 기관은 치매안심센터이며, 치매안심센터의 운영체계는 [그림 11-3]과 같다. 특히 자원연계를 위해 보건 · 복지 · 의료뿐 아니라 안전과 관련된 경찰서 및 소방서와 연계가 필요하다.

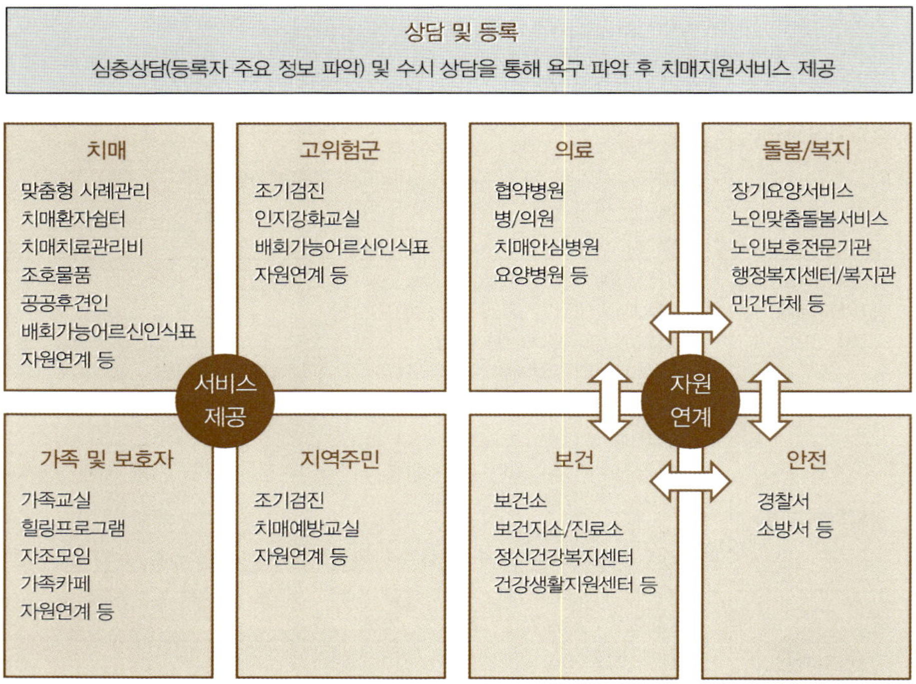

[그림 11-3] 치매안심센터 운영체계

① 치매로 인한 증상은 여러 인지기능과 연관성이 있다

예를 들면 기억력과 실행기능은 밀접한 관련이 있다. 새로 구입한 세탁기를 사용하려면 조작법을 알아야 한다. 이 조작법을 익히려면 내용을 기억해야 하고, 기억한 내용을 토대로 조작하는 순서를 외워야 사용할 수 있기 때문이다.

② 치매가 일상생활에 미치는 영향이 중요하다

길을 잃는 것을 예로 들면, 혼자서 모르는 길을 가지 않으면 된다. 하지만 택시 운전을 하는 사람이 길을 잃는 것은 일상생활에 큰 영향을 미치기 때문에 택시 운전을 그만둘 필요가 있다.

③ 한 명의 치매환자에게 치매로 인한 인지증상이 모두 나타나는 것은 아니다

최중증의 치매환자는 대부분의 인지기능에 장애가 발생할 수 있지만, 초기이거나 중기의 치매상태에서는 기억력장애를 제외하면 언어능력 등에 문제가 없는 경우가 많다.

④ 치매의 증상은 다양한 요인에 영향을 받는다

치매로 인한 증상은 신체적 상태, 심리적 상태, 돌봄제공자의 태도, 심지어 날씨 등에 영향을 받기도 한다.

2) 치매노인 인정치료

인정치료(validation therapy)는 페일(Feil, 1993)에 의해 개발된 치료방법으로, 치매노인이 보이는 혼돈되고 이치에 맞지 않는 말과 행동을 있는 그대로 받아들이고 인정하여 자존감을 회복하고 안정을 취할 수 있게 하는 방법이다. 인정치료는 치매노인의 말과 행동을 있는 그대로 수용하는 것이기 때문에 다음과 같은 기본 전제를 기억하여야 한다(Neal & Barton, 2003).

- 모든 사람은 유일한 존재이기 때문에, 개별화의 접근을 해야 한다.
- 치매로 인해 지남력에 장애가 있다 하더라도 모든 사람은 가치가 있는 존재로 보아야 한다.
- 치매노인의 지남력장애로 인한 행동에는 그 이유가 있다.
- 치매노인의 증상은 기능변화에 초점을 맞추기보다 전 생애를 통한 신체, 심리, 사회적 변화로 인한 행동으로 이해해야 한다.
- 치매노인의 행동을 강제로 바꿀 수 없다는 것을 인식해야 한다.
- 치매노인을 비판적인 자세로 보지 말고 수용하는 자세로 돌보아야 한다.
- 생애주기별 발달과업이 있으며 각 시기에 완성해야 할 과업을 이루지 못하면 심리적 문제가 발생할 수 있다.
- 치매로 인해 최근 일을 기억하지 못하게 되면 예전 기억을 회상함으로써 균형을 회복하려고 한다.
- 치매노인에게 공감해 주면 불안이나 고통스러운 감정이 완화되지만, 치매노인의 감정을 무시하거나 억누르게 하면 오히려 불안정한 상태가 된다.

3) 치매노인 인정치료 상담기법

인정치료를 위해 필요한 요소는 다음과 같이 정리할 수 있다(김경애, 1998; 장선철 · 김남원, 2018).

① 개인의 감정을 인정하는 것에 초점 맞추기

치매노인의 표현하고자 하는 감정을 대화를 통해 유도한다. 말 자체보다 전하고자 하는 감정이 중요하므로, 인내심을 갖고 경청하여 감정을 살피고 인정해 준다.

② 신뢰를 주는 구체적인 단어로 대화하기

치매노인의 행동이나 감정을 논리적으로 이해하려고 하지 않아야 한다. 따라서 치매노인에게 왜 그런 행동을 하는지 캐묻지 말아야 한다. 오히려 사실적인 질문을 통해 환자의 감정을 표현하는 유도가 필요하다.

③ 반복하기

치매노인에게 한 말을 반복해 주어, 자신이 한 말을 다른 사람에 의해 다시 듣게 함으로써 안도감을 느끼도록 한다. 핵심단어와 목소리 톤, 말의 속도를 비슷하게 하는 것이 더욱 효과적이다.

④ 반대의 상황 상상하기

생각하고 설명할 수 있는 시간을 준다. 주어진 시간에 현재 행동이나 상황의 반대의 경우를 상상하게 하여, 그 문제에 대한 과거의 해결방법을 돌이켜볼 수 있는 기회를 준다.

⑤ 회상하기

과거회상을 통해 익숙한 기제를 재정립할 수 있도록 돕는다. 예를 들면 과거의 좋은 기억으로 결혼, 출산, 승진, 자가 마련 등을 언어적으로 자극하여 대화를 유도한다.

⑥ 눈을 마주보며 진심으로 대화하기

대화 시 눈을 마주보고 진지하게 대한다. 상대방이 편안한 얼굴인지, 시선을 피하는지 등을 살피면서 노인에 대한 관심을 보여준다.

⑦ 모호한 표현 사용하기

치매노인이 이해가 되지 않거나 엉뚱한 말을 할 경우에는 잘못을 지적하고 고쳐주기보다 모호한 표현으로 '그것', '이것' 등과 같은 대명사를 사용하여 자신의 생각을 표현하도록 한다. 반복해서 듣다 보면 의미를 이해할 수 있게 된다.

⑧ 충족되지 않은 욕구 파악하기

세심한 관찰을 통해 치매노인의 충족되지 않은 욕구를 파악한다. 예를 들어 인형을 계속 껴안고 있는 노인이라면 자녀의 유아시절 미해결된 사건이 있을 수 있다.

⑨ 선호하는 감각 파악하기

치매노인이 선호하는 감각을 파악한다. 주로 사용하는 감각을 파악하면 그 감각을 통해 대화를 유도할 수 있다. 얼굴 표정이나 손잡기 등의 감각을 통해 정보를 파악하는 노인이라면 동일한 감각을 통해 대화를 이끌어

낼 수 있다.

⑩ 신체적 접촉하기

손을 가볍게 잡거나 어깨를 감싸는 신체적 접촉은 노인의 불안을 감소시키는 데 도움이 된다. 하지만 지남력장애로 의심이 많은 치매노인에게는 부정적인 효과를 가져올 수도 있기 때문에 노인의 상태를 잘 파악한 뒤 신체 접촉을 사용한다.

4) 치매가족상담

치매노인을 돌보는 가족은 신체적 부담, 경제적 부담, 심리적 부담, 사회적 부담을 느낄 수 있다(김혜경, 2007). 신체적 부담은 돌봄과정에서 생기는 만성피로, 요통, 두통 등이 있으며, 경제적 부담은 돌봄에 드는 비용으로 인한 부담이다. 이외에도 부양과정에서 가족 간의 갈등 등으로 인한 심리적 부담과 돌봄으로 인해 사회활동에 제약을 받거나 자녀 양육 등에 어려움을 겪을 수도 있다. 구체적인 치매가족상담 방법은 다음과 같이 분류할 수 있다(권중돈, 2022).

(1) 치매가족상담 방법

① 전화상담

전화상담은 치매환자 가족에게 가장 접근성이 좋아 활용도가 높은 방법이다. 상담을 통해 돌봄 가족의 스트레스뿐 아니라 돌봄방법, 장기요양서비스 이용방법 등을 상담할 수 있다. 따라서 상담자는 치매에 대한 정보뿐 아니라 돌봄방법에 대한 기술을 익히고 있어야 한다. 또한 장기요양서비스에 대한 이해를 통해 구체적인 상담이 가능하도록 해야 한다.

② 온라인 상담

인터넷과 같은 온라인을 통한 상담은 실시간 답변을 하지 않아도 되는 특징이 있지만, 상담자에게 가능한 빨리 답변을 제공하여야 신뢰를 가질 수 있다. 또한 치매와 관련된 최신 정보를 업데이트하여 정확한 정보를 제공하여야 한다.

③ 가족상담 및 가족치료

가족 구성원 중 한 명이 치매증상을 보이게 되면 전체 구성원에게 부정적인 영향이 미칠 수 있다. 특히 돌봄과정에서 발생하는 부담으로 인해 가족 간 갈등이 발생하거나 기존의 갈등이 두드러지게 나타나기도 한다.

치매 관련 기관에서는 가족문제를 해결하기 위해 심리교육적 접근을 주로 사용하고 있다. 즉 심리적 스트레스 관리를 상담하거나, 치매 관련 정보를 제공하여 교육적인 방법을 사용하는 것이다. 하지만 기존의 갈등이 치매노인 돌봄을 계기로 나타난 경우에는 가족치료 접근이 필요할 수도 있다.

④ 치매가족 자조집단 모임

치매가족으로 구성된 자조집단은 치매라는 증상을 보이는 환자를 돌본다는 동일한 어려움을 경험하고 있기 때문에 정서적 지지가 이루어지기 쉽다. 또한 자원과 정보를 공유하여 상호지지체계를 형성할 수 있는 장점이 있다. 따라서 정책적으로 치매안심센터 등에서 실시하는 치매가족 자조모임을 활성화하고 지원하는 것이 효과적인 방향이 될 수 있다.

(2) 치매가족상담 시 고려할 사항

① 스트레스 상담

앞서 언급한 것처럼 치매가족은 다양한 스트레스에 노출되어 있기 때문에 스트레스 해소를 위한 방법 등을 상담해 주어야 한다. 치매가족 휴식서비스를 이용하거나 장기요양서비스 중 재가서비스를 이용하도록 도와주는 방법이 있다.

② 정보 제공

치매환자를 돌보는 방법에 대한 정보를 제공한다. 더불어 치매증상이 심해지면 집에서 지내는 것이 어려울 수 있다. 이런 경우 요양시설 및 요양병원 입원 등에 대한 상담이 필요하다.

3. 상담 사례

1) 치매 알기

■ 내담자의 기본 사항

- 내담자: 아들
- 대상자: 60대 후반 부친
- 주요 질문: 최근 부친이 물건을 자주 잃어버리고 주변 사람들과 나눈 대화를 기억하지 못해 걱정됩니다. 단순히 기억력만 떨어져도 치매인 걸까요?

■ 치매, 이런 게 궁금해요!

올해 들어 아버지가 하는 사업이 잘 되지 않으면서 밤새 뒤척이고, 지인들과 자주 술자리를 갖은 후 인사불성이 되어 귀가하고, 말 수도 적어졌습니다.

지난주 아버지가 회사일로 지인과 저녁 약속을 한 후 약속 장소에 나타나지 않고 지인분의 전화도 받지 않는다며 집에 무슨 일이 있냐는 연락을 받았습니다.

늦게 귀가한 아버지에게 지인과의 통화 내용을 전달하며 약속 장소에 나가지 않은 이유에 대해 물어보았습니다. 당일 오전 아버지는 지인과 저녁 약속을 잡은 후 바쁜 업무처리를 하느라 잊어버렸다고 했습니다. 다른 일정이 바빠서 바로 전화를 받지 못했고 이후 다시 전화해 본다는 것을 깜빡했다고 하셨습니다.

한 달 전 아버지는 가족과 외식을 위해 집 근처 식당에서 만나기로 했습니다. 아버지는 볼일을 마친 후 늦지 않게 식당에 도착해서 가족과 합석하여 즐겁게 식사를 하셨습니다. 식사를 마친 후 아버지는 두 시간 전 직접 주차한 위치가 기억나지 않는다며 매우 당황해 하셨습니다. 차를 찾아가겠다며 저희에게 먼저 집에 가 있으라고 하셨습니다. 저희가 집에 도착해 보니 아버지의 차는 식당 주차장이 아닌 집 앞에 주차되어 있었습니다. 며칠 후 아버지는 저희와 식당에서 나눈 가족 대소사에 관한 이야기를 전혀 기억하지 못하고 저에게 마치 처음 듣는 것처럼 동일한 질문을 하셨습니다.

최근 아버지가 자동차 열쇠, 스마트폰, 지갑 등의 물건을 자주 잃어버리고, 주변 사람들과 나눈 대화를 기억하지 못해 걱정됩니다. 그렇다면 단순히 기억력만 떨어져도 치매인 걸까요?

■ 알면 힘이 돼요!

치매는 정상적으로 생활해 오던 사람이 후천적으로 다양한 원인에 의해 기억장애를 비롯한 여러 가지 인지기능의 장애가 나타나 일상생활 유지에 어려움을 초래하는 뇌질환입니다.

※ **치매**란 한 가지 원인으로 설명되는 단일질환이 아니라 다양한 원인에 의해 발생할 수 있는 증후군(syndrome)

※ **일상생활**이란 돈을 벌기 위한 직업활동, 다른 사람과 모임을 가지고 어울리는 사회활동, 집안일을 챙기고 가사활동 등 상식적 수준에서 할 수 있는 모든 의미 있는 활동

치매의 기억장애는 새로운 내용을 머릿속에 잘 저장하지 못하는 저장장애 형태로 나타나며 시간이 경과될수록 악화됩니다.

초기에는 대부분 과거에 일어난 일들은 잘 기억하고 있지만, 최근에 일어난 사건이나 경험을 기억하지 못하는 단기기억저하가 먼저 나타나지만 점차 치매가 심해지면 오래된 과거 기억도 잊게 됩니다.

반면, 단순한 건망증은 어떤 사건이나 사실을 기억하는 속도가 느려지거나 일시적으로 특정 사실을 기억하지 못하는 장애를 보이지만 일상생활에 큰 영향을 미치지 않습니다. 즉 건망증은 정상 노화과정으로 대부분 나이가 들면 기억력과 사고 능력이 떨어져 새로운 배움이나 그동안 해왔던 작업에 과거에 비해 시간이 많이 소요됩니다. 또한 주의집중력이 떨어져 할 일을 잊어버리는 경우도 자주 발생합니다.

건망증에서는 대개 사실 자체의 기억을 저장하는 능력은 문제가 없으나 기억된 내용을 인출하는 데 시간이 걸리고 힌트를 주면 다시 기억할 수 있는 경우가 많습니다.

대부분의 사람은 나이가 들어 기억력 저하를 보이면 치매가 아닌지 걱정부터 하게 됩니다. 하지만 기억력 저하는 치매에서도 나타나지만 단순한 건망증에서도 나

타날 수 있습니다. 또한 우울, 불안, 초조, 과도한 스트레스 등의 심리적 원인이나, 수면 부족, 영양 불균형 등 다양한 원인에 의해서도 발생할 수 있습니다. 기억력 저하만으로 단순한 건망증과 치매를 정확하게 구분할 수 없습니다.

그러나 치매 진단 기준(Diagnostic and Statistical Manual of Mental Disorders Fifth Edition: DSM-V)에 기억력 저하가 주요 특징으로 포함되어 있으므로 전문의에게 진료를 받아보거나 가까운 치매안심센터에서 치매조기검진을 받아보시기 바랍니다.

■ 치매와 관련된 대표적 인지기능

인지기능이란 인간이 외부세계의 정보를 이해하고 판단하여 행동하는 과정에서 필요한 모든 기능을 말합니다.

※ **기억력:** 최근에 있었던 일이나 과거부터 알던 사실을 기억하고 회상하는 능력
※ **언어능력:** 다른 사람의 말을 이해하고 본인의 의사를 표현하는 능력
※ **시공간능력:** 거리 및 방향을 인식하고 입체적인 공간을 이해하는 능력
※ **실행기능:** 어떤 일을 처리하기 위해 무엇이 필요하고 어떤 순서로 하는 것이 좋을지 계획하고 실제로 수행하면서 문제해결하는 능력
※ **주의집중력:** 외부에서 벌어지는 일에 대해 관심을 가지고 지속적으로 주의를 기울일 수 있는 능력
※ **지남력**(시간지남력): 날짜와 시간이 어떻게 되는지 아는 능력
(장소지남력): 장소가 어디인지 아는 능력
(사람지남력): 상대방 혹은 자신이 누구인지 아는 능력

*실제 임상에서 진단 기준 적용에 있어 다소 변화가 있을 수 있음

■ 알면 힘이 돼요!

치매환자의 경우 점진적으로 언어능력의 저하를 보이며, 치매가 진행될수록 말수가 줄어들다가 말문을 닫아버리는 경우도 있습니다.

뇌의 언어영역을 담당하는 대표적인 두 개의 영역으로 브로카는 말하는 기능을 담당하고, 베르니케는 말을 듣고 이해하는 기능을 담당합니다. 그래서 두 개의 영

역이 모두 손상되면 의사소통이 거의 불가능합니다. 또한 언어영역에 손상을 입지 않았더라도 서로 신호를 주고받는 회로에 문제가 생기면 언어기능장애가 발생할 수 있습니다.

치매환자가 같은 음절로 아기 우는소리를 반복한다면 정신증상이나 신체 질병, 혹은 환경적 자극 등의 문제가 없는지 원인을 살펴봐야 합니다.

※ **정신증상:** 망상, 환각, 우울, 불안, 공포 등

※ **신체 질병:** 섬망, 신체 불편감, 부동성(immobility), 통증(치통, 골절, 피부 발진, 위장 장애, 관절염, 변비, 요로감염증 등), 시각, 청각 손상 등

※ **환경적 자극:** 시끄러운 소음(텔레비전, 라디오 등의 볼륨 소리), 적절하지 않은 온도 · 습도, 복잡하고 불분명한 환경, 돌봄자의 부적절한 케어

치매 정도에 따라 적절한 의사소통 방법을 찾아야 합니다. 예를 들어 치매환자와 대화를 할 때에는 쉽게 질문하고, 음성으로 잘 전달되지 않을 경우 핵심 단어나 그림, 사진, 실물 등을 사용하여 대화를 진행하는 것이 좋습니다.

의사소통이 되지 않는 치매환자를 돌볼 때에는 안정적이고 지지적인 환경에서 비언어적 방법인 접촉이나 몸짓을 사용하는 것이 좋습니다. 치매 환자가 반복해서 아기 우는 소리를 내는 특별한 이유가 없고 보호자가 집안일로 혼자 있을 때만 보이는 증상이라면 자극이 필요하다는 표현 방법일 수도 있습니다. 치매환자가 말을 잘 알아듣지 못한다고 하더라도 차분한 목소리로 관심을 표현하는 말을 걸어주면 도움이 됩니다.

출처: 2023 치매상담콜센터 사례집『고향의 봄』.

참고문헌

권중돈 (1995). **한국치매가족연구: 부양부담사정도구 및 결정모형개발**. 홍익재.

권중돈 (2022). **노인복지론**. 학지사.

김경애 (1998). 인정요법이 치매노인의 행동 및 정서에 미치는 영향. 서울대학교대학원 석사논문.

김혜경 (2007). 재가 요보호노인 가족케어자의 부양부담에 관한 연구: 노노케어자와 일반케어자의 비교를 중심으로. **노인복지연구, 37**: 49–66.

김혜경, 백경원 (2018). **100세 시대의 노년기 건강**. 신정.

大田仁史, 三好春樹 (2005). **환자가 주인이 되는 새로운 케어기술**. 김영주 역. 동학사. (2002년 원저 발간).

박재간, 손홍숙, 박정희, 이호선, 최정윤, 백상창, 정문자, 손화희, 박충선, 이성희 (2011). **노인상담론**. 공동체.

보건복지부 (2024). 2024년 치매정책 사업안내.

보건복지부, 국립중앙의료원, 중앙치매센터 (2024). 대한민국 치매현황 2023.

보건복지부 · 국립중앙의료원 · 중앙치매센터 · 치매상담콜센터 (2023). 2023 치매상담콜센터 사례집.

보건복지부 · 국민건강보험 · 중앙치매센터 (2020). 치매전문교육기본과목.

원영희, 전혜정, 김주현, 한은주, 이호선, 김원경, 정미경, 김미령, 손화희, 이민홍, 배나래, 김유진 저 한국노년학포럼 (2015). **노인복지상담**. 공동체.

장선철, 김남원 (2018). **노인상담**. 동문사.

全國老人保健施設協會 (2007). **介護白書**(平成 18年版). ぎょうせい.

Feil, N. (1992). Validation therapy. **Geriatric Nurs, 13**(3): 129–133.

Neal, M., & Barton, W. (2003). Validation therapy for dementia. **Cochrane of Systematic Review, Issue 3**, Art No: CD001394.

중앙치매센터 홈페이지. www.nid.or.kr

WHO 홈페이지 (2007). http://apps.who.int/classification.

Chapter 12

노인학대

Counseling Older Adults

CHAPTER 12 노인학대

1. 노인학대의 특성

1) 개념

우리나라의 노인학대는 노인의 인권침해와 거의 동일한 개념으로 사용된다(김수진 외, 2019). 기본적으로 학대란 헌법에서 말하는 '모든 국민의 인간으로서의 존엄과 가치, 행복의 추구'라는 국민의 기본권이 보장되지 못하는 상태이다(장규원 외, 2018). 학대는 폭력의 발현으로 볼 수 있고 폭력보다 더 넓은 범위의 개인 및 집단 등의 환경과 연관되어 있다(김유휘, 2021).

노인학대는 노인과 신뢰관계에 있는 자가 취약한 노인에게 위해 또는 심각한 위해를 발생시킬 수 있는 의도적 행위를 의미한다. 여기에는 노인의 기본적 욕구를 충족시키지 못하거나 위험으로부터 노인을 보호하지 못하는 행위가 포함된다. 자기 스스로를 돌보지 않는 자기방임을 노인학대로 볼 것인가에 대한 논의가 있었으나, 학계에서는 이를 포함하는 입장이 널리 받아들여지고 있다.

「노인복지법」에서는 노인학대를 노인에 대하여 신체적 · 정신적 · 정서적 · 성적 폭력 및 경제적 착취와 가혹행위 및 유기나 방임을 하는 것으로 정의하며, '노인학대 범죄'에 대한 개념을 통해 보호자에 의한 65세 이상 노인에 대한 노인학대로서 상해 · 폭행 · 유기 · 학대 · 감금 · 체포 · 강간 · 추행 · 명예훼손 · 주거침입 등에 해당되는 죄로 정의한다(류주연 · 권소일, 2024).

2) 노인학대의 특징

노인학대는 복합성, 지속성, 반복성, 은폐성의 4가지 특성을 가진다(Weissberger et al., 2020).

- 복합성: 가족 및 관계 내 복합적이고 상호적인 원인이 존재한다.
- 지속성: 오랜 기간 동안 학대행위가 지속된다.
- 반복성: 일회성으로 그치지 않고 반복하여 발생한다.
- 은폐성: 노인학대는 노인의 가족 또는 신뢰받는 보호자에 의해 이루어지기 때문에 드러난 것에 비해 숨겨져 있는 경우가 더 많다.

3) 유형

(1) 행동의 범위에 따른 구분

노인학대의 유형에는 신체적 학대, 언어 및 정서적 학대, 성적 학대, 경제적 학대, 유기, 방임, 자기방임 등이 포함된다(현외성 외, 2011).

① 신체적 학대

노인에게 물리적인 힘이나 물건을 사용해서 다치게 하는 행동을 의미한다. 예를 들어, 때리거나, 폭력을 사용하거나, 칼 같은 도구로 위협하는 것, 혹은 노인을 가두는 것 등이 해당된다.

■ 대표 행위

㉮ 꼬집고 때리거나 이리저리 끌고 다니고 밀어서 넘어뜨린다.

㉯ 제한된 공간에 감금하거나 거주지 출입을 통제한다.

㉰ 기존 생존유지에 필요한 장치 및 물품 등으로부터 단절시킨다.

㉱ 의사의 처방대로 약을 주지 않거나 처방 없는 약물을 강제로 먹인다.

㉲ 도구 사용: 몽둥이, 빗자루 등의 도구로 폭행한다.

㉳ 칼이나 흉기를 사용하여 상해를 입힌다.

㉴ 담뱃불 또는 도구를 이용해 노인에게 화상을 입힌다.

■ 예측 징후

㉮ 설명할 수 없거나 설명과 일치하지 않는 상처 및 부상이 있다.

㉯ 치료받지 못한 상처 및 부상이 있다.

㉰ 영양 부족 상태 또는 질병과 관련 없는 탈수 상태를 보인다.

㉣ 이상한 체중감소가 있다.

㉤ 바깥출입이 거의 없거나 집 주변에서 배회한다.

② 언어 및 정서적 학대

노인을 말이나 행동으로 괴롭히고, 정신적으로 힘들게 하는 것을 의미한다. 예를 들어, 비난하거나 모욕하는 말, 위협하는 행동 등을 통해 노인을 감정적으로 상처 주는 것을 포함한다.

■ 대표 행위

㉮ 말을 걸지 않고 대화하지 않는다.

㉯ 일상생활을 타 가구원과 별도로 한다.

㉰ '죽이겠다', '시설로 보낸다', '집에서 나가라' 등의 위협이 있다.

㉱ 고함을 지르거나 욕한다.

㉲ 모욕적인 말 등으로 수치심 느끼게 한다.

㉳ 노인과 관련된 결정에서 소외시킨다.

■ 예측 징후

㉮ 흥분 또는 화가 난 분노의 모습을 보인다.

㉯ 눈물을 머금거나 우는 모습을 보인다.

㉰ 잠을 못 자거나 안절부절못하는 불안한 모습을 보인다.

㉱ 무반응 또는 무표정한 모습을 보인다.

㉲ 가족 또는 보호자 등과 대화가 거의 없거나 눈치를 본다.

㉳ 사람을 만나거나 외부활동을 피하거나 꺼린다.

③ 성적 학대

노인이 원하지 않는데도 성적으로 불쾌한 행동을 강제로 하는 것이다. 성희롱, 성추행, 성폭행 같은 행위가 해당된다.

■ 대표 행위

㉮ 강제적으로 성관계를 갖거나 강요 또는 시도한다.
㉯ 원치 않는 스킨십 및 신체 일부를 만진다.
㉰ 신체를 빗대어 혐오감을 주는 언행을 한다.
㉱ 타인이 보고 있음에도 노인의 성적 부위를 드러내고 옷 또는 기저귀를 교체한다. 또는 목욕시킨다.

■ 예측 징후

㉮ 걸을 때 혹은 앉을 때의 어려움을 호소한다.
㉯ 속옷이 찢어져 있다.
㉰ 외부 성기 부분이나 항문 부위의 타박상이나 하혈이 있다.
㉱ 신체의 주요 부분을 노출시킨다.
㉲ 성병이 있다.
㉳ 특정 유형의 사람들에 대한 두려움이 있다.

④ 경제적 학대

노인의 돈이나 자산을 동의 없이 마음대로 쓰거나, 노인이 일한 대가를 제대로 주지 않는 행위를 말한다. 이를 통해 노인을 경제적으로 착취하는 것을 말한다.

■ 대표 행위

㉮ 노인의 허락 없이 임금, 연금, 재산, 주식 등을 가로채거나 임의로 사용한다.

㉯ 국민기초생활보장 수급자 생계비 같은 공적부조 급여를 가로채거나 임의로 사용한다.

㉰ 빌린 돈을 갚지 않거나 귀중한 물건을 돌려주지 않는다.

㉱ 노동에 대한 대가를 정당하게 지급하지 않는다.

■ 예측 징후

㉮ 노인의 재산이 타인의 명의로 갑자기 전환된다.

㉯ 노인에게 강요하거나 노인의 허락 없이 재산 관련 서류를 처리한다.

㉰ 노인이 빌려준 돈 또는 물건을 받지 못한다.

㉱ 개인 귀중품이 없어진다.

㉲ 은행 계좌의 현저한 혹은 부적절한 거래가 있다.

⑤ 방임

노인을 돌봐야 할 사람이 일부러 또는 실수로 노인의 기본적인 생활(식사, 옷, 의료 등)을 제대로 챙겨주지 않는 것을 의미한다.

■ 대표 행위

㉮ 스스로 식사, 배변처리, 청결유지가 어려운 노인을 방치한다.

㉯ 치매 등 심각한 질환이 있는 노인을 홀로 거주하게 한다.

㉰ 컨테이너 거주와 같이 안정된 주거공간을 제공하지 않는다.

■ 예측 징후

㉮ 머리, 수염, 목욕, 손톱, 옷 입기 등의 신변처리가 안 된 상태이다.

㉯ 노인 주변 환경, 건강이나 안전의 위험증후가 있다.

㉰ 의복 및 이불 등의 빨래가 제대로 되어 있지 않은 주거환경에 노출되어 있다.

㉱ 기본적 생활비 지원이 거의 없다.

⑥ 자기방임

노인 스스로가 자신의 건강이나 생활을 제대로 돌보지 않아 위험해지는 상황을 의미한다. 예를 들어, 스스로 식사나 치료를 포기해서 건강이 악화되는 경우, 집을 장기간 치우지 않고 비위생적인 생활을 하는 것 등을 포함한다.

■ 대표 행위

㉮ 노인이 의료적 치료 행위를 거부한다.

㉯ 노인 스스로 생존을 위해 필요한 의식주 관련 행위를 거부한다.

㉰ 노인이 돌봄을 거부한다.

■ 예측 징후

㉮ 머리, 수염, 목욕, 손톱, 옷입기 등의 신변처리가 안 된 상태이다.

㉯ 노인 주변 환경, 건강이나 안전의 위험증후가 발견된다.

㉰ 의복 및 이불 등의 빨래가 제대로 되어 있지 않은 주거환경에서 생활한다.

⑦ 유기

노인을 돌봐야 할 사람이 그 책임을 버리고 노인을 버리는 행위를 의미한다.

■ 대표 행위

㉮ 노인과 연락을 두절하거나 왕래하지 않는다.

㉯ 노인을 시설, 병원에 입소시키고 연락 및 왕래를 두절한다.

㉰ 노인을 낯선 장소에 버린다.

㉱ 배회 노인의 부양의무자가 부양의무 이행을 거부한다.

■ 예측 징후

㉮ 노인이 낯선 장소에서 배회하고 있다.

㉯ 노인이 자신의 주거지 및 연락처를 알지 못하는 데 버려져 있다.

㉰ 가족 및 보호자가 노인과 연락을 두절하거나 왕래하지 않는다.

㉱ 노인을 시설, 병원 등에 입소시킨 후 연락이 두절된다.

(2) 공간에 따른 구분

① 가정학대

가정학대는 노인이 살고 있는 가정에서 학대가 이루어지는 것이다. 노인과 동일한 가구에서 생활하고 있는 노인의 가족 구성원, 또는 같이 생활하지 않는 부양의무자 및 기타 사람들에 의해 이루어진다.

② 시설학대

시설학대는 요양원 및 양로원 등의 시설에서 발생하는 것으로, 노인에게 비용(무료 포함)을 받고 서비스를 제공하는 시설의 종사자들에 의해 이루어진다.

③ 기타

가정이나 시설 이외의 공간에서 일어나는 노인학대를 총칭한다.

4) 원인

노인학대의 원인으로는 다양한 가족·사회문화적인 요인이 있다. 가족 요인으로는 노인과 학대 가해자의 동거, 부양 부담과 부양 기대 간 불일치, 가족 간 지위(힘)의 변화, 가족 간 갈등, 높은 상호 의존성, 낮은 지지체계, 피해자와 학대 가해자 간의 갈등, 가족의 경제적 어려움 등을 들 수 있다. 사회문화적인 요인으로는 급속한 고령화 및 초고령노인의 증가로 인해 신체, 심리, 경제적인 측면에서의 의존 노인이 증가하고, 가족의 역할 변화, 노인 부양에 대한 사회적 의식 변화, 사회적 자원 부족 등을 들 수 있다.

5) 노인학대의 실태

중앙노인보호전문기관의 노인학대 판정사례는 점차 증가하고 있다. 2023 노인학대 현황보고서에 의하면 노인 10명 중 1명이 학대 경험이 '있다'고 응답하였으며, 전체 신고건수 중 학대 사례로 7,025건, 일반 사례가 14,911건이 신고 접수되었다. 노인학대 유형으로는 신체적 학대 42.7%, 정서적 학대 42.6%, 방임 7.1%의 순으로 나타났다. 노인학대 발생장소는 가정 내 학대가 전체의 86.5%로 가장 높게 나타났으며, 학대 가해자는 배우자가 35.8%, 아들 26.3%, 기관(시설) 19.8%의 순으로 나타났다(중앙노인보호전문기관, 2023).

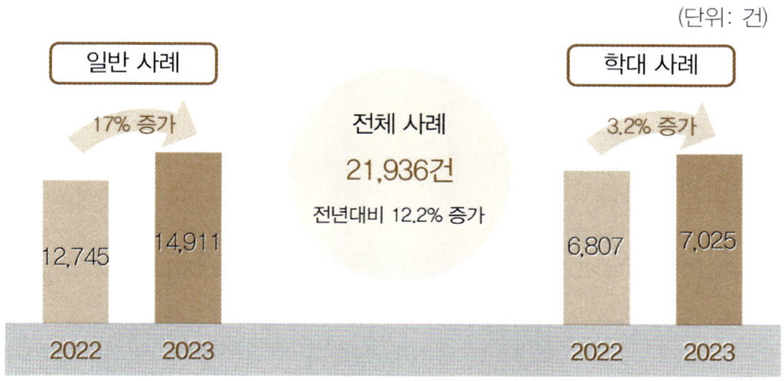

[그림 12-1] 노인학대 신고접수

출처: 중앙노인보호전문기관 (2023).

2. 노인학대 상담 시 주의점

1) 상담의 목표

① 학대피해자의 보호: 피해자는 신체 · 정신적으로 쇠약해진 상태로 이들을 학대상황으로부터 보호하는 것을 목표로 한다.

② 학대피해자의 정서적 어려움에 대한 지원: 노인학대 피해자는 정서적으로 불안정하며, 자기판단능력이 결여되어 있고, 죄의식이나 두려움

및 불안에 노출되어 있는 경우가 많다. 이에 정서적 어려움에 대해 상담을 통해 완화할 수 있도록 한다.

③ 부양가족의 어려움 지원: 노인학대는 가족의 부양에 대한 부담이나 가정불화, 경제적 어려움 등의 원인으로 발생하므로, 부양가족의 어려움을 지원하여 노인학대 상황을 예방할 수 있도록 한다.

2) 상담 시 알아야 할 정보

(1) 노인학대 예방을 위한 종합적 접근방법(WHO European)

노인학대상담에 앞서, WHO European에서 발간한 노인학대 예방을 위한 종합적 접근방법(Wood et al., 2011)에서는 노인학대를 예방하고 감소시키기 위해 예방 가능성이 있는 개입 유형 및 피해자, 가해자, 전문가에게 미치는 영향을 강조하고 있다(류주연 · 권소일, 2024 재인용).

- 보편적 접근에 따른 일반국민대상: 캠페인과 전문적 교육, 세대 간 프로그램을 제시한다.
- 선택적 접근에 따른 잠재적 가해자, 피해자: 노인 간병 및 보호서비스 제공자에 대한 예방 프로그램, 스트레스 관리와 잠재적 피해자를 위한 교육 프로그램을 제안한다.
- 대상 특화 접근에 따라 실제 학대를 받은 피해자: 법률적 지원과 보호계획, 사후관리를 포함하여 노인학대에 대한 정책적 제안을 실시하고 있다.

(2) 노인학대 신고 시 향후 절차(노인보호전문기관의 대응)

① 신고접수

노인보호전문기관으로 접수된 상담 및 신고 목적의 모든 사례에 대해, 신고 당시 수집한 기초정보와 현장조사를 통하여 수집된 정보를 중심으로 각 기관은 자체 사례회의 및 사례판정위원회 등을 거쳐 학대 사례와 일반 사례로 분류한다.

② 노인학대 사례 스크리닝 점검표 작성

점검표에서 파악한 정보를 기반으로 학대 유무 및 심각성을 평가한다.

점검표의 학대 심각성에 대해서는 상담원이 지각한 학대의 심각성 수준을 주관적으로 판단한다.

접수 판정은 사정결과에 해당하는 객관적 기준과 학대 심각성에 관한 상담원의 주관적 평가를 반영해 판단한다.

〈표 12-1〉 노인학대 사례 스크리닝 점검표

<table>
<tr><th>영역</th><th colspan="5">자료</th><th>없음</th><th>있음</th><th>비고</th></tr>
<tr><td rowspan="7">학대
피해노인
특성</td><td colspan="5">즉각적인 의료조치 또는 분리보호가 필요하다.</td><td></td><td></td><td></td></tr>
<tr><td colspan="5">학대로 판정할 가능성이 크다.</td><td></td><td></td><td></td></tr>
<tr><td colspan="5">학대로부터 피신 중이다.</td><td></td><td></td><td></td></tr>
<tr><td colspan="5">노인이 신체적으로 취약하다.</td><td></td><td></td><td></td></tr>
<tr><td colspan="5">노인이 정신적으로 취약하다.</td><td></td><td></td><td></td></tr>
<tr><td colspan="5">노인이 학대 상황을 벗어나려는 의지가 없다.</td><td></td><td></td><td></td></tr>
<tr><td colspan="5">노인의 모습이나 생활환경이 불결하다.</td><td></td><td></td><td></td></tr>
<tr><td rowspan="3">학대 행위자
특성</td><td colspan="5">행위자를 두려워한다.</td><td></td><td></td><td></td></tr>
<tr><td colspan="5">행위자가 정신적으로 취약하다.</td><td></td><td></td><td></td></tr>
<tr><td colspan="5">행위자가 폭력 성향을 가지고 있다.</td><td></td><td></td><td></td></tr>
<tr><td rowspan="2">가족 특성</td><td colspan="5">가족갈등이 지속되어 왔다.</td><td></td><td></td><td></td></tr>
<tr><td colspan="5">가족과 단절되어 있다.</td><td></td><td></td><td></td></tr>
<tr><td rowspan="7">노인학대
실태</td><td colspan="5">노인이 정서적 폭력을 겪고 있다.</td><td></td><td></td><td></td></tr>
<tr><td colspan="5">노인이 신체적 폭력을 겪고 있다.</td><td></td><td></td><td></td></tr>
<tr><td colspan="5">노인이 성적 폭력을 겪고 있다.</td><td></td><td></td><td></td></tr>
<tr><td colspan="5">노인이 경제적 폭력을 겪고 있다.</td><td></td><td></td><td></td></tr>
<tr><td colspan="5">노인이 유기되어 있다.</td><td></td><td></td><td></td></tr>
<tr><td colspan="5">노인이 방임상태에 있다.</td><td></td><td></td><td></td></tr>
<tr><td colspan="5">노인 스스로 방임하고 있다.</td><td></td><td></td><td></td></tr>
<tr><td colspan="6">합계</td><td colspan="3">점</td></tr>
<tr><td>사정결과</td><td colspan="8">□ 응급(17점 이상) □ 비응급(8~16점) □ 잠재적(4~7점) □ 일반(3점 이하)</td></tr>
<tr><td rowspan="2">학대 심각성</td><td>매우
심각하다</td><td>대체로
심각한
편이다</td><td>보통이다</td><td>별로
심각하지
않은 편이다</td><td colspan="4">전혀
심각하지
않다</td></tr>
<tr><td>□ 5</td><td>□ 4</td><td>□ 3</td><td>□ 2</td><td colspan="4">□ 1</td></tr>
<tr><td>특이사항</td><td colspan="8"></td></tr>
<tr><td>접수 판정</td><td colspan="8">□ 응급학대 □ 비응급학대 □ 잠재적 학대 □ 일반 사례</td></tr>
<tr><td>상담원 소견</td><td colspan="8"></td></tr>
</table>

③ 현장조사 실시

- 응급사례로 평가된 경우 12시간 내 현장조사를 실시한다.
- 비응급 사례의 경우 72시간 내에 현장조사를 실시한다.

④ 현장조사에서 포괄적으로 수집된 정보를 토대로 서비스 제공계획 수립을 위한 사정

- 학대 유형, 학대의 정보, 학대의 원인, 피해노인에 미치는 영향, 학대행위자의 문제, 학대피해노인의 강점 및 자원 등을 포괄적으로 파악한다.
- 학대피해노인, 가족, 학대 행위자의 욕구를 파악한다.
- 노인보호전문기관의 지속적 개입 및 서비스 제공의 필요성을 판단한다.

⑤ 서비스 제공

- 학대피해노인의 위험 제거와 안전 확보를 위한 공식적, 비공식적 자원 연결을 통한 서비스를 제공한다.
- 학대피해노인을 위한 제공서비스로는 상담서비스, 복지서비스 연계, 법률서비스 연계, 의료서비스 연계, 보호서비스(시설 및 일시보호 등), 정보 제공 서비스가 있다.

① 상담서비스: 학대피해노인에 대한 개별상담, 집단상담, 가족상담, 관련자상담, 심리 및 기타 검사 진행

② 복지서비스: 국민기초생활보장 수급권 연결, 긴급복지지원 연결, 가족지원서비스 연결, 재가서비스 연결, 기타 지원 연결, 사회복지서비스 연결, 후원 연결, 직접 후원 등

③ 법률서비스: 법률상담 연결, 법률소송 지원, 학대행위자 고소고발 등
④ 의료서비스: 병원 이송, 의료기관 서비스 연결, 방문간호 연계, 의료비 지급 등
⑤ 보호서비스: 학대지킴이 연결, 시설보호, 일시보호 등
⑥ 정보 제공 서비스: 학대예방 관련 정보 제공, 재학대 예방교육 등

- 학대행위자를 위한 제공서비스로는 학대행위자 개별 및 집단상담서비스, 복지서비스 연계, 법률서비스 연계, 의료서비스 연계, 정보 제공 서비스가 있다.

⑦ 평가 및 종결: 학대피해노인 안전 확인 후 종결한다.
⑧ 사후관리: 종결 이후 지속적 안전 확인을 통해 노인학대의 재발을 방지한다.

(3) 학대 사례 판정(보건복지부, 중앙노인보호전문기관, 2023)

① 응급 사례

노인학대가 현재 발생하고 있거나, 학대로 인해 즉각적인 의료조치가 필요한 경우에 해당된다. 또한 학대행위자로부터 즉시 격리가 요구되며, 노인의 생명 혹은 안전이 매우 위험하다고 판단되는 경우 등을 말한다.

② 비응급 사례

노인학대가 발생하였으나, 학대피해노인의 안전이 확보되어 응급이 아닌 경우, 노인의 신체적 · 정신적 · 경제적 피해가 경미한 경우에 해당된다.

③ 잠재적 사례

학대가 발생하고 있지 않으나 노인부양, 노인과 가족 간의 의사소통기술 부족이나 갈등 등 학대 위험요인이 있다고 판단되는 경우에 해당된다.

(4) 신고의무자

노인학대 신고의무를 가진 자로 의료인 및 의료기관의 장, 방문요양과 돌봄이나 안전 확인 등의 서비스 종사자, 노인복지시설의 장과 그 종사자 및 노인복지상담원, 장애노인에 대한 상담 · 치료 · 훈련 또는 요양업무를 수행하는 사람, 가정폭력 관련 상담소 및 가정폭력피해자 보호시설의 장과 그 종사자, 사회복지전담공무원, 사회복지시설의 장과 그 종사자, 장기요양기관의 장과 그 종사자, 119구급대의 구급대원, 건강가정지원센터의 장과 그 종사자, 다문화가족지원센터의 장과 그 종사자, 성폭력피해자보호시설의 장과 그 종사자, 응급구조사, 의료기사, 국민건강보험공단 소속 요양직 직원, 지역보건의료기관의 장과 종사자, 노인복지시설 설치 및 관리 업무 담당 공무원, 사회복지시설에서 복무하는 사회복무요원(노인을 직접 대면하는 업무에 복무하는 사람으로 한정) 등의 직군이 포함된다(노인복지법 제39조의6).

3) 상담 시 주의점

피해자는 상담 시 가해자에 의해 위축되어 있을 가능성이 높다. 눈치를 보며 주눅 들어 있거나 불안하고 초조해하고, 무서워하고 기피하는 성향을 보인다. 신고 사실을 가해자가 알까봐 두려움이 있으며, 가해자로부터 벗어나기를 희망한다.

가해자의 대부분은 자녀를 포함한 친족이다. 학대가 발생하여도 외부에 알려지는 것이 두렵기 때문에 적극적인 신고보다는 개인적 차원에서 소극적으로 대응하는 경우가 많다.

학대받은 노인이 사회복지적 개입에 대해 저항하거나 회의적인 태도를 보일 수 있다. 노인이 학대 상황에 대한 해결의 의지가 없고 자포자기의 상태일 수 있다. 학대 상황에서 오래 참으면서 학대를 당연시하거나 무조건적으로 복종하는 특성을 가지고 있기 때문에 발견 후 보호를 거부하는 경우가 있음을 이해하며 상담을 진행해야 한다.

피해노인과 학대 가해자와의 분리가 되지 않는 상황이 있을 수 있다. 학대피해노인 전용쉼터 등에 연결하여 학대피해노인을 일정기간 보호하고 심신 치유 프로그램을 제공할 필요가 있다. 그러나 입소 보호기간이 짧고 노인쉼터가 충분치 않은 상황에서 가정 내에 분리되지 않은 상태라면 사례관리와 연결하여 집중적으로 케어를 받을 수 있도록 할 필요가 있다.

3. 상담 사례

■ 내담자의 기본 사항

충청남도 거주 85세 노인부부. 남편과 단둘이 거주한 지 20년째이며, 부인은 치매를 앓고 있는 남편을 간병한 지 10년째로 오랜 간병으로 지쳐 있어 신체 및 정서적 학대로 이어지고 있음.

■ 호소하는 구체적 내용(학대 가해자)

남편이 10년을 저렇게 있다 보니 이제는 진절머리가 나. 자식들 키울 때만 해도 재미있었지. 그런데 남편이 저렇게 치매가 생기니 먼 데 있는 자식들의 연락이 점차 뜸해지더니 이제는 숫제 연락을 하지 않더라고. 남편이 덩치가 커서 한번 움직이려면 온 몸에 땀이 나고 내가 죽겠으니까 좋은 소리가 안 나오지. 남편은 예전에 하던 대로 나를 마음대로 부려먹으려고 하는데, 내가 이제는 힘도 부치고 더는 못 하겠어서 자꾸 큰 소리가 나오는 거야. 소리도 질렀다가 뭐 해달라고 하는 것도 얄미워서 안 해주고 싶어. 맨날 뭐가 그렇게 먹고 싶다고 하는데, 내가 그걸 다 어떻게 해줘. 어떤 날은 너무 얄미워서 콱 머리를 쥐어박고 그랬어.

■ 내담자의 감정과 생각 파악하기

■ 내담자 감정에 공감하는 방법 나열하기

■ 내담자의 문제 파악

■ 상담목표

■ 해결방안들

참고문헌

김수진, 김미혜, 전혜연 (2019). 노인에 대한 신체적 · 심리적 · 사회적 이미지가 노인학대 민감도에 미치는 영향: 주관적 경제지위의 조절효과. **보건사회연구, 39**(2): 222–249.

김유휘 (2021). 학대 · 폭력 문제에 대응하는 보호서비스 현황과 과제. **보건복지 Issue & Focus. 397**: 1–12.

류주연, 권소일 (2024). 아동 · 노인 · 장애인 학대 관련 법률 개선방안 연구: WHO European의 종합적 접근방식을 중심으로. **사회융합연구, 8**(3): 29–46.

장규원, 박호현, 김종호 (2018). 노인복지법 개정논의에 관한 고찰: 노인학대를 중심으로. **법과정책, 24**(2): 275–297.

중앙노인보호전문기관 (2023). 노인학대 현황보고서.

현외성 외 (2011). **노인상담론**. 창지사.

Weissberger, G. H., Goodman, M. C., Mosqueda, L., Schoen, J., Nguyen, A., Wilber, K., Gassoumis, Z., Nguyen, C. P., & Han, S. (2020). Elder Abuse Characteristics Based on Calls to the National Center on Elder Abuse Resource Line. *Journal of Applied Gerontology, 39*: 1078–1087.

Wood, S., Bellis, M., & Mikton, C. (2011). Interventions to prevent and reduce elder maltreatment. (WHO European).

국가법령정보센터. https://www.law.go.kr/

Chapter 13

죽음과 호스피스 상담

CHAPTER 13 죽음과 호스피스 상담

1. 죽음과 호스피스의 이해

1) 인간의 죽음

인간은 불멸하고 영원한 삶을 꿈꾸기도 하지만, 분명한 사실은 누구나 언젠가는 죽음을 맞이한다는 것이다. 그런데 죽음을 바라보는 태도나 받아들이는 방식은 사람마다 다르다. 또한 죽음을 어떻게 이해하고 생각하는가에 따라 삶의 과정이 달라질 수도 있다.

인간 죽음의 특성을 살펴보면 보편성, 불가피성, 냉혹한 현실, 두려움, 인간을 철학자로 만드는 5가지를 들 수 있다(노유자 외, 2018). 각 특성별 내용을 〈표 13-1〉에 제시하였다.

한편, 죽음의 정의는 학문영역에 따라 관점에 따라 다르게 정의할 수 있는데, 〈표 13-2〉에서 볼 수 있듯이, 동일한 죽음에 대해서도 의학적 관점, 심리적 관점, 사회적 관점, 종교적 관점, 철학적 관점에 따라 다르게 정의할 수 있다.

〈표 13-1〉 인간 죽음의 특성

죽음의 특성	내용
보편성	죽음으로부터 자유로운 사람은 없으며, 이 세상에 태어난 모든 존재는 누구나 죽음을 통해 사라진다는 의미
불가피성	아무리 노력해도 죽음은 피할 수 없음. 즉 인간이 원하지 않아도 언젠가는 죽음을 맞이함
냉혹한 현실	죽음은 누구도 가리지 않고, 갓 태어난 아기부터 나이 든 노인에 이르기까지 그냥 지나쳐가지 않는 현실임
두려움	죽음은 인간 모두가 맞이하며 인간 존재를 사라지게 하는 것이기 때문에 공포의 대상이 될 수 있음
철학자	배움의 정도에 상관없이, 인간은 죽음 앞에서 자신에게 철학적 질문을 하게 됨. 이런 질문을 통해 삶의 의미를 이해하고 성숙을 가져오게 됨

출처: 박선숙 외 (2023).

〈표 13-2〉 죽음의 정의

죽음의 정의	내용
의학적 관점	• 주로 신체적인 죽음에 해당하며, 임상적 죽음과 생물학적 죽음으로 구분 • 생물학적 죽음은 소생술을 하지 않거나 소생술의 효과가 없을 때 나타나며, 인간의 장기 기능이 정지된 상태 • 의학적 죽음은 과거에는 호흡정지, 심장박동의 정지, 피부색의 변화 등이 지침이었으나, 최근에는 뇌나 심장이 정지되어 더 이상 되돌릴 수 없는 상태를 기준으로 함
심리적 관점	• '나'의 죽음을 일컬음. '나'란 실체로서의 자기 지신이며 에고(ego)이기도 함 • '나(ego)'라는 욕망에서 벗어나는 것을 의미
사회적 관점	• 사회적 죽음은 의학적 및 법적 죽음이 전제되어야 하며, 생명은 유지되고 있지만 인간으로서의 기능을 전혀 할 수 없는 상태로 식물인간이 대표적인 예
종교적 관점	• 불교, 유교, 기독교 등 각 종교의 교리와 내세관에 따라 상이
철학적 관점	• 인간은 죽음을 삶의 끝으로 인식하는 유일한 생명체로, 주어진 유한한 시간이 종말을 고하는 사건임

출처: 건양대학교 웰다잉 융합연구회 (2016). pp.25-30.

2) 죽음에 대한 이해

(1) 죽음에 대한 심리적 반응

암환자를 돌본 의사 엘리자베스 퀴블러 로스는 죽음을 앞둔 암환자 돌봄의 경험을 토대로 죽음에 대한 태도와 반응을 5단계로 설명하였다. 즉, 죽음은 '인간 최후의 성장 단계'라고 설명하며, 죽음을 맞이하는 단계를 부정, 분노, 타협, 우울, 수용의 5단계로 설명한다. 각 단계별 내용을 〈표 13-3〉에 제시하였다.

〈표 13-3〉 죽음에 대한 태도와 반응

단계	내용
부정	• 말기 선고를 받은 사람에게 처음 나타나는 공통적 반응 • 충격에 대한 가장 강력한 반응 • 충격적인 현실을 인정하지 않고 사실이 아니라고 부인하는 것 • 진단에 오류나 실수가 있다고 생각하여 다른 의사나 병원을 찾기도 함
분노	• 질병을 인정하고 나면 왜 죽어야 하는지 받아들이지 못하고 분노하게 됨 • '도대체 내가 왜? 이건 부당해!'와 같은 생각을 함 • 분노는 좌절감을 표출하는 일종의 저항 • 도움을 요청하는 마음의 표현으로 해석 가능 • 건강한 사람에 대해 질투의 감정을 가질 수 있음
타협	• 고통스러운 현실을 받아들이기 어렵지만, 현실을 바꿀 수 없다는 것을 인식 • 죽음을 최대한 늦추거나 기적을 통해 회복할 수 있기를 갈구 • 착한 행동이나 헌신으로 보상받고자 하는 심리가 있음
우울	• 죽음을 앞둔 현실을 인정하고 좌절감과 절망감을 경험하는 시기 • 반응적 우울: 과거와 현재의 상실에 대한 슬픔 • 예비적 우울: 앞으로 일어날 상실에 대한 슬픔 • 무감각, 무표정, 슬픔, 눈물, 혼자 있고 싶어하는 모습 보임
수용	• 피할 수 없는 죽음을 받아들이는 단계 • 죽음을 회피하기 위한 부정, 분노, 타협의 과정에도 불구하고 죽음과 화해 • '이제 죽음을 맞이할 준비가 되었다.' • 행복의 단계가 아닌 마지막 휴식의 단계로 무언의 대화와 침묵

출처: 박선숙 외 (2023). p.49.

(2) 우리나라 노인의 죽음 실태

보건복지부와 통계청 자료를 토대로 발표한 조선일보 기사(2021년 2월 2일)에 따르면, 우리나라 노인은 몸이 불편하면 보내고 싶은 장소로 '집'을 선택한 비율이 57.6%를 보이지만, 실제로 죽기 전에 지내는 곳은 2019년 기준 '의료기관'이 77.1%로 나타났으며, 이는 2009년의 65.9%보다 증가한 상황이다. 즉, 실제로 노인이 원하는 곳이 아닌 병원에서 임종을 맞이하는 경우가 대부분인 셈이다.

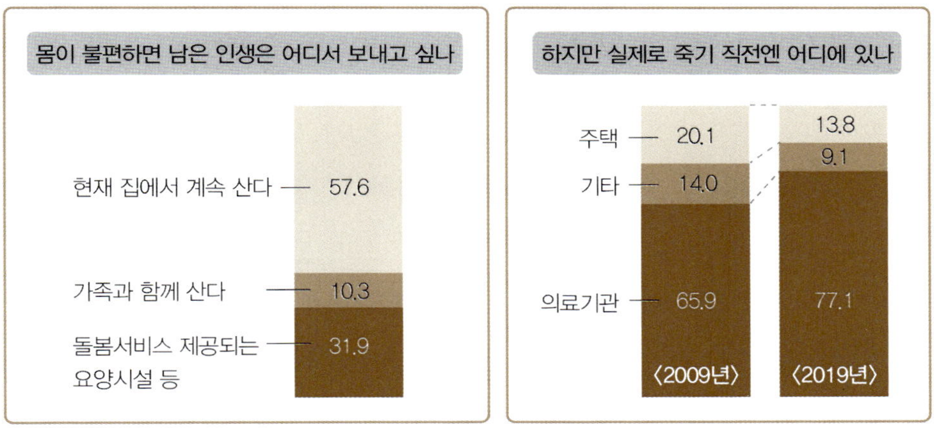

[그림 13-1] 죽음을 앞둔 사람들이 바라는 모습과 현실

출처: 조선일보 (2021.2.2.).

(3) 노인이 생각하는 좋은 죽음은 무엇인가?

죽음은 인간이 살아온 모습을 집대성한 것이라고 볼 수 있다. 그런 의미에서 '좋은 죽음'은 곧 '좋은 삶'을 의미하기도 한다. 노인이 되면 가족이나 친구의 죽음을 빈번히 목격하면서 다른 인구집단에 비해 상대적으로 죽음에 대해 끊임없이 생각하고 자신의 삶을 되돌아보게 된다.

우리나라 노인이 생각하는 '좋은 죽음'의 의미를 탐색한 연구(김미혜 외, 2004)에서 노인들은 다음과 같은 경우 좋은 죽음으로 인식했다. '부모를 앞선 자녀가 없는 죽음, 자녀가 임종을 지켜주는 죽음, 지식에게 부담을 주지 않는 죽음, 부모 노릇을 다하고 맞는 죽음, 고통 없는 죽음, 천수를 다한 죽음, 준비된 죽음이다.

최근 정경희 외(2018)는 Q방법론(의사소통을 통해 표현할 수 있는 개인의 생각, 감정, 태도 등 주관적 단서들을 활용하여 사람들 간의 인식 차이 혹은 상황에 따라 역동적으로 변화하는 한 개인 내의 다양한 심리적 반응을 확인하는 연구)을 통해 30명의 노인을 대상으로 한 조사연구를 통해 '노인이 인식하는 좋은 죽음'을 3가지 유형으로 분류하였다.

① 1유형: 좋은 죽음은 두려움 없이 죽음을 맞이하는 것이다

이 유형의 노인은 죽음은 삶의 반의어로 보고, 삶의 끝을 죽음으로 인식한다. 죽음은 막연한 미래에 인간이 반드시 맞이하는 하나의 사건이며, 생의 종결인 것으로 인식한다. 이 유형은 죽음을 떠올리며 두려움의 정서를 강하게 느낀다. 그 이유는 첫째 인간의 죽음을 통제할 수 없다는 점을 수용하기 때문이고, 둘째는 부정적인 쇠퇴 경험이 두려움을 야기하기 때문이다. 이러한 통제가 불가능한 죽음으로 인지하기 때문에, 집중하는 것은 죽음보다 삶이다. 따라서 죽음에 대한 관심보다 최선을 다해 생을 살아가는 것에 관심이 많다.

② 2유형: 좋은 죽음은 짐이 되기 전에 떠나는 것이다

신체적으로나 인지적으로 건강한 상태로 살다가 죽음을 맞이하는 것을 좋은 죽음으로 생각한다. 아플 거면 빨리 가는 게 좋다, 오래 사는 것보다 건강하게 사는 것이 중요하다고 생각한다. 이 유형에서는 죽음이 다가오면 쉽게 수용하고 삶에 대한 집착 없이 자연스럽게 죽음을 맞이하기를 원한다.

③ 3유형: 개똥밭에 굴러도 이승이 좋다

죽음을 끝까지 부인하고 삶에 집중하기를 원하는 유형이다. 죽음은 결코 어떤 죽음이든 좋은 죽음이 될 수 없다. 즉 가능한 오래 살다가 죽고 싶다는 생각이 강한 사람이 이에 속한다. 죽음을 위한 준비는 필요하지 않으며, 생명을 지키기 위해서는 심폐소생술이나 인공호흡기 치료를 거부하지 않는다.

3) 웰다잉과 존엄사

급격한 인구고령화로 생애 말기의 삶의 질에 대한 관심, 죽음 자기결정권에 대한 관심이 높아진 만큼 우리 사회에서 좋은 죽음을 맞이하는 것에 대한 관심이 증폭되었다.

웰다잉(well-dying)이라는 용어는 원래 미국의 '좋은 죽음(good death)'을 우리나라에서는 웰다잉으로 바꾸어 사용한 것이다. 준비된 죽음을 의미하며, 편안하게 고통 없이 죽는 것, 나아가 행복한 죽음을 맞이한다는 의미로 사용된다. 웰다잉은 인간의 생명이 유한함을 인정하고, 언제 죽음을 맞이하더라도 후회스럽거나 비통한 죽음이 아니라 아름다운 죽음을 맞이하는 것이다(건양대학교 웰다잉융합회, 2016: 120-121). 죽음에 대한 준비는 남은 노후를 더욱 알차고 의미 있게 보낼 수 있도록 하는 효과가 있다.

웰다잉을 위해 다음과 같은 준비가 필요할 수 있다(건양대학교 웰다잉융합회, 2016: 120-121).

- 죽음에 대해 공부하기: 죽음에 대한 언급을 금하게 되면 죽음의 순간에 절망하기 쉽다. 죽음에 대해 스스로 묻고 답하는 실천이 중요하다.
- 임종방식에 대해 묻고 답하기: 죽음의 시간을 본인이 결정하지는 못하지만 어떻게 죽음을 맞이할지는 결정할 수 있다. 따라서 아름다운 죽음을 맞이하기 위해 준비할 것이 무엇인지 탐색한다.
- '사전연명의료의향서' 작성하기: 더 이상 치료 가능성이 없는 경우 무의미한 치료를 중단하고 자연스럽게 죽음을 맞이할지에 대한 본인의 의사를 밝힌 사전연명의료의향서를 작성한다.
- '사전장례의향서' 준비: 화장, 매장, 수목장 등 장례방식을 가족과 상의하여 결정해 둔다. 장례식장이나 장례 전반에 대해 미리 의향을 정리하여 서류로 남겨둔다.
- 유서 작성: 유서를 작성하고 정기적으로 수정하여 삶의 회상, 마무리, 임종방식, 장례방식 및 작별인사 등을 남겨 둔다.
- 주변 사람에게 사랑 실천: 잘 살았다는 것은 좋은 죽음을 맞이하기 위해 중요하다. 따라서 주변 사람에게 사랑을 표현하고 실천함으로써 좋은 죽음을 준비하는 것도 중요하다.

2009년 세브란스 병원에서 산소호흡기로 연명하던 노인의 가족이 병원에 연명치료를 중단할 것을 요구한 '김 할머니 사건'을 계기로, 무의미한 연명치료 중단을 인정하는 법원 판결이 내려지며 우리 사회에는 존엄한 죽음에 대한 필요성이 대두되었다. 이후 사회적 논의를 통해 통칭 웰다잉법이라 불리는 연명의료결정법을 2017년에 시행하도록 하는 사회적 분위기를 만들었다.

(1) 죽음준비교육 프로그램

죽음을 받아들임으로부터 비로소 시작되는 죽음준비는 삶의 준비가 된다(서혜경, 2009: 121). 죽음준비교육의 대상은 중장년을 포함한 노인뿐 아니라 아동에서 청소년에 이르기까지 다양하게 이루어질 수 있는데, 우리나라에서는 주로 노인복지관 등을 중심으로 노인대상 프로그램이 주류를 이룬다. 알폰스 데켄(Alfons Deeken, 1991)에 따르면, 죽음준비교육의 목표는 다음과 같이 요약된다.

- 죽음의 단계를 이해한다.
- 자신의 죽음을 인식하고, 인간의 존엄성을 성취한다.
- 타인의 죽음을 경험함으로써 슬픔과 괴로움의 과정을 습득한다.
- 이별의 슬픔을 지혜롭게 극복하고 인간적 성장을 가능하게 돕는다.
- 죽음에 대한 극단적 공포, 불안을 줄일 수 있다.
- 죽음을 터부시하는 생각을 바꾼다.
- 자살을 예방한다.
- 환자의 알 권리를 인정하고 말기환자와의 의사소통을 배운다.
- 의학, 법률에 관한 여러 가지 문제를 이해하도록 돕는다.
- 시간의 소중함을 깨닫게 하고 가치관 재정립을 촉구한다.
- 노년의 삶의 질에 기여한다.

(2) 죽음준비 프로그램의 사례

최은주(2005)의 연구에 따르면 죽음준비 프로그램을 통해 참여자의 삶의 만족도와 여가태도가 긍정적인 영향을 줄 수 있음을 밝혔다. 〈표 13-4〉는 죽음준비 프로그램의 예시이다(최은주, 2015).

〈표 13-4〉 죽음준비 프로그램의 예

회기	소제	내용
1	마음 열기	• 자기소개 • 친밀감 형성과 관계 형성하기 • 죽음준비 프로그램 소개 • 죽음준비의 필요성과 기대효과, 회기별 내용 소개
2	죽음 알기	• 죽음에 대한 철학적, 의학적, 심리학적, 종교적 이해 • 죽음에 이르는 과정의 이해 • 죽음과 관련된 감정 나누기 • 기억에 남는 죽음 경험과 느낌 나누기
3	회고하는 삶	• 나의 인생곡선(그래프) 그려 보기 • 과거를 통한 감정 파악 • 자서전을 쓰는 의미와 효과 소개 • 사진으로 쓰는 자서전 꾸미기
4	준비하는 삶1	• 안락사와 존엄사 의미 • 무의미한 생명 연장 거부에 대한 자기결정권 작성 • 사전연명의료의향서 작성하기 • 장기기증 및 시신 기증
5	준비하는 삶2	• 장례문화와 절차 • 장례방법 • 장례계획 세우기 • 사별과 상실 극복 • 호스피스의 이해와 현실
6	정리하는 삶	• 사망과 관련된 법적 절차 • 상속과 유언에 관한 법적 효력과 사례분석 • 유산으로 남기고 싶은 것, 죽기 전에 마무리할 일 나누기 • 유언장 작성하기
7	비우는 삶	• 용서와 화해의 중요성 • 용서와 화해의 대상과 방법 적기 • 용서와 화해의 경험 나누기 • 감사할 일 나누기 • 상실과 사별에 대한 경험 나누기 • 가족에게 남기는 편지
8	나누는 삶	• 삶의 우선순서 • 남은 삶에 대한 설계와 각오 • 프로그램 전반에 대한 소감 나누기

출처: 박선숙 외 (2023). pp.285-286.

4) 호스피스 · 완화의료 케어

한편으로 좋은 죽음, 존엄한 죽음과 관련하여 말기암 등으로 남은 생의 기간이 정해진 환자를 대상으로 한 치료방법에 대해 통증완화와 전인적 치료를 목적으로 하는 완화의료와 호스피스에 대한 관심이 증가하고 있다.

(1) 호스피스 · 완화의료의 개념

호스피스의 어원은 라틴어의 호스피탈리스(Hospitals)와 호스피티움(Hospitium)에서 기원한다. 호스피탈리스는 '주인'을 뜻하는 호스패스와 '치료하는 병원'을 의미하는 호스피탈의 복합어로, 주인과 손님 사이의 따뜻한 마음과 그런 마음을 표현하는 장소의 뜻을 지닌 호스피티움이라는 어원에서 변천한 것이다.

호스피스 · 완화의료의 개념은 [그림 13-2]에 나타난 것처럼, 기존의 생명연장에 집중한 치료보다 살아 있는 기간 동안의 삶의 질에 집중한 총체적 치료 및 돌봄을 의미한다. WHO(세계보건기구)에서는 2002년에 완화의료의 개념을 제시하였으며, 고통 완화와 삶의 질 향상을 위한 접근을 통해 치료 중심의 전통적 치료와는 다른 방향을 제시하고 있다.

호스피스 · 완화의료의 개념

- 질환을 가진 환자와 가족에 대한 완치적 목적의 치료가 아닌 삶의 질에 목적을 둔 총체적 치료와 돌봄
- 호스피스(hospice)는 임종을 앞둔 환자의 고통을 줄이고 심리적 · 영적 안정을 지원하는 기부와 자원봉사 성격의 사업으로 시작
- 세계보건기구(World Health Organization: WHO)는 이보다 확장된 완화의료(palliative care) 개념 제시(2002년, 2014년)
  - 대상질환의 범위 확대, 제공시기 확장, 질환별 특성, 중증도, 국가별 보건의료제도 등을 반영한 다양한 서비스 제공을 권고

WHO의 완화의료 정의

완화의료 (palliative care)	생명을 위협하는 질환 관련 문제에 직면한 환자와 가족들의 고통 예방과 완화를 통한 삶의 질 향상을 위한 접근을 말한다. 완화의료는 다른 신체적, 심리사회적, 영적인 문제들에 대한 조기진단, 적정 평가와 치료를 통해 제공된다.

[그림 13-2] 호스피스 · 완화의료의 개념 및 WHO의 완화의료 정의

(2) 호스피스의 역사

현대적 의미의 호스피스는 영국의 시실리 샌더스(Cicely Saunders)가 1967년 성 크리스토퍼 병원에서 말기환자를 대상으로 통증조절에 초점을 맞추었던 '전인적 돌봄'에서 출발하였다. 이후 미국과 캐나다 등에서도 통증조절을 통한 환자의 삶의 질을 우선시하는 호스피스 돌봄이 시작되었다.

우리나라에서는 1965년 강원도 강릉에 '마리아의 작은 자매회'가 운영한 갈바리 의원에서 호스피스 병동을 개설하면서 시작되었다.

(3) 우리나라 호스피스 · 완화의료 케어의 실태

2023년 현재 호스피스 전문기관(입원형 호스피스 전문기관 및 요양병원 호스피스 병상 수 합계)은 188개소이다. 입원형 94개소, 가정형 39개소, 자문형 38개소, 소아청소년 완화의료 10개소이다. 호스피스 이용률(전체 암환자 수 대비 호스피스 신규이용 암환자 수)은 2022년 기준으로 24.2%를 보인다.

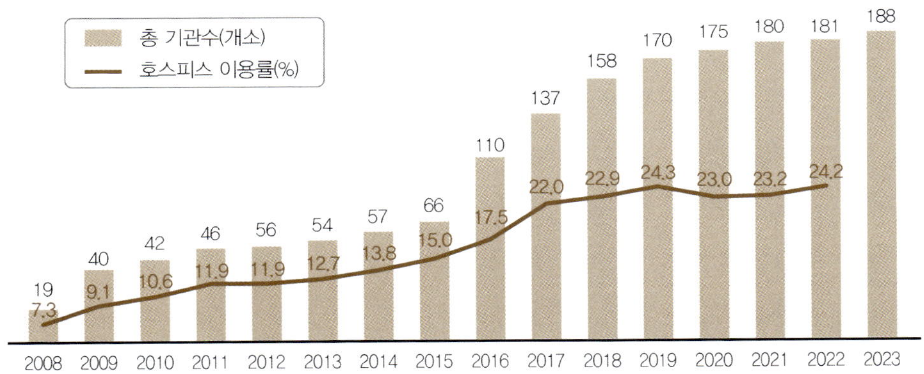

구분	2008	2009	2010	2011	2012	2013	2014	2015	2016	2017	2018	2019	2020	2021	2022	2023
신규등록 암환자	5,046	6,365	7,654	8,494	8,742	9,573	10,559	11,504	13,662	17,317	18,091	19,772	18893	19,185	20,198	22,323
암 사망자	68,912	69,780	72,046	71,579	73,759	75,334	76,611	76,855	78,194	78,863	79,153	81,203	82,204	82,688	83,378	–

1) 기관(개소 수): 호스피스전문기관(입원형/가정형/자문형)+소아청소년완화의료 시범사업기관+요양병원 호스피스 시범사업기관

2) 이용률(%)=연간 호스피스 신규 이용 암환자 수/암 사망자 수×100

3) 2023년 이용률은 2023년 통계청 사망원인 공개시점(2-24년 10월~11월)에 따라 산출 예정

[그림 13-3] 호스피스 기관 수 및 호스피스 이용률 추이

출처: 보건복지부 중앙호스피스센터 (2024). 2023 국가호스피스완화의료 연례보고서.

2. 죽음 및 호스피스 상담 시 고려할 내용

1) 죽음 불안에 대한 상담

인간은 누구나 경험하지 못한 죽음에 대해 불안을 가질 수 있다. 2014년 EBS에서 방송된 다큐프라임 〈생사탐구 대기획 데스〉(2014)를 보면, 죽음을 앞둔 사람은 다음과 같은 종류의 두려움과 불안을 가진다.

첫째, 고통(통증)에 대한 두려움이다. 죽음을 눈앞에 두고 곧 죽게 된다는 자각, 사랑하는 사람들과의 이별이 다가오고 있다는 정신적 고통, 사회로부터 고립되어가고 있다는 사회적 고통, 사랑과 죽음 등 인생의 근원적 질문을 불러일으키는 영적 고통, 통증으로 인한 육체적 고통 등이다. 말기환자나 곧 죽음을 맞이할 사람들에게 다양한 고통을 총체적으로 완화시켜 주는 노력이 필요하다.

둘째, 고독에 대한 두려움이다. 숨을 거둘 때 홀로 외로이 죽음을 맞이할 것에 대한 두려움은 거의 모든 사람이 가지고 있는 감정이다. 돌보는 사람이나 의료관계자가 환자 곁을 결코 떠나지 않을 것이라는 신뢰를 준다면 두려움을 완화시키는 데 큰 도움이 된다.

셋째, 가족과 사회에 부담이 될 것에 대한 두려움이다. 특히 다른 사람에게 폐를 끼치지 않는 것이 미덕이라고 생각하는 사람들과 노인에게는 가족에게 부담이 될 것이 자살을 시도하는 큰 원인을 차지하고 있다. 자신이 성가신 존재가 될 것에 대한 두려움이다.

넷째, 알지 못하는 것을 눈앞에 두고 있는 불안감이다. 죽어가는 과정은 전혀 알지 못하는 세계로의 이행에 가깝다. 죽음 자체보다 죽기까지의 과정이 더 어렵다고 말하는 사람도 있다. 상담자가 죽어가는 과정이 지닌 불안을 이해하면 도움이 될 것이다.

다섯째, 인생을 불완전한 상태로 마칠 것에 대한 불안한 마음이다. 일생 동안 해 오던 일을 완성시키지 못한 채로 죽음을 맞아야 하는 경우, 죽음이 자신의 생의 완성을 가로막는 장벽으로 느끼게 된다. 자신의 과거와 그동안 해 온 일에 대해 재평가할 기회를 갖고, 죽어가는 과정을 마지막 순간까지 성장하기 위한 도전으로 받아들인다면 고통과 공포 역시 인생의 완성을 위해 극복해야 할 건설적인 과제가 될 수 있다.

여섯째, 자기소멸에 대한 불안이다. 죽음으로써 자기 존재가 완전히 소멸해 버릴 것이라는 불안은 자기보존본능에 기인한 자연스러운 반응으로 볼 수 있다.

일곱째, 사후의 심판과 벌에 대한 불안이다. 사후에 심판이 뒤따르고 선악에 따른 심판이 있다는 가르침 때문에 죽은 뒤에 심판과 처벌을 받을 것에 대해 두려워하는 것이다. 사후의 심판을 상상하며 지나친 불안에 떠는 것보다 현재의 삶에 집중하며 어려움을 이기고 살아가는 삶의 방식을 강조함으로써 불안을 진정시키는 것이 중요하다(최해경, 2021: 360-361).

일본 사생학(死生學)의 대가 알폰스 데켄 박사는 죽음에 대한 좋지 못한 경험을 한 사람은 더욱 불안이 크고, 삶에 대한 두려움이 큰 사람도 죽음 불안이 클 수 있다고 하였다(Alfons Deeken, 1991). 따라서 이러한 삶의 경험을 가진 대상자를 잘 파악하고 그 특성을 반영한 상담이 필요하다.

2) 사별가족상담(유가족 애도)

죽음을 맞이한 사람의 유가족은 상실로 인한 심리적 고통을 경험하기 때문에 상담을 통해 고통을 잘 표현하게 하고, 고통을 잘 조절할 수 있는 방법을 발견하도록 도우며, 죽음을 맞이한 사람과 계속적인 관계성을 통합할 수 있도록 도움으로써 사별 이후 건강한 삶을 유지하도록 돕는 것이 필요하다. 사별가족상담에 대해 구체적으로 살펴보자.

(1) 상담자의 자세

유가족을 상담하는 사람은 다음과 같은 자세가 필요하다(서혜경, 2009: 340). 첫째, 유가족을 이해하는 마음, 아파하는 마음, 즉 사려 깊은 마음을 가질 필요가 있다. 둘째, 모든 상담에서 그러하듯이 경청하는 자세를 갖는다. 사별의 충격으로 자신의 이야기를 반복하는 경우가 있지만, 그럼에도 불구하고 경청하는 자세가 요구된다. 사별의 충격을 당한 사람이 어떤 말을 하더라도 충격을 받지 않고 묵묵히 경청하는 반응을 보이면 그 자체만으로 큰 위로가 될 수 있기 때문이다. 셋째, 유가족에게 필요한 것을 헤아린다. 사별 이후 처리해야 할 일이 많아 감당하기 어려울 수 있다. 장례식 준비 등 구체적으로 필요한 도움을 줄 수 있도록 상담자가 준비되어 있어야 한다. 넷째, 위로자의 역할을 지속적으로 한다. 시간이 지나면서 사별의 상처가 회복되는 것처럼 보이지만, 지속적으로 위로자의 역할이 필요하다. 기념일, 추도일 등을 통해 위로자의 역할을 지속할 필요가 있다(빌리 그레함, 1991).

(2) 유가족상담의 원칙

유가족을 상담하는 과정에서 다음과 같은 원칙을 적용한다(황애란, 2007).

- 유가족은 죽음이 실제로 일어났음을 이해하기 힘들 수 있다. 따라서 상담과정에서 유가족이 죽음을 현실로 받아들일 수 있도록 돕는다. 죽음과 죽음에 관련된 사건을 유가족이 세세하게 이야기할 수 있는 분위기를 만들어 준다.
- 분노, 죄책감, 불안, 무력감 및 슬픔과 같은 정서를 인정하도록 돕는다. 특히 부정적인 정서를 느끼는 것에 대해 두려워하지 않게 도와 유가족이 표현하도록 돕는다.
- 고인이 주었던 기쁨이나 망자가 없는 상황에서도 살아가는 법을 배우는 것이 필요하다. 상담자는 고인이 준 기쁨이 없어졌다는 것을 유가족이 인정하고 다른 방법으로 그런 욕구를 충족시키도록 돕는다.
- 유가족의 정서생활에 고인을 위한 새로운 자리를 마련하도록 돕는다. 고인을 대신할 방법은 없더라도 고인이 없는 새로운 관계를 수립하는 것은 매우 가치 있는 일임을 유가족이 알 수 있도록 돕는다.
- 슬픔은 시간을 요하는 것이며 점진적인 과정이다. 슬픔은 복합적인 것이며 고인이 존재하지 않음을 인정하는 것은 어려운 일임을 깨닫도록 돕는다. 또한 휴일, 생일, 기념일에 유가족이 더욱 힘들 수 있다는 것을 인지하게 돕는다.
- 유가족이 지금 살고 있는 것이 현실이 아닌 것 같이 느끼는 것은 정상적인 과정임을 알 수 있도록 돕는다. 마치 정신적으로 문제가 있는 것과 같은 증상이 유가족에게 나타날 수 있음을 알리고, 그런 증상이 자연스럽고 일시적인 것임을 알 수 있도록 한다.
- 사별의 슬픔이 사람마다 다르게 나타난다는 것을 알게 돕는다. 따라서 상담자는 다른 가족들이 슬픔을 표현하는 방식이나 슬픔을 표현하지 않아서 다른 가족이 불편해 하고 있지 않은지를 확인하고 이를 돕는다.

- 유가족상담기간 동안 지속적인 지지가 필요하다. 적어도 1년 이상 슬픔을 함께 나누고 상실에 대해 함께 탐색할 수 있어야 한다. 상담자는 장기간 지속적으로 연락을 취해 유가족을 돕고, 필요한 경우 다른 지지모임이나 상담자를 연결하도록 한다.
- 방어기제나 대처방식에 따라 슬픔은 다르게 나타난다. 충분이 슬픔이 표현되지 않아 지연된 슬픔이나 건강하지 못한 방식으로 적응할 경우도 있다. 따라서 상담자는 유가족의 슬픔에 대한 반응을 잘 관찰하고, 유가족이 신뢰할 수 있고 지지받는 관계 속에서 자신의 슬픔에 대해 성찰할 기회를 갖도록 돕는 역할을 한다.
- 사별은 경우에 따라 만성 우울과 같은 정신적 문제를 초래할 수도 있다. 정신적 도움이 필요하다고 판단되면 전문가에게 의뢰한다.

(3) 배우자와 사별한 노인상담

특히 배우자와 사별을 경험한 노인을 상담할 때는 다음 사항을 충분히 고려하여야 한다(이호선, 2012: 366-372).

① 충분한 애도기간을 갖도록 돕는다.
② 배우자를 용서하는 시간을 갖도록 돕는다.
③ 배우자 사망에 대한 죄책감에서 벗어나도록 돕는다.
④ 배우자 생전의 관계에 대한 죄책감에서 벗어나도록 돕는다.
⑤ 배우자와의 좋은 추억을 기억하고 되새기도록 돕는다.
⑥ 사별 이후의 생활 계획을 세우도록 돕는다.
⑦ 유가족 전체와의 만남과 연합을 도모한다.
⑧ 혼자가 된 노인의 거처 및 생활 전반에 대한 대책을 돕는다.

⑨ 앞으로 다가올 상실의 단계를 충분히 경험하게 하고, 우울증상이나 자살충동에 대해 충분히 검토한다.

⑩ 대인관계를 고려하여 배우자 사망 이후 고립감에 적절히 대처하도록 돕는다.

⑪ 사별 후 감정격화로 인한 신체적 변화를 주목한다.

3) 호스피스 상담

호스피스 상담자는 인간이 살아온 삶의 모습이 각기 다르듯 호스피스 케어를 받는 말기환자의 경우도 다양한 심리상태와 요구를 가지는 것을 이해해야 한다. 말기환자는 통증으로부터의 자유, 고독으로부터의 자유, 에너지의 보존, 자아존중감의 유지와 같은 욕구를 가지고 있고, 이런 욕구의 충족 여부는 말기환자의 삶의 질에 영향을 미치는 것으로 나타났다(정순돌 외, 2020).

(1) 말기환자의 욕구

에버솔과 헤스(Ebersole & Hess, 1990)는 말기환자들이 가지는 욕구를 5단계 위계적 체계로 구성하여 설명하였다(이호선, 2012). 따라서 상담자는 일차적으로 호스피스 대상자의 이러한 욕구를 잘 파악하는 것이 필요하다.

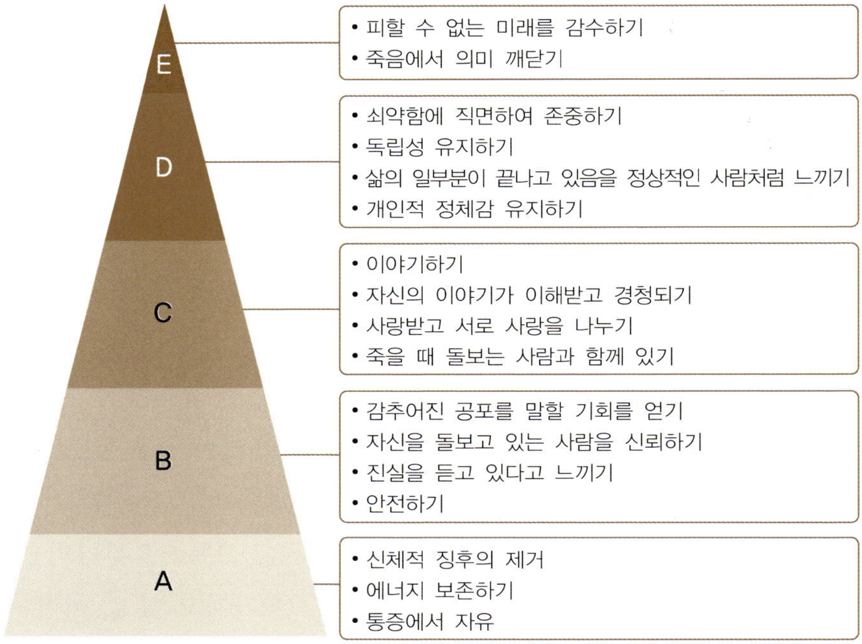

[그림 13-4] 말기환자의 욕구체계

출처: Ebersole & Hess (1990). p.737.

(2) 호스피스 상담자의 태도

호스피스의 대상이 죽음을 앞둔 사람이라는 특징을 감안하면, 상담자는 죽음에 대한 염려나 두려움 없이 환자와 대화하기 위한 개방형 의사소통 기술이 중요하다. 이런 실천을 위해서 상담자가 먼저 죽음에 대한 공포나 염려 없이 죽음을 잘 받아들이고 있어야 한다. 앞서 언급한 퀴블러 로스가 죽음은 '인간 최후의 성장 단계'라고 설명한 것처럼, 상담자도 자기정체성을 개발하는 일이 중요하다.

정체성을 개발하기 위해서는 삶의 청사진을 가지고 삶이 분절되지 않고 삶의 연성선상에서 죽음을 바라볼 필요가 있다. 또한, 말기환자를 대하는 상담자가 갖출 태도는 다음과 같이 정리할 수 있다(서혜경, 2009: 327).

- 내담자의 상태에 신중한 태도를 보인다.
- 현재 건강상태가 심각함을 인정하고, 가족에게는 환자의 상태를 처음부터 알린다.
- 상태가 엄중하지만, 가능성에 대한 희망을 줄 수 있도록 한다.
- 내담자의 성격과 삶의 주제를 파악한다.
- 신체적으로 매우 약해져 있는 경우, 부정적이거나 충격적인 접근을 피한다.
- 내담자의 심리적 상황을 파악하면서, 내담자 스스로도 병의 정도를 알 수 있도록 돕는다. 하지만 도중에 내담자가 놀라거나 불안해하면 일단 그 선에서 중지한다.

(3) 죽음을 부인하는 사람의 유형

죽음에 대해 대상자 스스로 죽음을 직면하고 받아들이지 못하는 경우도 있는데, 이런 경우 다음과 같은 유형으로 나눌 수 있다고 한다(한국호스피스협회, 2013).

- 과도희망형: 자신의 질병상태를 과도하게 희망적으로 보는 경우로, 향후 최고 생존율이 5%인데, 본인은 꼭 최고 생존율 안에 든다고 믿는 경우
- 과거집착형: 자신의 최고 전성기에 대해 이야기하기를 좋아하고, 질병에 대한 말은 의도적으로 회피하는 유형

- 모정(母情)집착형: 가장 중요한 질병에 대한 이야기를 언급하지 않고, 오히려 신변의 사소한 일에 집중하여 문제 등을 호소하는 경우이며, 상담자의 반응을 반기며, 상담자를 어머니로 생각하는 유형
- 호통형: 자신의 중한 질병을 가벼운 질병으로 생각하며, 간암인 환자가 간염인데 왜 이렇게 야단법석이냐고 호통치는 경우의 유형
- 무관심형: 지산의 질병에 관심을 나타내지 않을 뿐 아니라, 죽음에 대한 언급도 하지 않는 유형
- 부인형: 자신은 절대로 죽지 않을 것이고, 설령 질병이 호전되지 않더라도 죽거나 심해지지는 않을 거라고 믿으며 자신의 상태를 부인하는 유형

(4) 호스피스 상담자의 역할

호스피스 상담자는 환자 본인과 더불어 가족을 대상으로 하여 다음과 같은 역할을 실천한다(박선숙 외, 2023: 248).

- 호스피스 대상자에게 진실을 알려, 지난 생을 잘 정리하고 남은 시간을 보다 유용하게 지낼 수 있도록 한다.
- 남아 있는 삶의 기간에 질병으로 인한 고통증상을 완화시키며 양질의 돌봄을 통해 대상자뿐 아니라 가족에게 신체적, 정서적 안정을 유지하도록 한다.
- 임종자를 돌보는 과정에서 끝까지 지지하고 포기하지 않는다는 것을 인식하도록 하여 평안한 죽음을 유도한다.
- 병원 돌봄과 더불어 대상자 가족돌봄을 통해 대상자와 가족에게 지속적인 돌봄을 제공하도록 한다.

• 돌봄제공자를 팀의 구성원으로 인정하고, 지원자를 모집하고 교육한다.
• 사별가족돌봄계획을 제공한다.

3. 상담 사례

1) 죽음 불안 상담 사례

■ 내담자의 기본 사항

72세 남성, 중졸, 가족은 배우자와 딸이 있음. 딸은 2년 전 이혼하고 현재 같이 살고 있음

■ 첫인상과 행동 특성

깨끗한 외모에 안경을 착용. 대화 중 손동작이 크고 목소리는 떨리는 경향이 있음

■ 건강상태 및 경제상태

얼마 전 심장수술을 했으나, 현재 일상생활에는 지장이 없음. 생활비는 딸이 도와주고 있으며, 친척이 운영하는 주유소에서 하루에 3시간씩 아르바이트를 하고 있음

■ 호소하는 문제

작년에 주유소에서 아르바이트를 하고 있는데, 아내가 응급실에 실려 갔다는 연락을 딸로부터 받은 적이 있음. 그전까지는 나이 들면 죽는 것이 당여하고, 때가 되면 죽는 거라고 생각하며 살아왔다고 함. 하지만 응급실에 누워 있는 아내를 보니, 갑자기 무서운 생각이 들었다고 함. 아내가 죽을까봐, 나도 죽을까봐.

우리가 이 세상에 존재하지 않는다는 것이 상상이 안 되었고, 또 어떻게 죽어갈지, 죽음을 생각하니 불안하고 억울하다는 생각이 들었다고 함.

이 세상을 착실하게 성실하게 살아왔고, 남한테 나쁜 짓도 안 하고 살았는데, 지

금 생각해 보니 현재 돈도 없고, 사기도 당하고, 세상이 불공평하다는 생각이 든다고 함. 그냥 이대로 죽는다면 더 억울하다고 호소함.

■ 메시지 내용

■ 내담자 감정

■ 호소하는 문제 파악

■ 상담목표

■ 해결방안들

출처: 정미경 (2017). 행복한 노년의 삶을 위한 노인상담 사례. pp.119-120.

2) 암 환자의 호스피스 완화의료 사례

■ 통증 없이 조용하고 편안하게 눈 감아

박○○(76세, 남) 환자는 두 차례에 걸친 탈장 수술, 노인성 고혈압, 뇌경색으로 오른쪽이 불편했고 지팡이에 의지해 거동할 수 있었습니다. 2014년 12월 말 내원 15일 전부터 기침, 혈액이 섞인 가래, 호흡곤란 증상이 지속되어 ○○병원에서 진료받았고, 큰 병원에 가보라는 이야기를 듣고 1월 초 본원에 내원한 경우입니다.

심장내과에서 심낭삼출액에 대해 심막 천자술을 시행받고, 배액하고 흉부CT에서 폐암 의심소견을 보여, 종양내과에서 기관지경 검사 및 생검을 받았습니다. 이후에도 소세포암이 진단되어 수술과 방사선 치료는 불가능하고, 항암제 투여는 해볼 만하다는 소견이었습니다. 내원 전부터 발생한 호흡곤란으로 흉수 배액관을 설치했고, 호스피스 완화의료를 받기로 결정했습니다.

환자는 흉수 및 심낭삼출액으로 인한 호흡곤란이 있었고, 산소공급과 흉수배액으로 호흡곤란을 조절하고 있었습니다. 심낭삼출액은 위치가 배액하기 힘든 곳으로 조절이 어려운 상태였으며, 시간이 지나면서 식욕부진으로 영양제를 투여했습니다. 뇌경색으로 인한 다리 저림 통증은 비마약성 진통제로 조절했고, 호흡곤란이 심해지는 시점에서는 마약성 진통제도 사용했습니다. 임종 며칠 전에는 맥박수와 혈압이 감소하는 활력징후 변화도 한 번씩 있었습니다. 이로 인해 임종을 준비할 수 있게 정서적 지지도 병행하였습니다. 호스피스팀원들의 도움으로 평소 말도 없고 표현도 못하는 배우자에게 "사랑해"라고 말해 배우자는 "평생 들을 수 없을 것 같았던 말을 들어 감사하다"고 전했습니다.

아로마요법, 미술심리요법 등은 하지 못했지만, 모든 환자와 가족에게 진행되는 음식요법이나 음악요법은 받을 수 있었습니다. 임종 하루 전에 모든 가족이 함께 할 수 있었고, 임종 당일 임종실에 옮겨져 호스피스 병동 입실 10일 만에 조용히 눈을 감으셨습니다.

호스피스 하면 통증조절이 가장 큰 부분인데, 심한 통증 없이 호흡곤란이 굉장히 힘든 증상인데 비교적 덜 힘들었던 것도 너무 다행이었고 감사한 일이었습니다. 팀원의 가족을 떠나보내며 얻은 경험은 사별 가족에 대한 이해를 뼛속 깊이 할 수 있는 기회였습니다.

출처: 건양대학교 웰다잉 융합연구회 (2016). p. 351.; 아름다운 동행, 호스피스완화의료사례집 (2015). 보건복지부, 국립암센터.

참고문헌

건양대학교 웰다잉 융합연구회 (2016). **지혜로운 삶을 위한 웰다잉**. 구름서재.

권중돈 (2022). **노인복지론(8판)**. 학지사.

김미혜, 권금주, 임연옥 (2004). 노인이 인지하는 좋은 죽음 의미 연구. **한국사회복지학, 56**(2): 195-213.

노원석 (2014). 노인의 임종과 죽음에 관한 상담. **성경과 상담, 13**: 89-111.

노유자, 김춘길, 안성희, 정복례, 최성은, 최윤선 (2018). **호스피스 · 완화의료: 의미 있는 삶의 완성**. 현문사.

박선숙, 한승협, 이영조, 장영화 (2023). **웰다잉을 위한 호스피스 실천론**. 학지사.

보건복지부 중앙호스피스센터 (2024). 2023 국가 호스피스완화의료 연례보고서.

보건복지부. 국립암센터 (2015). **호스피스완화의료사례집.** 아름다운 동행.

빌리 그래함 (1991). **기독교적 관점에서 본 죽음이란 무엇인가**. 지상우 역. CH북스.

서혜경 (2009). **노인죽음학개론**. 경춘사.

이미나, 김희영, 김동일, 김재옥, 김병남 (2022). **웰빙과 웰다잉을 위한 노인돌봄과 노인상담.** 공동체.

이호선 (2012). **노인상담**. 학지사.

정경희, 서제희, 이선희 (2018). 웰다잉(well-dying)을 위한 제도적 기반 마련 방안. 보건사회연구원.

정미경(2017). **행복한 노년의 삶을 위한 노인상담**. 시그마플러스.

정순돌, 김혜경, 박화옥, 김범중, 곽민영, 양옥남 (2020). **노인복지학**. 공동체.

조선일보 (2021.2.2). 웰다잉 준비하는 사람들(下): 존엄사 서약했는데도 요양병원선 연명치료.

최해경 (2021). **노인복지론(2판)**. 학지사.

한국호스피스협회 (2013). **호스피스총론**. 호스피스협회 출판부.

황애란 (2007). 슬픔치유과정과 유가족상담. 시립노원노인종합복지관 죽음준비학교 운영의 실제(131-132) 인용.

Alfons Deeken (1991). '삶과 죽음을 생각하는 회'. 죽음에 대한 공포와 사회의 삶 초청강연. 각당복지재단. p.115.

Zastrow, C. (2005). Introduction to social work and social welfare.

저/ 자/ 소/ 개

김수진

이화여자대학교 사회복지학 박사
현 한세대학교 사회복지학과 교수
전 나사렛대학교 사회복지학부 교수
〈주요 저서 및 연구논문〉
사회복지학개론(4판, 공저, 학지사, 2024)
베이비부머의 디지털 서비스 이용 경험 잠재유형이 생활만족에 미치는 영향(2024)
외 다수

김혜경

일본 동경대학교 보건학 박사
현 나사렛대학교 사회복지학부 교수
〈주요 저서 및 연구논문〉
사회복지학개론(4판, 공저, 학지사, 2024)
노인복지실천을 위한 노인케어의 이론과 실제(개정 2판, 공저, 어가, 2023)
자원봉사자의 시민의식과 삶의 만족도의 관계에서 자원봉사활동 참여동기의 조절효과(2024)
외 다수

성기옥

이화여자대학교 사회복지학 박사
현 강원특별자치도사회서비스원 책임연구위원
전 경북전문대학교 사회복지과 교수
〈주요 저서 및 연구논문〉
노인복지론(공저, 창지사, 2021)
기억하지 못해도 여전히, 나는 나(사토 마사이코 저/공역, 세개의소원, 2023)
고독사 고위험 노인의 고독생(孤獨生)에 대한 탐색적 연구(2023) 등 연구논문
강원특별자치도 농촌형 통합돌봄모델 개발 I(2023)
외 다수

노인상담

초판발행 2025년 9월 10일 **1판 1쇄 발행**

지은이 김수진 김혜경 성기옥
펴낸이 최용구 | **펴낸곳 도서출판 신정**
주소 (04316) 서울시 용산구 원효로 89길 19 (원효로1가)
전화 02)3211-4782, 0266(영업부), 3211-4783(편집부), 3211-4784(팩스)
이메일 sjbook2002@naver.com | **홈페이지** www.sjbook.co.kr
등록 2001년 5월 11일 제13-702호
기획마케팅 최용구 장만동 최충구 송대용 | **책임편집** 석기은 황가연

ISBN 978-89-5912-943-0 93330
정가 23,000원